제4의 선교 물결

당신이 하나님을 더 깊이 알아 가고 더 널리 알리는 사람이 되는 것, 이 책에 담긴 예수전도단의 마음입니다. 말씀을 통해 저자가 깨닫고, 원고를 통해 저희가 누릴 수 있었던 그 감동이 책을 통해 당신에게도 전해지기 원합니다. 그리고 당신을 통해 그 기쁨과 은혜가 더 많은 이들에게 계속해서 흘러가기를 기도하겠습니다. 이 책을 통해 당신이 받은 은혜를 다른 분들에게도 나눠 주십시오. 사랑하고 축복합니다.

Copyright © 2011 by Ron Boehme.
Originally published under the title
The Fourth Wave: Taking Your Place in the New Era of Missions.
All rights reserved.

This Korean translation edition © 2017 by YWAM Publishing Korea, Inc.,
Goyang-si, Gyeonggi-do, Republic of Korea.
This edition is published by arrangement with Ron Boehme.

본 저작물의 한국어판 저작권은 도서출판 예수전도단에 있습니다.
저작권법에 의해 보호받는 저작물이므로 무단전재와 복제를 금합니다.

제4의 선교 물결

론 베이미 지음 | 안정임 옮김

예수전도단

| 추천의 글 |

"론 베이미는 세계 선교의 미래 동향이라는 주제에 관해 흥미롭고 참신한 전망을 내놓았다. 21세기 선교는 차양 모자를 눌러쓰고 엄숙한 표정으로 돌아다니던 빅토리아 시대의 선교사들이 아니라 한국의 혈기왕성한 청년들, 모험심 가득한 아프리카인들, 기타치며 노래하기 좋아하는 브라질 사람들, 심지어 컴퓨터에 정통한 중국인들이 주축이 될 가능성이 높다. 과거에 기독교가 전 세계로 뻗어나갈 수 있었던 동력이 무엇이었는지 알고 싶다면, 또한 미래에는 어떤 신나는 선교 여정이 기다리고 있을지 궁금하다면 꼭 이 책을 펼쳐보기 바란다."

— 데이비드 에이크먼(David Aikman)
타임지 전 특파원 / *Jesus in Beijing*(베이징의 예수)의 저자

"지난 이천 년간 세상을 복음화 시키기 위해 하나님이 사용하신 방법은 무엇이었을까? 21세기에는 어떤 방법을 사용하실 것인가? 론 베이미는 『제4의 선교 물결』에서 이 두 가지 질문의 해답을 제시하고 있다. 독자들도 우리 세대에 하나님이 일으키시는 파도에 올라타기를 소망한다! 이 책은 하나님에 대한 믿음과 내일에 대한 희망을 이야기한다."

— 리스 앤더슨(Leith Anderson)
전미 복음주의 협의회(National Association of Evangelicals, NAE) 회장

"지난 몇 년간 세계의 형세는 과거와 판이하게 달라졌다. 그래서 론 베이미는 교회를 위한 새로운 로드맵을 제시한다. 현재 벌어지고 있는 상황을 매의 눈으로 조명하고 싶다면 이 책이 큰 도움이 될 것이다. 이 새로운 포도주 부대를 잘 챙겨서 하나님이 계획하시는 대각성의 시대를 준비하라!"

— 글렌 C. 베리스 주니어(Glenn C. Burris Jr.)
국제복음교회 총회장

"『제4의 선교 물결』은 선교의 역사에서 성령이 하셨던 놀라운 일들을 선견자의 눈으로 바라본 책이다. 선교는 인종과 종교와 문화를 초월하여 이 세상 어느 곳에서도 변화의 급류를 맞이하고 있다. 그렇기에 이 책이 당신의 믿음의 근육을 단련시키고 미래를 정확히 내다보는 선구안을 갖게 하리라 믿는다. 분명 큰 축복이 되어줄 것이다!"

— 폴 에슐먼(Paul Eshleman)
국제대학생 선교회(CCC) 부총재

"예수님은 시대적 표징들을 깨닫지 못하는 서기관과 바리새인들을 꾸짖으셨다. 이 책의 저자는 지상 대위임령을 올바로 이해하고 접근하기 위해 지금 현재 일어나고 있는 흐름의 변화를 다각적으로 연구하고 파악해서 현명한 견해와 정확한 방향성을 제시했다. 헌신된 그리스도인이라면 이 책을 읽고 토론의 주제로 삼았으면 좋겠다. 우리는 함께 이 문제와 씨름해야 한다. 그래야 우리 세대에 하나님이 하시는 역사에 그리스도의 몸으로 최선의 힘을 보탤 수 있기 때문이다."

— 짐 스타이어(Jim Stier)
국제 YWAM 미국 전역 책임자

"나의 동료인 론 베이미 형제는 수십 년간 선교지에서 현장 경험을 쌓은 베테랑이다. 그렇기에 누구보다 기독교 선교의 앞날을 정확히 예견할 능력이 충분하다. 그는 또한 우리도 그 일에 동참하기를 촉구하고 있다. 이 책은 읽는 순간 많은 걸 깨닫게 해서 뜨거운 가슴으로 뭔가를 하고 싶게 만든다. 하나님은 훌륭한 선교 지도자들과 선교 단체들을 통해 든든한 기반이 내려지게 하셨다. 이제는 모든 그리스도인들이 남은 과업을 끝마쳐야 한다!"

— 조엘 C. 헌터(Joel C. Hunter)
플로리다 노스랜드 교회 담임목사 / 전 버락 오바마 행정부 종교 자문위원 겸 NAE 이사

"론 베이미의 『제4의 선교 물결』을 한 마디로 평하자면 균형 잡힌 시각의 책이라 하겠다. 이 책은 하나님이 인류 역사에 일으키신 구원의 물결들을 상세히 설명하는 동시에 공통된 다섯 가지 요소들을 분석해서 하나의 큰 그림을 볼 수 있게 해 준다. 이 책은 포괄적이고 예리하며 교훈적이다. 또한 이야기와 사례와 응용지식이 가득한 실용서이기도 하다. 이 독보적인 선교 참고서를 기쁜 마음으로 독자들에게 추천한다."

— 폴 플레이슈만(Paul Fleishchmann)
전미 청소년사역 네트워크(NNYM) 회장

"현재 이 지구는 거대한 물결에 뒤덮여 있다. 물결보다는 쓰나미급 초대형 해일이라고 말할 수 있다. 이 해일이 수많은 사람들을 하나님의 왕국으로 쓸어갔고 전 국가의 사회 각 분야들을 변화로 이끌어갔다. 우리는 지금 교회 역사상 가장 큰 부흥의 시대를 살고 있다. 그 이야기가 바로 이 책 『제4의 선교 물결』에 담겨 있다. 사상초유의 역사적 움직임을 흥미진진하고도 감동적으로 풀어 낸 책이다."

— 플로이드 맥클랑(Floyd McClung)
남아프리카공화국 케이프타운의 올네이션스(All Nations) 창립자

"얼마 전, 미래 사회를 다룬 〈포린 어페어즈〉(Foreign Affairs)라는 잡지를 읽다가 '세계화된 하나님'이라는 기사가 눈에 들어왔다. '오늘날 이 세상에서 가장 극적인 폭발력을 보여준 포교 현상은 오순절주의와 복음주의 개신교의 확산'이라는 평이 담겨 있었다. 하지만 그게 다가 아니다. 이 책은 또 다른 물결을 예고하고 있다. 앞으로 다가올 세계 선교의 부흥은 영적, 관계 지향적, 통합적이자 혁신적이며 하나님의 나라를 더 크게 확장시킬 것이다."

— 제씨 미란다(Jesse Miranda) 박사
전미 히스패닉 기독교지도자 콘퍼런스(National Hispanic Christian Leadership Conference)의 총재 겸
히스패닉 지도자를 위한 미란다 센터(Miranda Center Hispanic Leadership)의 회장

"론 베이미는 선교 역사의 입체적인 조감도를 바탕으로 지상 대위임령 완수를 위한 다음 단계의 그림을 멋지게 그려주었다. '제4의 물결'이라는 파도는 이미 우리 눈앞에 다가와 있다. 이 책의 감동적인 이야기에 힘을 얻어 '물이 바다를 덮음 같이 여호와의 영광을 인정하는 것이 세상에 가득'해지는 그날까지 믿음을 더욱 단단히 붙잡고 싶어진다."

- **스티브 무어**(Steve Moore)
미션익스체인지(The Mission Exchange)의 총재 겸 CEO
『Who Is My Neighbor?』(절대 잠들지 않는 교회)의 저자

"내가 신학대학원에서 즐겨 가르치는 과정은 '부흥과 각성의 시기에 학생들이 해야 하는 역할'이다. 그 과정에서 선교의 연속적인 물결이라는 과목을 한 학기동안 신나게 강의했다. 그러나 론 베이미가 쓴 『제4의 선교 물결』 덕에 나는 다시 배움의 자리로 돌아가게 되었다. 이제 내 강의는 이전보다 더 알차고 풍성해질 것이다. 개인적으로도 론 베이미는 예수님의 이름을 전 세계에서 더 유명해지도록 만드는 새로운 방식을 관찰할 수 있었다. 지구상에 남아있는 마지막 미전도 종족들에게 복된 소식을 전해 줄 각국의 젊은 세대가 하루속히 동원되기를 바란다. 『제4의 선교 물결』이 그 꿈의 불씨에 기름을 부어줄 것이다."

- **리처드 로스**(Richard Ross)
사우스웨스턴 신학대학원 학생사역 교수, 트루러브웨이츠(True Love Waits) 공동설립자

"요즘의 '선교'는 여름 전도 여행이나 신학교 2년차 교과 과정의 하나로 인식되는 추세다. 이 책은 우리의 이런 인식을 단박에 바꾸어 놓았다. 당신은 이 책을 읽는 즉시 대서사 드라마를 보는 듯한 감동과 세계 복음화의 사명감에 사로잡힐 것이다. 제4의 물결이라는 주제에 휩쓸리면 길을 잃어버리기 쉽다. 하지만 론 베이미처럼 현명하고 확실한 안내자가 있다면 무슨 걱정이 있겠는가!"

- **조지 오티스 주니어**(George Otis Jr.)
다큐멘터리 〈변화〉의 제작자

"우리는 하나님이 하시는 일, 혹은 하시려는 일들을 속속들이 알 방도가 없다. 『제4의 선교 물결』은 하나님이 과거에 하셨던 일들과 현재 하고 계시는 일들을 들여다보게 해 준다. 놀라운 일을 하고 있는 사람들과 사역 단체들을 알게 될 것이다. 하지만 무엇보다 중요한 것은 하나님의 나라를 확장하는 데 당신이 어떤 기여를 할 수 있는지를 알게 된다는 점이다."

- **그렉 H. 파슨즈**(Greg H. Parsons)
미국세계선교 센터(USCWM)의 국제 대표

"역사를 공부할 때마다 들었던 의문은 세계 복음화라는 영원한 숙제를 해결하기 위해 하나님이 그분의 전능한 능력을 사용하여 인간사를 움직이고 계신 게 아닌가 하는 점이었다. 론 베이미는 선교 역사를 집중 조명해서 하나님의 주권이 열방 가운데서 어떻게 역사했는가를 보여 주었다. 아울러 신약시대 선교를 비롯해 지상 대위임령 완수에 성큼 다가서 있는 현대 선교의 동향까지 폭넓게 다루고 있는 점이 이 책의 또 다른 매력이라 할 것이다."

- **제리 랜킨**(Jerry Rankin)
미남침례교 해외 선교회 명예회장

"이 세대를 위한, 그리고 선교의 마지막 시기를 위한 참으로 시의적절한 책이 우리를 찾아왔다! 나는 이 책이 하나님의 놀라운 역사를 바탕으로 저자의 예리한 통찰력과 균형 잡힌 역사관이 맞물려 하나님 나라의 관점에서 쓰여졌다고 믿는다. 개인적으로 론 베이미 형제를 잘 알기 때문에 이 책의 출간이 더욱 반갑고 예수님에 대한 사랑과 하나님의 나라에 대한 열정으로 이 책을 썼다는 사실에 기쁨이 배가 된다."

- **낸시 M. 윌슨**(Nancy M. Wilson)
국제대학생 선교회(CCC) 국제 대사

"론 베이미의 신간 『제4의 선교 물결』은 읽고, 공부하고, 생각해 볼 가치가 있는 훌륭한 책이다. 다량의 자료 조사는 물론이고 선교 현장에서 쌓은 개인의 지식과 경험까지 녹아들어 묵직한 메시지를 던져주고 있다. 부디 이 책이 많은 독자들의 폭넓은 사랑 속에서 지상 대위임령의 성취를 위한 강력한 추진제가 되기를 소망한다."

- 제리 N. 와일즈(Jerry N. Wiles)
국제 리빙워터(Living Water International) 명예회장

"선교의 제4의 물결이 어떤 모습일지 궁금했다면 이 책을 읽어보기 바란다. 과거 하나님이 하셨던 모든 일들에 감동하면서 당신의 진로를 다시 생각해 보는 계기를 만들어줄 것이다. 만루 홈런 같은 책이다."

- 피터 일리언(Peter Iliyn)
국제 YWAM 북미 지도자

"나는 세계 선교의 미래가 될 젊은 세대를 훈련하는 일에 평생을 바쳐왔다. 덕분에 하나님이 역사하시는 세계의 많은 국가들을 둘러 볼 기회가 있었다. 이 책은 선교 역사에 또렷이 찍혀 있는 하나님의 족적을 보게 했고 폭발적으로 성장한 '제4의 물결 선교사'들이 다음의 주역이 될 거라는 사실을 깨닫게 해 주었다. 우리는 이런 역사를 알아야 한다. 그래야 현실의 무대에서 우리의 자리를 발견할 수 있다."

- 베리 세인트 클레어(Barry St. Clair)
ROYS(Reach Out Youth Solutions) 총재

"현대판 사도행전을 보고 싶다면 필히 이 책을 챙겨 보아야 한다. 교회 역사의 날카로운 분석을 토대로 한 저자의 선견지명이 성령 주재의 로드맵이 되어 지금 이 순간, 하나님이 교회에 주시는 절호의 기회를 붙잡고 싶은 모든 신실한 그리스도인들의 길잡이가 되어 주고 있다."

- 짐 톨(Jim Tolle)
로스앤젤레스, 처치온더웨이(The Church On The Way) 담임 목사

"론 베이미 형제는 언제나 미래를 정확히 예측하고 분명하게 전달하는 사람이었다. 『제4의 선교 물결』은 하나님의 사랑과 능력과 복음을 전 인류에게 전할 성령의 시간표를 확정적으로 제시한다. 미래를 보고 나니 너무도 신이 나고 가슴이 설렌다. 낡고 구시대적인 것들, 복음 전파를 방해하던 방식과 언어들은 작별을 고하고 하나님의 손길 아래 필요한 곳마다 흘러넘칠 미래의 생명수 강물을 환영하자. 이 책을 읽고 그 물에 뛰어들라."

— 딘 셔만(Dean Sherman)
『모든 그리스도인을 위한 영적 전쟁』, 『하나님의 연애 베이직』의 저자

"선교 역사상 하나님이 과거에 하셨던 모든 일들이 오늘날 전 세계적으로 성령을 부어 주시기 위한 준비였다는 걸 알고 나니 가슴이 벅차오른다. 모든 것들이 한 점에 모이고 하나님은 그 중심에 서서 자신의 아들 예수 그리스도를 세상 만민에게 소개하고 계신다. 이 책을 읽고 천국의 추수밭에서 당신의 현주소를 발견하기 바란다. 하나님은 당신과 당신의 가족과 교회에 가장 알맞은 자리를 마련해 두셨다. 놓치면 후회하게 될 것이다."

— 조지 우드(George Wood)
미국 하나님의 성회 회장

나의 몽골인 딸 엥수렌,
볼드와 도르전드, 소두와 알다라,
그리고 몽골의 1세대 교회에 이 책을 바칩니다.
-
그대들은 선교 무대의 새로운 얼굴들로서
하늘의 아버지께 큰 기쁨을 안겨주었습니다.
모쪼록 앞서 간 사람들의 발자취를 따라
승리의 길을 걸어가길 소망합니다.

| 차례 |

감사의 글 16

추천의 글_ 대니 레만 18

프롤로그_ 중요한 건 구원이다 21

1부 | 역사(history)는 그분의 이야기(His Story)

Chapter1_ 획기적인 변화 29

Chapter2_ 과거의 물결들 45

Chapter3_ 초대 교회 시대의 전도 물결 65

Chapter4_ 무엇이 선교의 물결을 일으키는가? 77

2부 | 근대 시대의 선교

Chapter5_ 제1의 물결: 해안 지역을 향하여 99

Chapter6_ 제2의 물결: 내지를 향하여 117

Chapter7_ 제3의 물결: 미전도 종족을 향하여 139

Chapter8_ 복음의 세계화 167

Chapter9_ 경이로운 변화 185

3부 | 제4의 물결

Chapter10_ 모든 연령대   199

Chapter11_ 모든 국적   207

Chapter12_ 세상 모든 사람들에게   215

Chapter13_ 혁신적인 첨단 기술의 사용   223

Chapter14_ 친밀한 인간관계   239

Chapter15_ 삶의 모든 영역에서   249

Chapter16_ 모든 성도들이 선교사가 되어   269

4부 | 영적 쓰나미

Chapter17_ 어떻게 물결에 올라타야 하는가?   279

에필로그_ 박해와 고난에 대한 한마디   290

부록_ 기독교 선교 단체 정보   294

주   296

참고문헌   312

| 감사의 글 |

나는 이 책을 쓸 자격이 충분하지 않다. 워싱턴 주 커크랜드에 있는 노스웨스트 대학원에서 석사 과정을 밟았는데 2010년 봄과 겨울에 걸쳐 필요한 연구를 진행하다보니 많은 이들의 도움을 받았다. 덕분에 그해 5월에 『제4의 선교 물결』이라는 논문이 탄생하게 되었다.

이 논문과 책을 쓰기에 앞서 나는 해외에서 선교사로 37년간 사역했다. 40여 년에 이르는 그 세월 동안 나의 꿈과 비전에 큰 힘을 보태 준 YWAM(Youth With A Mission)에 감사하고 전 세계 YWAM에서 활동하는 헌신된 지도자들과 수많은 사역자들에게도 감사한 마음을 전하고 싶다. 특히 로렌 커닝햄 목사님과 리랜드 패리스, 린 그린, 피터 아일린 형제의 신뢰와 충고에 깊은 감사를 드린다. 1972년 그 가을에 뉴질랜드에서 YWAM을 만나지 못했다면 나는 분명 선교에 대해 아무 할 말이 없는 사람이 되어 있었을 것이다.

NU Missional Leadership의 창립 멤버인 레이와 샌디 제닝스, 닉 뷸러, 베다니 폰 스텐버그, 타이슨 데브리스, 데일 오퀴스트, 데이브 웨스트맨, 앤드류 폭스, 제프 데쉬맨, 프레드 보이드에게 고마움을 전한다. 기독교 리더십에 대한 그들의 열정, 마냥 즐거웠던 우리들의 우정, 석사 과정에서 했던 불꽃 튀는 토론이 결국 이 책을 세상에 선보일 수 있는 디딤돌이 되었다고 믿는다. 또한 대학원 시절에 우리 가족을 돌봐주고 학업에 대한 조언을 아끼지 않으셨던 조와 낸시 새기오 부부에게 감사한다. 커크랜드에서 공부할 장소가 필요할 때마다 흔쾌히 우리를 맞아주고 유익한 토론으로 학업의 지평을 넓혀주신 에드와 수 제이모 부부에게도 감사한다.

이 책을 위해 아낌없이 수고해준 YWAM 출판사의 모든 형제자매들께 깊이 감사한다. 특히 톰 브래그, 워렌 왈쉬, 라이언 데이비스, 루안 앤더슨, 메리 칼베즈, 낸시 아길라의 정교한 교정과 윤문 작업에 감사드린다. 아울러 이 책이 나오기까지 지지와 성원을 보내주신 부모님께 특별한 감사를 드린다(아버지의 교정 솜씨도 수준급이었다). 물론 로리 배릭 편집자의 전문가다운 공헌도 잊지 못한다. 마지막으로, 나의 사랑하는 아내이자 동역자인 셜리에게 고마움을 전하고, 무엇보다 하나님께 감사와 영광을 올려드린다. 예수 그리스도 안에서 구원의 물결이 절정에 도달하게 하신 하나님은 이제 구원받은 형제자매들을 땅끝까지 보내고 계신다.

| 추천의 글 |

내가 론 베이미의 책을 받아드는 날 아침은 공교롭게도 학생들에게 선교의 역사를 가르치는 중이었고, 나에게 할당된 강의시간에 이런 중요한 과목을 제대로 못 가르쳐 속상하다는 말을 하고 있던 참이었다. 집에 돌아와 『제4의 선교 물결』을 탐독하는 내내 간결하면서도 열정적으로 세계 선교를 논하는 그의 예언자적 식견에 탄복을 금할 수 없었다.

론의 예리한 분석은 감동적인 실제 사건들과 성경의 진리와 세계 복음화를 향한 강렬한 의지가 작용한 결과다. 근 사십 년간 몸담았던 선교 현장에서의 사역과 노련한 성경 교습법이 나처럼 서핑에 매료된 사람들을 『제4의 선교 물결』에 빠져들게 만들었다고 생각한다. 분명 당신도 그렇게 될 것이다. 윌리엄 부스가 말했듯이 우리에게는 '달리는 말에 채찍질'을 해줄 사람이 필요하다. 그래야 과감하게 노를 저어서 제4의 물결에 올라타는 미래의 파도타기 선수들이 될 수 있다.

예수님은 과거에 우리가 터득한 것들(옛 것)과 현재 하나님이 일러주시는 것들(새 것)을 잘 섞어야 지혜라는 보물을 발견하게 된다고 말씀하셨다. "천국의 제자 된 서기관마다 마치 새 것과 옛 것을 그 곳간에서 내오는 집주인과 같으니라"(마 13:52). 이 책은 그 두 가지를 아주 조화롭게 섞어 놓았다. 선교 역사를 통해 하나님이 하셨던 일들을 이야기하고 이제는 새로운 시대를 향해 나아가라고 도전한다.

구세대 사역자들이 현재 하나님의 역사를 보지 못하거나 신세대 사역자들이 눈앞의 현상에만 매달려 자신들이 과거 영웅들의 어깨에 올라타 있는 걸 깨닫지 못하면 부흥 운동은 실패하고 만다. 이 시대 선교 물결에 올라탄 사람들은 그 사실을 직시해야 한다. 열방 구원을 향한 하나님의 마지막 물결에 올라탄 사역자들은 예수님의 피값으로 산 사람들 주변에서 피 냄새를 맡고 있는 상어들과 심해 포식생물들을 교묘히 피해가며 현명하게 구원 작전을 펼치게 될 것이다.

비교적 가까운 과거에 서양 선교사들이 가장 부흥에 근접했던 사건은 예수 운동과 그 운동의 사촌 격인 은사주의 운동이라고 할 수 있다. 역사가들은 두 운동을 완전한 영적 대각성으로 보지는 않지만 우리 시대 위대한 부흥의 요소들을 어느 정도 갖추고 있다는 점도 부인할 수 없다. 지난 40년의 세월을 돌아보면 예수님의 말씀이 참으로 지당한 말씀이었다는 것을 다시금 깨닫게 된다. "성도에게 단번에 주신 믿음의 도"에 기반을 둔 영적 각성 운동은 시간이 갈수록 탄력을 받아 그 위력이 커지게 되어 있다(유 3). 과거의 경험만 믿고 현재에 만족하는 사람들은 그 교만의 피해자가 될 것이다.

예수님은 새 가죽부대에는 새로운 포도주, 즉 성령의 새로운 역사를 담아야 한다고 강조하셨다. 과거 역사를 보더라도 하나님은 자신의 새 포도주를 위해 새로운 가죽부대를 만드는 사람들을 축복하셨다. 가만히 보면 하나님은 무모할 만큼 과감하게 새로운 것을 시도하는 젊은 사람들("너희의 자녀들은 예언할 것이요 너희의 젊은이들은 환상을 보고…")을 좋아하시는 것 같다. 물론 과거의 노력에 감사하고 나이 든 사람들의 꿈을 존중한다는 전제하에서의 이야기다(행 2:17-21). 『제4의 선교 물결』은 부흥의 필요성을 천명한 선언문이다. 천사들도 놀라서 입을 벌릴만한 다문화, 다세대, 다면적인 하나님의 역사가 펼쳐질 것이다.

나는 세상에서 가장 크고 강한 파도가 밀려오기로 유명한 오하이오 주 노스 쇼어(North Shore)에서 자동차로 30분 떨어져 있는 곳에 살고 있다. 이 태산 같은 파도는 수천 마일 밖에서 부는 폭풍으로 생성되었다가 바람을 타고 태평양을 가로질러 이곳 노스 쇼어 해안으로 밀려든다. 빅 웨이브(big-wave) 서핑을 즐기는 용감한 영혼들에게 이 자이언트 파도들은 그저 기쁘고 고마운 존재들이다. 와이메아 만을 강타하는 파도에는 뉴욕 시를 일주일간 밝힐 수 있는 에너지가 들어있다는 보고도 있다. "높이 계신 하나님의 능력은 많은 물소리와 바다의 큰 파도보다 크니이다"(시 93:4)라는 말씀이 더욱 가슴에 와 닿는다. 모쪼록 이런 권능의 하나님이 우리 모두 올라탈 수 있는 거대한 파도를 일으키셔서 그 안에 들어있는 성령의 생수로 모든 국가를 새롭게 하시길 소망한다.

어디를 가나 주말 행락객과 해변 구경꾼들이 넘쳐 나는 세상이지만 당신마저 그중 한 명이 되지는 않기를 바란다. 이 책을 읽고 하나님이 열방에 그리스도의 사랑을 부어 주시는 쓰나미가 밀려올 때 반드시 그 속에서 당신의 자리를 차지하기 바란다.

- 대니 레만(Danny Lehmann)
YWAM 하와이 호놀룰루 베이스 책임자

| 프롤로그 | 중요한 건 구원이다

전 세계 사람들의 구원!

예나 지금이나 하나님은 예수 그리스도의 죽음과 부활을 통해 이 세상 모든 사람들을 사랑하고 용서해 줄 계획을 갖고 계시다. 우리는 그 계획을 '선교'라고 부른다.

YWAM(Youth With A Mission)이라는 선교 단체에서 37년간 사역을 하다 보니 '인류 역사의 목표는 복음화'라는 사실을 실감하게 되었다. 나는 그 목표를 위해 1970년대부터 60개국 이상에서 예수님의 복음을 전하는 영예를 누렸다. 그러는 동안 선교의 형태와 방식은 놀랍게 달라졌다. 그래서 그 변화의 구체적인 내용과 의미를 이 책에서 이야기하고 싶다.

지난 이천 년간 다양한 용어와 표현들을 사용해서 세계 선교의 개념을 묘사해왔다. 사도 바울과 초기 그리스도인들은 예루살렘과 유대와 땅 끝까지 복음을 전하는 것이 자신들의 '사명'이라고 말했다(행 1:8; 21:19).[1] 중세 시대에는 기독교가 널리 전파되면서 타문화권에 가서 전도하는 것을 '선교'라고 불렀다.[2] 오늘날에는 그리스도를 전하는 전도 활동을 폭넓게 '선교적 활동'(missional)이라고 일컫기도 한다.[3] 이 책에서는 새롭게 등장한 'missional'이라는 개념을 강조함과 동시에 위에 설명한 세 가지 용어와 개념들을 세계 선교의 동의어로 사용할 것이다.

가장 먼저 이 책에서 살펴볼 사항은 이천 년의 선교 활동 위에 세워진 세계 복음화의 현재 동향이다. 지상 대위임령을 완수하기 위해 하나님이

21세기에 사용하고 계신 선교 형태는 어떤 모양인가? 현대 선교의 네 번째 물결은 무엇에 주안점을 둔, 어떤 성격의 물결인가?

그동안의 조사와 연구를 바탕으로 내린 결론은 다가올 선교의 물결이 과거 선교 물결들의 장점들 위에 형성될 것이라는 점이다. 다만, 모든 그리스도인들이 선교에 동참할 수 있게 된 것은 과거에는 볼 수 없었던 현상이다. 이제 앞으로 이 책에서 다루게 될 구체적인 내용을 소개해 보겠다.

- 과거의 전도와 선교 활동은 현재 전 세계에서 일어나는 성령의 역사에 어떤 식으로 초석을 놓았다고 볼 수 있는가?
- 앞선 세 개의 선교 물결들이 네 번째 물결에 기여한 점은 무엇인가?
- 앞으로 어떤 사람들과 국가들이 선교에 참여하게 될 것인가?
- 마지막 선교 물결은 열방에 어떤 열매가 맺히도록 할 것인가?

나는 근대와 현대 선교의 동향을 분석해서 미래의 방향을 알아내기 위해 세 가지 조사 방법을 사용했다. 첫째는 역사를 알아보는 것이다. 과거 선교의 역사 속에서 하나님이 어떻게 움직이셨는지 살펴보면 많은 것을 알게 된다. 다행히 이 분야에 관한 보물 같은 자료들이 축적되어 있음에 참으로 감사했다. 선교학과 역사학 대가들이 연대순으로 기록한 저술들을 토대로 미래를 예견하는 자료들이 큰 힘이 되어 주었다. 두 번째 방법은 개념을 살펴보는 것이었다. 미래를 예견하기 위해서는 과거의 동향들을 기반으로 삼아야 하지만 그것마저도 결국은 추측에 불과할 뿐이다. 나는 37년간 선교 사역을 하면서 새로운 선교 형태가 세계 곳곳에서 시도되는 것을 지켜보며 미래의 선교는 대체로 이렇게 될 것이라는 예감을 하고 있었다. 마지막 방법은 신학적 접근이었다. 선교를 연구하는 것은 신학이 표방하는 '하나님에 대한 공부'의 일부분이다. 선교를 빼놓고는 세상에서 하나님이 하시는 일을 이해할 수 없다. 하나님이 인간을 위해 일하고 계시므로 선교는 신학의 중요한 요소다(요 3:16).

조사 작업을 진행하기 위해 다양한 책과 기사들, 인터넷 자료, 토론회와 강의 자료, 여러 국가의 역사학자와 선교사들이 집계한 선교에 대한 통계 자료를 참조했다. 그중에서도 선교 분야의 전문가로 정평이 나 있는 케네스 스코트 라토렛(Kenneth Scott Latourette), 루스 A. 터커(Ruth A. Tucker), 데이비드 바렛(David Barrett), 토드 존슨(Todd Johnson), 패트릭 존스톤(Patrick Johnstone), 랄프 윈터(Ralph Winter)가 집필한 서적들과 주요 선교 단체들이 발간한 출판물들을 집중적으로 연구했다는 점을 이 자리에서 밝혀두겠다.

아울러 현재의 선교는 물론 미래의 선교를 내다보는 선교학자와 여러 저술가들의 견해를 통해 많은 도움을 받았다. 다양한 문화권과 국가를 아우르는 조사 자료들이 선교에 대한 나의 서구적 편견을 바로잡는 데 일조했으면 좋겠다.

성경 시대는 물론이고 초대 교회 이후 복음이 전파된 과정을 보더라도 전도는 성령의 지휘아래 여러 형태의 흐름 혹은 '물결'을 탔다고 말할 수 있다. 구약 시대도 마찬가지였다(2장 참조). 오순절 역사의 날은 초기 유대 그리스도인들이 예루살렘에 사는 유대인들에게 복음의 기쁜 소식을 전했던 최초의 전도 물결이었다. 그 결과 수많은 사람들이 교회로 몰려들었다. 베드로가 고넬료의 집을 방문한 뒤에는 이방인들에게도 복음이 전파되었고 사도 바울을 통해 유대인이 아닌 사람들에게로 믿음이 확장되기 시작했다. 이후 수 세기에 걸쳐 모진 박해가 있었지만 결국 로마 제국 전체가 기독교 물결에 휩쓸리는 엄청난 역사가 일어났다(3장 참조).

중세 시대에는 세계각지의 수도승과 수도원들이 복음 전파의 중추적 역할을 했다. 이후에 유럽에서 불기 시작한 선교의 거센 바람은 성경으로 돌아가자는 오순절 혁명과 그에 대응하는 가톨릭교회의 반발을 불러왔다. 미국세계선교센타를 세운 선교학의 대가 랄프 윈터 박사는 최초의 개신교 선교사였던 윌리엄 캐리(William Carey)가 인도를 향해 떠났던 1792년에 근대 선교가 태동했다고 주장했다.[4] 이 첫 번째 근대 선교의 물결은 연안 지역에 초점을 맞추고 있었다(5장 참조).

근대 선교 제2의 물결은 데이비드 리빙스턴(David Livingstone)이 아프리카 내지를 탐험했던 19세기로 거슬러 올라간다. 영국인 선교사 허드슨 테일러(Hudson Taylor)는 중국 내지에 들어가 활발한 선교 활동을 벌였다. 이때부터 선교는 세계화의 성격이 강해지면서 항구 도시에서 내지로 서서히 그 영역을 넓혀갔다(6장 참조).[5]

20세기에 들어서면서 선교 활동이 제3의 물결을 일으키며 지구상에 남아 있는 미전도 종족들에게 초점을 맞추기 시작했다. 당시 미전도 종족의 수는 대략 만 삼천 정도였다(7장 참조).[6] 하지만 이 책을 집필하는 시점에서는 선교 활동이 전혀 이루어지지 않는 미전도 종족이 천 개도 되지 않으며, 전 세계적으로 예수님을 자신의 구주로 고백하는 사람들이 20억 명 이상이다. 그러나 또 다른 20억 명은 불교, 힌두교, 이슬람교를 믿고 있으며 대부분이 아직까지도 복음을 듣지 못하고 있다.[7]

하나님이 행하셨던 과거의 역사와 세 번의 선교 물결이 마지막 추수를 위한 주춧돌이 되었다(8장과 9장 참조). 나는 이제 선교의 '제4의 물결'이 시작되었다고 믿는다. 이 물결에서는 모든 국가, 모든 연령대의 사람들이 삶의 각 영역에서 최첨단 기술력과 친밀한 인간관계를 통해 전 세계 모든 사람들에게 복음을 전하게 될 것이라고 생각한다. 이에 대한 구체적인 설명과 전망을 10장부터 16장까지 담았다.

현대 선교에 일어난 제4의 물결은 특히 교회들에게 주는 의미가 남다르다. 교회란 결국 우리 각자를 말한다. 따라서 인류 역사상 처음으로 전 세계 모든 국가의 그리스도인들이 저마다 선교사가 될 것이다. 종교 개혁은 모든 성도들이 제사장이라는 사실을 상기시켜 주었지만 제4의 물결에서는 모든 성도들이 선교사의 소명을 받았다는 사실을 되새겨줄 것이다. 우리 각자는 나가서 열방을 제자 삼아야 한다.

예수님을 믿고 하나님의 뜻 안에서 진로를 찾았던 이 땅의 수많은 형제자매들처럼 이 책을 읽는 당신도 이 새로운 물결에서 하나님이 정하신 운명의 길을 찾게 되리라고 나는 진심으로 확신한다. 내가 이 책을 쓴 이유도 파도타기를 준비하는 당신을 돕고 싶어서다. 당신은 바로 이때를 위해 세상에 태어난 사람이니까(에 4:14).

1부

역사(history)는
그분의 이야기(His Story)

"세계 선교는 처음부터 하나님의 생각 속에 들어있었다."
– 데이브 데이비드슨(Dave Davidson)

"기독교 선교 사역은 세상에서 가장 어렵고 힘든 일이다.
그런 선교를 했다는 사실조차 놀라울 정도다."
– 스티븐 닐(Stephen Neill)

"하나님은 자신의 전능함으로
모든 족속과 방언과 백성과 국가들에서
기쁘게 자신을 예배하는 자들을 모으려고 하신다.
열방 중에 그분의 이름을 드높이는 일에
지치지 않는 열정을 갖고 계신다.
그러니 우리도 하나님의 명예를 위해 세속적 쾌락을 내려놓고
그분과 똑같은 열정으로 세계를 향한
하나님의 계획에 동참하자."
– 존 파이퍼(John Piper)

CHAPTER·1

획기적인 변화

우리는 지금 획기적인 변화의 시대를 살아가고 있다.

- 도시화 – 사람들은 도시로 이주한다
- 세계화 – 각국의 경제와 문화가 서로 연결되고 있다
- 폭발적인 인구 증가 – 세계 인구가 100억 명이 되는 날이 다가오고 있다
- 첨단 기술의 발전 – 아직도 최신 '앱'을 다운받지 않았는가?
- 문화 충돌과 전쟁의 증가
- 그 어느 때보다 강력한 희망과 꿈, 우려와 공포의 교차

미래에는 더 크고 획기적인 변화가 일어날 것을 기대하라. 21세기는 바야흐로 변화의 시대가 될 것이다. 그중에서도 가장 중요한 변화는 '제4의 물결'이다.

엄청난 변화가 우리를 기다리고 있다. 상전벽해(桑田碧海, 뽕나무 밭이 변하여 푸른 바다가 된다는 뜻으로 변화가 심함을 일컫는 말-역주)는 그런 면에서 적절한 표현이라고 생각한다. 때로는 부지불식간에 변화가 일어나기도 한다. 1989년, 나는 뉴욕 나이아가라 폭포 인근에서 열린 콘퍼런스에 참석했다가 철의 장막이 무너지는 모습을 텔레비전으로 지켜보았다. 소련 공산주의의 몰락은 엄청난 파장을 일으켰고 특히 유럽의 국가들에 큰 영향을 미쳤다. 하지만 그 변화는 서서히 일어났기에 알아채거나 예견하는 사람들이 극히 적었다. 재미있게도 나는 이미 3년 전에 그 사건을 미리 볼 수 있었다.[1]

어떤 변화는 천천히, 혹은 은밀히 찾아온다. 엘니뇨와 라니냐 현상(태평양 적도 지역의 수온 변화가 세계 기후에 미치는 영향)은 수년에 걸쳐 서서히 절정에 이르다가 다시 반대쪽으로 방향을 튼다고 한다. 2004년에 인도양에서 발생한 쓰나미는 인도네시아와 스리랑카, 그리고 다른 아시아 국가들을 강타했다. 그 결과 지구 역사상 두 번째 강력한 지진(9.1-9.3도)이 지구 역사상 최장시간(8.3-10분간) 동안 지속되는 진기록을 낳았다. 그 후 바다 밑에서는 조용하게 거대한 파도가 생성되었고 수십 미터에 달하는 괴물 파도가 아시아 국가들을 강타해서 23만 명의 목숨을 무참히 앗아갔다. 희생자들은 파도가 다가오는 것을 알아채지 못했다.

세계 각국의 그리스도인들도 지난 수십 년간 일어난 변화들을 대부분 알아채지 못하고 있다. 세계 선교의 새로운 파도는 각 대류의 '국가적 바다' 밑에 이미 생성되어 있다. '국가적 바다'(national oceans)라는 용어는 선교학자들이 현대 선교 제4의 물결을 지칭할 때 사용하는 표현이다. 국제 YWAM이 그 변화의 대표적인 예라고 할 수 있다.

내가 처음 YWAM에 들어왔던 1970년대 초반만 해도 삼백 명에 이르는 전임 간사들이 대부분 중산층 출신의 백인 형제자매들이었다. 오늘날 YWAM에는 전 세계 150개 국에서 모인 만 육천 명의 전임 간사가 사역하고 있는데 그중 60%가 유색인이다.[2]

이런 변화가 21세기 선교의 달라진 풍경을 대변한다고 생각하지 않는가? 나는 그렇다고 생각한다. 그리고 당신도 그 변화에 참여할 수 있다고 말하고 싶다.

이 장에서는 '실제 현장' 몇 곳을 방문해서 독자들이 선교의 엄청난 변화를 실감하도록 도와줄 예정이다. 각각의 이야기들을 읽을 때마다 국가 이름이 나오기 전에 먼저 세계의 어떤 국가, 혹은 어떤 지역을 묘사하고 있는지 알아맞혀 보기 바란다.

자, 그럼 A현장부터 둘러보기로 하자.

폐허더미에서 선진국을 일구다

장구한 역사를 갖고 있지만 외적의 침입에 시달리며 영적 암흑 속에서 살아야 했다. 1950년대에는 최빈국 중 하나였다. 설상가상으로 내전까지 일어나 온 국가가 잿더미가 되었다.[3]

내전이 일어나기 100년 전에 기독교 선교사들이 이 국가에 들어 왔다. 10여 개 국가에서 수백 명의 선교사들이 이곳으로 파송되었다. 그들은 학교와 신문과 병원과 교회를 설립하고 전도와 구제 사역에 전념했다. 그중 많은 선교사들이 질병과 모진 탄압에 시달리다 젊은 나이에 세상을 떠났다. 그럼에도 국가에는 복음의 기반이 굳건히 다져졌다.

1907년, 이 국가의 북부 지방에서 강력한 영적 부흥이 일어났다. 북부에서 가장 큰 도시였던 그곳은 당시 '동방의 예루살렘'이라고 불렸다.[4] 그러나 50년 뒤에 일어난 내전으로 국가는 풍비박산이 되었다. 미래는 그저 암담할 뿐이었다.

그러나 하나님이 뿌리신 복음의 씨앗은 불과 한 세대 만에 발아하여 열성적인 기도, 놀라운 교회 성장, 부단한 노력과 인내, 현대화의 결실로 나타났다. 그 결과 잿더미였던 국가가 아시아에서 가장 부강하고 선교 사명이 투철한 국가로 거듭났다. 기독교의 폭발적인 성장이 경제 성장에도 큰 기여를 했던 것이다.

오늘날 대한민국은 '아시아의 호랑이'라고 불린다. 제3의 물결이 일어나는 동안 '유다의 사자'이신 주님과 그분이 파송하신 선교사 친구들을 만났기 때문이다(7장 참조).

나는 한국과 한국 교회와 세계 각국에서 행해지는 선교 활동을 들을 때마다 놀라움을 금치 못한다. 한번은 여의도순복음교회를 방문해 그들과 함께 기도를 드린 적이 있다. 여의도순복음교회는 교인 80만 명이 모이는 세계 최대 규모의 교회다.[5] 우리는 양화진 선교사 묘역도 탐방했다. 서울 중심부에 있는 작은 공동묘지인 그곳은 13개국 출신의 선교사 517명이 잠들어 있다.[6]

현재 한국은 세계에서 손꼽히는 대형 교회가 여럿 있고, 세계에서 여섯 번째로 선교사를 많이 파송하는 국가다(이는 영국, 독일, 캐나다보다 앞서는 기록이다). 한국인들은 2030년까지 10만 명의 선교사를 세계 각지에 파송한다는 목표를 세워놓고 있다. 그들은 분명 제4의 물결에서 중요한 역할을 담당하게 될 것이다.

그럼 이제 B현장으로 자리를 옮겨보자.

퇴보에서 도약으로

믿기지 않겠지만 이 국가는 탐험의 시대가 막을 내린 1800년대 초까지도 비교적 알려지지 않은 국가로 남아 있었다. 게다가 외국인들의 입국에 제약이 많았다. 15세기에는 야망에 불타는 왕이 전 세계에 무역선을 보냈고(개중에는 사천 명의 선원을 실은 대형 선박도 있었음) 콜럼버스보다 70년 앞서 미국 대륙을 발견하기도 했다.[7] 그러나 그의 야망은 역사 속에 묻혀버렸고 계속되는 민란과 영적 어둠만이 온 국가를 뒤덮고 있었다.

20세기에 일어난 혁명과 폭동으로 국가는 초토화되었으며 헤아릴 수 없이 많은 사람들이 목숨을 잃었다. 선진 국가들과는 사이가 더 멀어져서 홀로 고립되고 말았다. 그러나 1970년대에 들어서

자 하나님은 1세기 반에 걸쳐 선교사들이 뿌려 놓은 복음의 씨를 자라게 하셨고 극심한 핍박과 가난과 역경 속에서도 놀라운 부흥이 일어나게 하셨다. 부흥은 먼저 시골 지역들을 휩쓸었다. 하지만 얼마 후부터 도시들에서도 부흥의 불길이 타올랐다. 발맞추어 진행된 산업화에 힘입어 이 국가는 결국 21세기에 이르자 경제 대국으로 우뚝 올라섰다.

오늘날 이 산업화의 늦둥이는 경제와 기독교의 발전소 같은 국가가 되었다. 바로 중국이다. 중국은 미국보다[8] 그리스도인의 수가 더 많다.[9] 중국의 그리스도인들은 수백만의 선교사들을 중앙아시아로 파송하는 비전을 갖고 있다.('백 투 예루살렘' 운동에 대해서는 8장에서 자세하게 이야기할 것이다).

나는 중국을 여러 번 방문했는데 그때마다 미래에 대한 기대감이 피어올랐다. 올림픽이 열리던 2008년에는 베이징 중심부의 톈안먼(天安門, 천안문)에 갔다가 명나라 3대 황제였던 영락제를 떠올렸다. 그는 1421년에 중국의 수도를 베이징으로 옮겼고 그때 해외 원정을 떠난 선단의 규모가 대형 선박 250척에 기타 선박이 삼천 오백 척이었다고 하니 그 어마어마한 규모에 혀를 내두르지 않을 수 없다. 배에 올라탄 사람들은 대부분 다시 돌아오지 못했다고 한다. 선단이 떠나고 몇 달이 지나서 베이징에 엄청난 벼락이 떨어져 도시 전체가 큰 타격을 입었다. 그 뒤 수백 년간 어둠과 혼돈 속에 갇혀 있던 중국은 20세기 후반에 와서야 두각을 나타내기 시작했다.

톈안먼 안의 화려하게 꾸며진 정원을 구경하고 있을 때, 한 중국인 아가씨가 기도와 명상을 하러 그곳에 들어왔다. 살아있는 신을 찾고 있다는 그녀의 말에 우리는 함께 기도하면서 주님의 사랑을 이야기해 주었다. 10억 중국인의 운명과 21세기에 그들이 해야 할 역할을 그 아가씨가 대변해 주고 있었다. 한 가지 분명한 것은 중국인 성도들이 제4의 물결에서 주역이 될 것이라는 사실이다.

비슷한 기적은 다른 지역에서도 일어나고 있었다. 이번에는 C현장으로 가 보자.

명목상의 신자들이 선교사로 거듭나다

이곳은 지난 100년간 어마어마한 변화를 겪었다. 우선 전체 대륙부터 살펴보고 다음으로 그 안의 국가들을 들여다보기로 하자.

사실 이 대륙은 옛날부터 빈곤과 착취로 유명한 곳이었다. 200년 전, 같은 반구에 있는 다른 대륙들과 비교할 때 이곳은 부유한 주변 국가들보다 훨씬 열악한 조건 속에서 그들보다 두 배나 많은 노예들을 부리고 있었다. 그럼에도 역사에는 부유한 주변 국가가 노예 착취의 대명사처럼 그려지곤 했다.[10]

만약 당신이 1900년대 이 지역의 영적 맥박을 짚어 보았다면 그 결과에 탄식이 흘러 나왔을 것이다. 하나님을 믿는다는 사람은 많아도 명목상 신자일뿐 미지근하거나 죽은 신앙의 소유자들이었다. 교회에 나가지 않는 사람이 대부분이었다. 만일 예수님을 개인적으로 믿거나 거듭났느냐고 물어본다면 대략 5만 명 정도만 '그렇다'고 대답했을 것이다.

그러나 오늘날은 사정이 달라졌다. 10만 명이 넘는 라틴 아메리카 사람들은 자신 있게 '그렇다'고 대답한다. 대개는 전도와 세계 선교에 관심 있는 오순절파 교인들이다.[11]

라틴 아메리카 사람들은 불과 몇 세대 만에 놀라운 영적 부흥을 이룩했다. 심지어 기독교인 수가 국민의 40%에 육박하는 국가들도 있다. 과거에는 가난한 후진국에다 명목상의 가톨릭 신자들만 가득했던 곳이었다. 그런 국가들이 지금은 세계 선교에서 당당히 자신들의 역할을 감당하고 있는 것이다.

그중에서도 단연 돋보이는 국가는 브라질이다. 브라질은 앞서 미국보다 두 배나 많은 노예들을 부렸던 국가이다. 한때는 아마존 분지가 가장 크고 험한 선교지였지만, 지금은 전 세계에서 두 번째로 선교사를 많이 파송하는 국가다.[12] 브라질 성도들은 이슬람 국가를 포함해 수백 개의 미전도 종족을 복음화하려는 비전을 갖고 있다. 이제 소개할 나의 간증도 이들의 열정을 입증해 줄 것이다.

1991년, 나는 알바니아에서 선교 여행을 인도하고 있었다. 철의 장막이 무너지고 2년이 지났을 때였다. 400년간 무슬림의 지배를 받았던 알바니아는 그 후 70년 동안 무자비한 공산주의 치하에서 고역을 치르고 있었다. 세계 최초로 무신론 국가임을 자처하기도 했다. 우리 선교 팀이 그곳에 들어갔을 당시에는 70%의 남성들이 실직자였고, 상업 활동은 거의 이루어지지 않았다. 우리가 머물렀던 집의 여주인은 20년간 같은 옷을 입고 살았다고 했다. 그럼에도 하나님은 알바니아 사람들의 마음을 움직이기 시작하셨다.

그러던 어느 날, 한 번도 그리스도인들이 와서 전도해본 적이 없다는(적어도 지난 500년 동안은) 산골 마을에서 우리에게 와달라는 연락을 했다. 우리는 그런 외딴 지역에 예수님의 복음을 전할 수 있게 된 것을 뛸 듯이 기뻐했다. 그런데 우리가 마을에 도착해 보니 그곳에는 이미 브라질 팀이 들어와 열심히 교회를 개척하고 있었다! 물론 우리도 팔을 걷어붙이고 그들의 개척 사역에 즐겁게 동참한 것은 말할 나위가 없다.

라틴 아메리카 지역들에 새로운 바람이 불고 있다. 브라질 성도들이 세계 각국에서 주님을 증거하고, 부흥의 강풍이 몰아친 아르헨티나에는 초대형 교회가 세워지고 있다. 죽었던, 혹은 잠자던 대륙은 이제 선교 열정으로 활활 타오르고 있다. 라틴 아메리카도 제4의 물결에서 큰 몫을 담당할 것이다.

그런데 잠깐! 다른 현장에서는 다른 대륙과 국가들의 더 놀라운 이야기가 펼쳐지고 있다. 서둘러서 D현장으로 달려가 보자.

기도 대상자가 기도 지도자로 변신하다

이 광활한 지역은 지난 수천 년간 복음에서 완전히 소외된 곳이었다. 북부에 사는 종족들의 역사가 일부 알려지기는 했지만 중부나 남부 지역의 사람들에 대해서는 거의 알려진 바가 없었다.

그러다가 모험심에 불타는 용맹한 남자이자 19세기에 가장 이름을 떨쳤던 어느 유명 인사가 이곳을 탐험하면서 이 신비로운 대륙은 세상에 모습을 드러냈다. 그가 집필한 책들은 나오자마자 베스트셀러가 되었고 천연 자원이 풍부한 이 지역에 수많은 사람들의 관심과 기도가 쏟아졌다. 얼마 후에는 그리스도의 사랑을 나누려는 선교사들이 이 광활한 대륙을 횡단하기 시작했다.

19세기에 데이비드 리빙스턴의 탐험으로 선교의 문이 열린 아프리카 땅만큼 많은 기도를 받았던 지역도 없을 것이다(제2의 물결의 영향력에 대해서는 6장에서 자세히 살펴볼 것이다). 20세기가 되자 그동안 세계인의 기도를 받아왔던 아프리카인들이 세계를 위해 기도하는 사람들로 변모했다. 대표적인 예가 남아프리카 공화국이다. 인종차별로 유명했던 이 땅은 지금 회개와 기도의 땅이 되었다.

2000년 7월에 하나님은 그래함 파우어(Graham Power)라는 남아공 출신의 사업가에게 역대하 7장 14절에 근거한 비전을 품게 하셨다. 이듬해 3월에는 '회개와 기도의 날'(Day of Repentance and Prayer)을 선포하고 사만 오천 명이 넘는 성도들이 케이프타운에 있는 럭비 운동장에 운집해서 한 마음으로 하나님께 기도를 드렸다.

2002년에는 그래함 파우어에게 두 번째 비전이 생겼다. 아프리카의 모든 국가가 '회개와 기도의 날'에 모여서 아프리카를 "이 세상의 빛"으로 변화시키자는 것이었다. 마침내 그들은 지구상의 모든 성도들을 이 행사에 초대해서 중보 기도의 향연에 동참하도록 했다.

2004년 5월 2일은 역사적인 날이었다. 아프리카 56개 국의 모든 그리스도인들이 '회개와 기도의 날'에 합심하여 아프리카 대륙을 위해 기도한 것이다. 수많은 도시와 마을에서 이 기도 행사를 진행했다. 남아프리카 공화국에서는 277개의 마을이 이 날 행사에 참여했다고 한다.

아프리카에서 시작되어 아프리카인들이 주도하는 5월의 '세계 기도의 날'(The Global Day of Prayer)은 220개가 넘는 국가의 그리스도인들이 하나님께 부르짖는 날이다. 세계 역사상 가장 큰 기도 행사라고 할 수 있다.[13] 한때는 선진국들의 기도 대상이었던 아프리카가 지금은 세계를 위해 뜨겁게 중보 기도하는 대륙이 되었다. 아프리카 사람들도 제4의 물결에 합류하게 될 것이다.

자, 그럼 이제 세계 선교의 마지막 여행지가 될 E현장으로 가 보자.

투사에서 평화의 대사로 거듭나다

이 국가들은 예수 그리스도의 복음에 특히 적대적이었다. 문학적 업적과 기술적 성취(8-13세기)가 워낙 뛰어나 콧대가 높기도 했지만, 전체주의의 지배, 혹독한 가난, 인권 유린 등의 평탄치 않았던 과거 또한 높은 장벽의 이유이다. 일부 극단주의자들은 '지하드'라고 불리는 폭력성 성전(聖戰)으로 세계 정복을 꿈꾸기도 한다.

바로 이런 국가들 40여 개가 북아프리카, 중동, 중앙아시아, 인도네시아 등지에 몰려 있다. 우리가 '이슬람 국가'라고 부르는 나라들이다.

모삽 하싼 유세프는 1978년, 이런 국가 중 하나인 팔레스타인의 라말라에서 태어났다. 예루살렘에서 북쪽으로 10km 떨어진 곳이다. 그의 아버지 셰이크 하싼 유세프는 하마스(아랍어로 '이슬람 저항 운동 단체'의 프롤로그자를 따서 만든 이름)의 창시자였다. 하마스는 현재 유럽 연합, 이스라엘, 일본, 캐나다, 미국에서 테러 조직으로 규정되어 있다.

모삽은 아랍 어린이답게 이슬람 투사가 되고 싶었다. 첫 번째 인티파다(팔레스타인들의 이스라엘에 대한 저항 운동)가 일어났을 때 모삽은 이스라엘 주민들에게 돌을 던지다가 체포되었다. 그 후에도 수차례 체포되어 감옥을 들락거렸다. 집안의 장남으로서 아버지의 뒤를 이어 하마스 조직의 중요 인물이 될 것이 분명해 보였다.

1996년에 모삽은 또다시 이스라엘 정보 기관에 체포되어 교도소에 수감되었다가 하마스의 잔인한 고문 방식들을 전해 듣고 지하드의 정당성에 의문을 가지기 시작했다. 특히 죄 없는 사람들을 살상하고 고통을 준다는 것이 상식적으로 이해가 되지 않았다. 결국 이슬람 무장 세력에 대한 신념은 산산이 깨지고 이스라엘에 비밀 정보를 제공하는 밀고자가 되기로 결심했다.

1997년에 석방되고 난 뒤부터 모삽은 이스라엘이 가장 믿을 수 있는 하마스 정보통이 되었다. 모삽의 활약으로 하마스의 감옥 위치와 공격 계획들이 속속들이 이스라엘 손으로 넘어갔다. 그 결과, 10여 건의 자살 폭탄 테러와 이스라엘 인사의 암살 시도를 사전에 막아낼 수 있었다. 그 안에는 이스라엘의 대통령인 시몬 페레스의 암살 계획도 포함되어 있었다.

모삽은 1999년에 한 영국인 선교사로부터 복음을 듣게 되었다. 그리고 1년여간의 영적 성찰 끝에 예수님을 자신의 구주로 영접하고 세례를 받은 뒤 2007년 도미하여 신앙 생활에 매진했다.[14]

오늘날 모삽의 소망은 평화의 왕이신 예수님을 통해 중동 땅에 평화가 이루어지는 것이다. 이것은 그만의 소망이 아니다. 중동에서 은밀히 전도하는 지하 교인들에 따르면 유례없이 많은 사람들이 예수님을 영접하고 있다고 한다. 이쓰리파트너스(e3 Partners)에서 중동과 중앙아시아의 책임자로 섬기고 있는 톰 도일(Tom Doyle)은 "아마도 앞으로 10년간은, 지난 15세기 동안 그리스도인이 된 무슬림보다 더 많은 수의 무슬림들이 주님 앞으로 나아오게 될 것"이라고 말했다.[15] 2010년 여름에는 이란인 전도자 라자루스 예그나자르가 인도한 유럽의 어느 훈련 콘퍼런스에서 무려 이백 명의 무슬림들이 세례를 받았다고 한다. 근래에는 이슬람 국가에 사는 무슬림들 중에 기적적으로 예수님의 환상을 보거나 그분을 만났다는 사람들이 많아졌다.[16] 이란에서는 지하 가정 교회가 생겨나 수천 명의 사람들이 주님께 나아왔다고 한다.[17] 무슬림 출신 성도들(MBB) 역시 제4의 물결에 합류하게 될 것이다.

앞으로의 전망

지금까지 말한 것처럼 세계 곳곳에서 주님을 위한 다양한 변화와 움직임들이 일어나고 있다. 교회의 지리적 판도도 바뀌는 추세다. 문화의 다변화와 더불어 가정과 직장과 정계에서 믿음의 사람들이 활약하는 것도 21세기에 생겨난 새로운 변화다. 하지만 가장 획기적인 변화는 아직 오지 않았다.

그럼 앞으로는 어떤 일이 벌어질까? 혹시 다음과 같은 일들이 벌어지지는 않을까?

- 회심한 수백만 명의 무슬림들이 세계 선교에 동참한다.
- 중국인 선교사 천만 명이 세계 각지에 들어가 복음을 전하고, 세계 곳곳에 중국인 교회가 세워진다.
- 유럽에서 계속해서 이슬람이 성장하거나, 과거 유럽의 식민지였던 국가들의 그리스도인들에 의해서 재복음화 된다.
- 미국이 몰락하거나 재도약한다.
- 세계 전역을 지배하는 중앙 정부가 수립된다.

어떤 일이 벌어질지는 오직 하나님만이 아신다. 하지만 그분은

절대 실토하지(?) 않으실 것이다.[18]

다만 분명한 것은 세계 선교의 제4의 물결이 시작되었고, 이 물결이 위의 모든 질문들과 연관이 있을 것이라는 점이다. 우리에게는 해야 할 임무가 있다. 이 과업이 완수되면 역사의 다음 장에 지대한 영향을 끼치게 될 것이다.

자, 그럼 이제 과거로 눈을 돌려서 지난 오천 년간 하나님이 얼마나 많은 선교의 물결을 일으키셨는지 알아보자. 한 가지 명심할 점은 역사를 어떤 눈으로 보는가에 따라서 당신의 인생이 달라진다는 사실이다.

Chapter 1
묵상과 토론을 위한 질문

01. 당신은 지금까지 세상의 어떤 큰 변화들을 경험했는가? 기술 문명의 변화였는가, 아니면 교회나 선교 사역에 관련된 변화였는가?

02. 21세기에는 어떤 영적 변화가 일어나고 있는가? 그 이유가 무엇이라고 생각하는가?

03. 당신은 다섯 현장 중에서 어느 곳이 가장 의외였는가? 이유는 무엇인가? 어떤 현장이 당신에게 (하나님이 크게 역사하신다는 면에서) 가장 큰 소망을 갖게 했는가?

04. 당신은 개인적으로 어떤 국가 혹은 대륙의 영적 부흥이 가장 반갑고 흐뭇한가? 당신이 그 변화에 기여할 수 있는 방법은 무엇이라고 생각하는가?

CHAPTER·2
과거의 물결들

당신이 힌두교도이고 역사가 순환한다고 믿는다면, 뭔가를 개선하려고 노력하기보다 그저 주어진 환경에서 하루하루를 살아가는 데 만족할 것이다(이런 세계관이 인도의 빈곤 퇴치에 큰 장애물이 되고 있다). 당신이 공산주의자이고 역사는 집단주의적 유토피아를 향해 나아가고 있다고 믿는다면 그 목표를 이루기 위해 혁명을 꾀하려 할 것이다(중국과 쿠바의 공산주의자들을 생각해 보라). 당신이 이슬람 근본주의자이고 샤리아 법을 각국에 도입시켜 이슬람의 최종 승리를 꿈꾸고 있다면 혼란과 공포를 조장하여 세계를 흔들어 놓으려고 할 것이다(이란과 사우디아라비아가 머리에 떠오르는가?). 혹은 당신이 여러모로 보나 세속주의 가치관을 가진 사람이라면 영원에는 무관심한 채 현재의 행복만을 추구하며 살아갈 가능성이 높다(주로 미국과 유럽의 사람들이 이런 삶을 산다).

성경의 역사관은 직선적이다. 하나님은 인류 역사라는 드라마의 창시자이자 종결자이며, 예수 그리스도의 주권을 중심으로한 궁극적 결말을 향해 세상만사를 지휘하고 계신다. 이런 역사의 행진 속에서 그리스도인들이 해야 할 일은 한 가지다. "너희는 온 천하에 다니며 만민에게 복음을 전파하라"(막 16:15). 구원의 메시지와 예수님의 가르침을 각 국가와 각 사람에게 전해주는 것이 인류 사회와 문화에 축복이 될 것이고 앞으로 다가올 영원한 왕국의 길을 닦는 일이 될 것이다.

역사와 성경을 공부해 본 사람이라면 그 같은 복음 전파의 물결이 지난 수천 년간 쉼 없이 이어져 왔음을 알고 있을 것이다. 내가 처음 선교를 접했던 계기도 그것이었다. 수많은 젊은이들의 물결이 전 세계의 해안으로 밀려들고 있었다.

1972년에 나는 하나님을 찾고 싶어서 뉴질랜드를 여행했다. 물론 하나님이 뉴질랜드에만 계신 것은 아니었지만 때마침 좋은 기회가 생겼기 때문이다. 잠시 휴학을 하고 대학 동기 3명과 지구 반 바퀴를 돌아 뉴질랜드로 가서 훈련도 받고 전도 활동도 하며 영적 성장의 발판을 마련했다.

그 해 10월, 뉴질랜드 오클랜드에서 Youth With A Misssion(줄여서 YWAM이라고 부르며 한국명은 '예수전도단'이다-역주)의 설립자인 로렌 커닝햄(Loren Cunningham) 목사가 강의를 하는 집회가 열렸다. 그 집회에는 구제선의 책임자인 돈 스티븐스(Don Stephens) 형제와 오픈

도어(Open Doors)의 설립자인 앤드류(Brother Andrew) 형제도 강사로 참여했다. YWAM이 독일 뮌헨에서 최초의 올림픽 전도 대회를 마치고 세계 각지를 돌아다니며 선교사와 사역자들을 모집하는 일종의 월드투어 형식의 집회였다. 불행하게도, 당시 올림픽 개최지였던 뮌헨은 테러분자의 공격때문에 이스라엘 선수 여덟 명이 목숨을 잃는 끔찍한 참사로 얼룩져 있었다. 그때 YWAM 사역자들과 그리스도인들은 충격과 혼돈에 빠진 사람들에게 사랑과 화해의 표현으로 거리에서 장미꽃을 나눠주며 기도해 주었다.

오클랜드 YMCA 강당에 선 로렌 커닝햄 목사는 청중들에게 자신이 1959년에 받았던 비전을 이야기했다. 헤아릴 수 없이 많은 젊은 이들이 복음을 전하기 위해 각 대륙의 해안으로 파도처럼 밀려드는 모습을 환상으로 보았다는 것이다.[1] 참으로 굉장한 비전이었다.

그 이야기를 듣는 동안 내 머릿속에도 물결치는 청년들의 파도가 그려지며 젊은 사람들이 그 중심에 섰다는 게 참으로 멋지다는 생각이 들었다. 그때까지만 해도 세계 선교에서 청년들의 역할이 크지 않았다는 사실을 모르고 있었다. 강의를 모두 마친 로렌 커닝햄 목사는 선교에 헌신할 사람들은 일어나서 앞으로 나오라고 했다. 그 말이 끝나기 무섭게 나는 자리에서 벌떡 일어나 앞으로 걸어 나갔다. 어디에 서명을 하면 되느냐고 무려 세 명의 강사들에게 물었던 기억이 난다.

누군가가 내 마음 깊은 곳에서 전 세계에 밀려드는 청년들의 물결에 합류하라고 속삭이고 있었다. 40년이 흐른 지금에 와서 생각해 보면 하나님은 수천 년의 세월 동안 끊임없이 수많은 물결을 일으키고 계셨다. 그 구원의 물결들 속에는 아주 오래된 고대의 물결들도 있었다.

타락 이후 유일한 사명

혹시 성경에서 구약의 분량은 왜 신약의 두 배일까 의아했던 적이 있는가? 구약에는 인류의 기원을 비롯해 선지서, 시편, 계보, 민족과 국가들 간의 전쟁이 낱낱이 기록되어 있다.

하지만 그것이 구약의 전부는 아니다. 고대 역사는 하나님이 여러 단계, 혹은 여러 물결의 형태로 드러내신 구속의 이야기다. 현대 역사는 그 이야기 위에 얹혀있는 것이다. 구약 말씀이 지루하다는 성도가 많지만, 구약이 신약보다 분량이 많은 이유는 그 속에 담긴 실화와 교훈, 원칙과 기반들이 인류 역사 속에서 하나님이 이루고자 하시는 목표에 필수적이기 때문이다.

최초의 인류가 타락한 뒤부터 지구상의 모든 초점은 하나님을 거역하는 사람들에게 하나님이 '어떤 식으로' 구원을 베푸실 것인가에 모아졌다. 그러므로 구약을 읽어보면 하나님이 사람들을 돌아오게 하시려고 어떤 수단과 방법을 동원하시는지를 엿볼 수 있다.

우리는 다시 한번 구약과 사랑에 빠져야 한다. 그 안에는 경이로운 구원의 물결들이 힘차게 출렁이고 있다.

노아와 대홍수 | 창세기 6-9장 |

고대 역사에서 가장 먼저 발견되는 구원의 물결은 온 지구를 덮쳤던 사상 최악의 물결이었다. 우리는 그것을 '대홍수'라고 부른다.

대홍수가 일어난 가장 큰 이유는 하나님을 거역하는 인간들에게 하나님의 상한 마음을 알려주고 죄악에 물든 지구를 심판하기 위함이었다(창 6장). 말하자면 '심판의 물결'이었다.

심판의 물결에서 노아와 그의 가족 일곱 명만이 목숨을 건질 수 있었다. 그들은 하나님을 믿었고 그분 말씀에 순종했기에 온 세상을 덮친 재앙에서 살아남아 새로운 세상에서 새 삶을 시작할 수 있었던 것이다. 이 '대홍수 부흥'의 물결에서 노아와 그의 가족은 구원을 받았다. 성경은 노아가 하나님께 은혜를 입었고(창 6:8), 하나님과 동행했으며(창 6:9), 의를 전파하는 사람(벧후 2:5)이었다고 말한다. 우리는 노아의 이 같은 신앙심을 훗날의 선교사들에게서도 똑같이 찾아볼 수 있다.

아브라함과 이스라엘 국가 | 창세기 12-25장 |

하나님의 구원 물결이 두 번째로 출렁인 때는 기원전 이천 년경이었다. 그때 하나님은 우르라는 곳에서 아브람이라는 남자를 불러 조상 대대로 살던 삶의 터전을 버리고 자신이 지시하는 땅으로 가라고 말씀하셨다. 그 여정을 통해 아브람은 하나님이 어떤 분이신지 알게 되었고 믿음이 강해졌으며 혹독한 시험도 당했다. 시험을 통과하고 나자 하나님은 그의 이름을 '아브라함'으로 바꾸시며 약속을 주셨다.

"내가 나를 가리켜 맹세하노니 네가 이같이 행하여 네 아들 네 독자도 아끼지 아니하였은즉 내가 네게 큰 복을 주고 네 씨가 크게 번성하여 하늘의 별과 같고 바닷가의 모래와 같게 하리니 네 씨가 그 대적의 성문을 차지하리라 또 네 씨로 말미암아 천하 만민이 복을 받으리니 이는 네가 나의 말을 준행하였음이니라"(창 22:16-18).

하나님이 아브라함과 맺은 언약은 구원이라는 광대한 바다의 잔물결로 보였다. 하지만 그 언약은 아들인 이삭과 손자 야곱을 거쳐 애굽의 노예살이 사백 년간 잠자고 있다가 '물에서 건짐을 받았다'는 이름의 남자를 통해서 구약 시대 구원의 거대한 새 물결을 일으켰다.

모세와 출애굽 | 출애굽기 1-15장 |

우리들 중에도 모세와 비슷한 사람들이 있다. 그는 패기가 없고 하나님의 뜻을 따르길 주저하던 사람이었다. 자기 손으로 문제를 해결하고자 애굽인을 살해하고 하마터면 하나님이 정하신 운명마저 저버릴 뻔했다. 그러다가 '광야 학교'에서 40년을 수학한 후 '스스로 있는 자'에게 발탁되어 다음 번 구원 물결을 이끄는 지도자가 되었다(마지못한 승낙을 통해서).

'출애굽'의 물결은 대단했다. 애굽 우상들의 무능을 만천하에 드러내는 하나님의 기적 퍼레이드가 이어진 뒤 이백 만이 넘는 이스라엘 백성이 드디어 애굽의 노예살이에서 풀려났다. 자연의 법칙을 일거에 무너뜨리는 '물결 기적'도 일어났다. 하나님은 홍해 바다의 물결을 거꾸로 흐르게 하여 양쪽으로 갈라지게 하셨다. (또 하나님은 이스라엘 백성을 추격하는 바로의 군대를 섬멸하기 위해)이스라엘 백성이 모두 바다를 빠져나가자 물결을 원상태로 돌이키셔서 애굽의 군대를 바다에 수장시켜 버리셨다.

바로 그날, 이스라엘이라는 국가는 구원을 받았고 이스라엘 백성들은 구속받은 하나님의 백성이 되었다. 그리고 얼마 후, 모세가 불타는 떨기나무에서 하나님을 만났던 그 광야에서 구원의 하나님은 '십계명'이라는 기본 헌법을 반포하셨다. 그 법대로 살면서 다른 국가 사람들에게도 인생의 바른 도리를 알려주라는 뜻이었다. 비록 그 임무를 완수하지는 못했지만, 이스라엘이 언약의 국가로 우뚝 선 것은 그 뒤에 이어진 모든 구원 물결의 시발점이 되었다는 면에서 큰 의미가 있다. 결국은 그로 인해 세상의 구세주인 예수 그리스도가 이 땅에 오실 수 있었고 뒷장에서 살펴볼 선교의 물결들이 일어났다.

이스라엘이라는 작은 국가는 여전히 세계 역사의 중심에서 날마다 신문의 헤드라인을 장식한다. 현대 유대인들에게는 또 다른 구원 물결이 밀려올 것이고 "온 이스라엘이 구원을 받으리라"(롬 11:26)는 말씀이 이루어질 것이다.

그 날을 논하기 전에 구원 역사에 기록된 다른 물결들부터 차근히 둘러볼 필요가 있다. 그 물결들이 일어나는 시대에는 단합된 기도와 새로운 헌신, 영적 쇄신이 일어나거나 다수가 주님께 돌아오는 역사가 일어났다. 이는 지금 우리 시대에 하나님이 무엇을 하실지 예측케 하는 중요한 단서가 되어줄 것이다.

이스라엘의 흥망성쇠

사무엘상하, 열왕기상하, 역대상하, 그리고 그 밖의 구약 책들에 나오는 이스라엘의 역사를 읽어보면 흥미로운 점이 한두 가지가 아니다. 타락한 세상에서 돌고 도는 인생사의 단면이 적나라하게 드러나 있다. 많은 국가들, 특히 복음이 전해진 국가들이 비슷한 경로를 걸었다. 그 속에는 전심으로 혹은 반신반의하며 하나님을 사랑하는 사람들과 지도자들이 있었고, 반면에 하나님께 아무 관심이 없는 사람들과 지도자들도 있었다. 이런 양상은 범위를 좁혀 우리 주변의 가족이나 지인들을 봐도 마찬가지다. 결국 인간의 본성은 장소와 시대를 막론하고 똑같다.

여기서는 이스라엘 백성이 영적 쇄신과 구원을 경험했던 여섯 가지 물결들을 집중적으로 살펴볼 것이다. 읽으면서 두 가지 진리를 머릿속에 새겨두기 바란다. 첫 번째 진리는 역사를 모르면 같은 잘못을 반복한다 것이고, 다른 하나는 지혜로운 자와 동행할 때 지혜를 배울 수 있다는 점이다(잠 13:20). 하나님은 후자를 택하는 사람들에게 이 시대 구원의 전령이 되게 하신다.

다윗 왕 | 사무엘상 16장-열왕기상 2장 |

이스라엘의 제2대 왕이었던 다윗은 다수의 시편을 남긴 시인이자 거인 골리앗을 처치한 영웅이었다. 오직 믿음 하나로 골리앗을 죽임으로써 기원전 1010년경에 유대인들을 하나로 통합시켰다. 이런 역사적 사실이 성경에서 "다윗의 아들"이라고 불린(마 21:9) 메시아 예수님의 이미지를 선명하게 대변한다. 왕국의 예배의 틀을 세우고 의와 하나님을 경외하는 마음으로 국가를 다스렸던 다윗은 "하나님 마음에 합한 사람"(행 13:22)이었다. 물론 죄와 허물이 있었지만(특히, 밧세바와의 간음과 그녀의 남편 우리아를 전쟁에 내보내 죽게 한 일로 큰 오점을 남겼다), 하나님을 향한 그의 사랑은 이스라엘 온 국가에 연합과 예배의 부흥이 이루어지게 했다(대상 15, 16장). 아울러 성전을 건축하려는 강한 열망과 세심한 준비는 하나님의 구원 계획에 발판 역할을 했다(대상 22장). 우리는 그런 다윗의 마음가짐을 본받아야 한다.

솔로몬 왕 | 역대상 28장-역대하 10장 |

밧세바가 낳은 다윗의 아들 솔로몬은 기원전 970년에 보좌에 오른 이스라엘의 제3대 왕이었다. 일찍이 하나님께 헌신하여 겸손함을 갖춘 덕분에 유례없는 재물과 지혜의 축복을 받았다. 또한 웅장하고 아름다운 성전을 건축하여 유대 왕국의 황금기를 열었다. 완공된 성전을 하나님께 봉헌하는 예배에서는 하나님의 영광(셰키나)이 그곳에 모인 모든 제사장과 백성에게 임했다. 솔로몬 왕의 집권 초기에는 하나님의 축복을 받아 온 국가에 금이 넘쳐나고 은이 돌처럼 흔했다. 그러나 말년으로 갈수록 처첩들을 많이 두면서 솔로몬 왕의 마음은 하나님으로부터 점점 더 멀어졌다(왕상 11:4). 하지만 그의 지혜와 명철은 언제나 우리에게 귀감이 된다.

아사 왕 | 역대하 14-16장 |

아사는 이스라엘의 제5대 왕이자 분단된 남유다 왕국의 제3대 왕이었다. 일평생 하나님께 충성했던 아사 왕은 국가가 기울어진 상황에서 백성들의 우상숭배와 부도덕을 청산하는 일에 앞장섰다. 그런 지도력 덕분에 유다 왕국은 다시 한번 부흥기를 맞이했고 "또 마음을 다하고 목숨을 다하여 조상들의 하나님 여호와를 찾기로 언약"(대하 15:12)했다.

특히 하나님은 아사 왕을 사용하셔서 백성들의 문란한 우상숭배 행위와 비윤리적인 삶을 바로잡으셨다. 우리도 아사 왕이 추구했던 '성적 순결'을 본받아야 한다. 역사 속에서 영적 각성을 이끌었던 하나님의 종들은 순결하고 거룩한 삶을 살았다.

여호사밧 왕 | 역대하 17-20장 |

아사 왕의 아들인 여호사밧은 아버지의 믿음을 그대로 이어받았다. 그는 기원전 860년경, 방백들과 레위인으로 구성된 순회훈련단을 조직하여 유다 성읍들을 두루 다니며 백성들을 가르치고 훈련하게 했다(대하 17:7-9). 이런 시스템은 훗날 감리교 부흥의 한 축이었던 순회목회자 제도로 재탄생되었다.

여호사밧 왕은 "전심으로 여호와의 길을 걸어 산당들과 아세라 목상들도 유다에서 제거"(대하 17:6)해 버렸다. 하나님을 전심으로 사랑했던 그는 죄를 미워했고, 죄로 인해 빚어지는 결과를 안타까워했다. 우리도 여호사밧 왕처럼 말씀 교육(제자도)의 중요성을 인식해야 한다.

히스기야 왕 | 역대하 29-32장 |

여호사밧 왕의 통치가 끝나고 150년 정도가 흐른 기원전 715년, 이스라엘 백성은 또다시 하나님께 등을 돌리고 세상의 길로 달려가고 있었다. 그러나 26세의 나이로 왕위에 오른 히스기야를 통해 구약시대 하나님의 구원 물결이 다시 한번 출렁이기 시작했다. 히스기야의 아버지인 아하스 왕은 이스라엘 역사상 손에 꼽을 정도로 사악한 왕이었다. 하지만 히스기야는 그런 아버지의 전철을 밟지 않고 의로운 선왕들의 귀감을 따랐다. 그리하여 성전을 중건하고 율법에 기록된 대로 거국적인 유월절 제사를 지냈다.

"그가 행하는 모든 일 곧 하나님의 전에 수종드는 일이나 율법에나 계명에나 그의 하나님을 찾고 한 마음으로 행하여 형통하였더라"(대하 31:21).

하나님 말씀에 대한 전폭적인 순종이야말로 히스기야 왕이 후대에 남긴 위대한 유산이었다.

요시야 왕 | 열왕기하 22-23장, 역대하 34-35장 |

구약시대 구원의 물결에 관해 마지막으로 살펴볼 대상은 유다 왕국 멸망 전 왕위에 오른 인물이자 누구보다 위대했던 사람이다. 만약 당신이 죽은 뒤에 다음과 같은 묘비명이 새겨진다면 기분이 어떨 것 같은가?

"요시야와 같이 마음을 다하며 뜻을 다하며 힘을 다하여 모세의 모든 율법을 따라 여호와께로 돌이킨 왕은 요시야 전에도 없었고 후에도 그와 같은 자가 없었더라"(왕하 23:25).

얼마나 대단한 극찬인가! 이전 시대의 왕들(다윗, 솔로몬, 아사, 여호사밧, 히스기야를 포함해서)은 물론이고 후대 사람들 중에도 요시야 같은 왕이 없다는 얘기다.

그럼 남유다 땅에 부흥을 몰고 온 이 '사명자 왕'을 자세히 탐구해 보자. 도대체 그는 무슨 일을 했을까? 그에게서 오늘날의 우리에게도 적용될 보편적 가치관과 원리들을 찾을 수 있을까?

요시야 왕의 개혁 정책은 열왕기하 23장과 역대하 34장에 자세히 기록되어 있다. 스물네 살의 나이로 요절한 세속적인 왕 아몬의 아들이자 악명 높은 므낫세 왕의 손자였던 요시야가 본격적으로 역사에 등장한 것은 기원전 640년경이었다. 그는 불과 여덟 살의 나이로 왕위에 올랐다. 그는 하나님의 심판을 받아 쇠퇴의 길을 걷던 왕국의 타락한 왕가에서 태어난 사람답지 않았다. 일찍부터 훌륭한 인품을 갖추었던 요시야는 유다 백성을 하나님께 되돌리는 과업에 성공했다. 어떻게 어린 왕이 그 어려운 사명을 완수할 수 있었을까?

미래의 부흥을 이끈 선교사들과 지도자들에게서도 공통적으로 찾아볼 수 있는 여덟 가지 특징이 요시야 왕의 성공 비결이었다고 할 수 있다. 그럼 그 특징들을 하나씩 살펴보기로 하자.

첫째, 요시야 왕은 의로운 삶을 살고자 노력했다. "여호와 보시기에 정직하게 행하여 그의 조상 다윗의 길로 걸으며 좌우로 치우치지 아니하고"(대하 34:2). 세속적이고 죄 많은 집안에서 자라난 여덟 살짜리 소년이 그렇게 하기는 쉽지 않았을 것이다. 그럼에도 그는 선대의 과오를 반복하지 않고 위대한 선조인 다윗 왕의 본보기를 따랐다. 사명자의 삶은 의롭고 바르게 살겠다는 다짐에서 시작된다. 출신 배경, 학력, 조건은 아무런 상관이 없다. 요시야 왕은 오로지 하나님께 영광 돌리는 일만 하겠다는 마음이 있었다.

둘째, 요시야 왕은 기도에 헌신적이었다. "아직도 어렸을 때 곧 왕위에 있은 지 팔 년에 그의 조상 다윗의 하나님을 비로소 찾고"(대하 34:3). 여기서 "하나님을 찾았다"는 성경식 표현은 기도를 열심히 했다는 의미다. 요시야 왕은 열여덟 살이 되는 해부터 기도 생활에 충실했다. 선교의 연료는 기도다. 앞으로 보게 될 선교 중흥의 역사들이 그 사실을 증명할 것이다. 요시야 왕은 어린 나이부터 기도에 전념하여 하나님을 찾았다. 이런 신앙 생활이 그에게 하나님의 계시와 지혜와 조화로운 삶을 가져다 주었다. 사명자의 성공 비결은 성실한 기도 생활이다.

셋째, 요시야 왕은 죄와 맞서 싸웠다. "제 십이 년에 유다와 예루살렘을 비로소 정결하게 하여 그 산당들과 아세라 목상들과 아로새긴 우상들과 부어 만든 우상들을 제거하여 버리매…"(대하 34:3-7). 어린 시절부터 기도로 단련된 그는 하나님이 죄를 얼마나 싫어하시는지 잘 알고 있었다. 죄는 인간의 삶과 가능성을 무참하게 짓밟고 파괴한다. 요시야 왕은 하나님의 심정으로 죄를 싫어했고, 국가 기반을 무너뜨리는 우상숭배와 격렬하게 맞서 싸웠다. 왕의 권력을 사용해 우상들을 제거했다. 뿐만 아니라 우상을 섬겼던 제사장들의 뼈까지 불살라 없앴으며 다양한 형태의 혁신적인 우상타파 정책을 펼쳤다. 당신이 한 국가의 국왕이 아닌 이상 그 방법은 결코 권장할 만한 일은 아니다. 민주주의 국가에서 그런 과격한 행동은 좁은 감방에서 '교도소 사역'을 할 각오를 해야 한다. 그러나 요시야 왕의 시대에는 국가의 죄악을 청산하기 위한 적절한 조치였다. 죄를 끊지 않으면 죄에서 해방되지 못하기 때문이다.

넷째, 요시야 왕은 하나님을 경배하는 예배를 부활시켰다. "요시야가 왕위에 있은 지 열여덟째 해에 그 땅과 성전을 정결하게 하기를 마치고 그의 하나님 여호와의 전을 수리하려 하여 아살랴의 아들 사반과 시장 마아세야와 서기관 요아하스의 아들 요아를 보낸지라…그 전을 수리하게 하되"(대하 34:8-13). 어느덧 스물여섯 살이 되어 더욱 성숙하고 현명해진 요시야는 하나님을 경배하는 문화를 정착시키려고 두 팔을 걷어붙였다. 성전은 군데군데 허물어지고 아예 사용조차 하지 않는 상황이었다. 요시야 왕은 사람들을 보내 허물어진 곳을 보수하게 했다. 온전한 성전이 있어야 백성들이 구원자 하나님을 바라볼 것이기 때문이었다. 죄를 미워하는 것만으로는 충분치 않다. 기쁜 마음으로 하나님을 예배하고 최선을 다해 그분을 섬겨야 한다. 오늘날로 치면 신약시대의 성전인 교회를 쇄신하고 성장시킨다는 의미가 될 것이다(고후 6:16). 교회의 부흥과 공동 예배에 힘을 모아야 한다. 사명자는 교회 재건에 헌신하는 사람들이다.

다섯째, 요시야 왕은 하나님의 율법을 소중히 여겼다. "왕이 율법의 말씀을 듣자 곧 자기 옷을 찢더라…이르되…우리 조상들이 여호와의 말씀을 지키지 아니하고 이 책에 기록된 모든 것을 준행하지 아니하였으므로 여호와께서 우리에게 쏟으신 진노가 크도다"

(대하 34:19-21). 성전을 수리하는 과정에서 여호와의 율법책이 발견되자 사람들은 그것을 요시야 왕에게 가져갔다. 그러자 왕은 즉시 그 말씀 앞에 머리를 조아리며 방백들을 선지자에게 보내 유다 왕국을 향한 하나님의 뜻이 무엇인지를 물어보라고 했다. 무엇보다 놀라운 것은 요시야 왕이 구약의 말씀, 즉 율법을 실제로 들었던 것이 그때가 처음이라는 사실이다. 말하자면 하나님의 말씀을 들은 적도, 읽은 적도 없으면서 의로운 삶을 살며 기도에 힘쓰고, 죄를 미워하고 예배를 회복시킨 것이다. 그러니 난생처음 하나님의 율법 말씀을 귀로 들었을 때 얼마나 벅차고 경외심이 들었겠는가? 우리도 하나님의 말씀을 두려운 마음으로 받들고 순종해야 한다.

여섯째, 요시야 왕은 하나님 앞에서 겸허함을 잃지 않았다. "내가 이 곳과 그 주민을 가리켜 말한 것을 네가 듣고 마음이 연약하여 하나님 앞 곧 내 앞에서 겸손하여 옷을 찢고 통곡하였으므로 나도 네 말을 들었노라 여호와가 말하였느니라"(대하 34:27). 요시야 왕은 유다 왕국의 미래를 하나님의 눈으로 보기 위해 국가에서 가장 영성 깊은 여선지자 훌다에게 사신을 보냈다(뒷장에서 여성들의 역할, 특히 현대의 세계 선교에서 여성들의 역할이 얼마나 중요한지 보게 될 것이다). 여선지자 훌다는 하나님의 말씀을 듣고 그 내용을 요시야 왕에게 전달했는데, 그 안에는 놀랍게도 요시야의 마음이 훤히 드러나 있었다. 하나님은 요시야의 겸허한 태도와 눈물에 감동하셔서 유다 왕국을 즉시 심판하지 않겠다고 하셨다. 이 대목을 읽기 전에는 요시야가 성격이 화끈한 마초나 터프가이였을 것이라 추측한 독자도 있을 것이다. 불의한 일이라면 물불 안 가리고 처단하는 냉혹한 권력자의 모습을 상상했을지도 모른다. 그러나 이 대목이 요시야의 진짜 모습을 말해주고 있다. 그는 마음이 여리고 겸손한 사람이었다. 사명자는 이런 면모를 두루 갖추고 있어야 죄를 미워하면서도 사랑을 실천할 수 있다.

지금까지 요시야 왕의 성공 비결을 살펴보았지만, 앞으로 이야기할 두 가지는 그중에서도 단연 돋보이는 비결이라 말할 수 있다.

일곱째, 요시야 왕은 율법의 권위를 절대시했고 율법을 유다 왕국의 최고 가치로 삼았다. "왕이 사람을 보내어 유다와 예루살렘의 모든 장로를 불러 모으고…모든 백성이 노소를 막론하고 다 함께 한지라 왕이 여호와의 전 안에서 발견된 언약책의 모든 말씀을 읽어 무리의 귀에 들려주고"(대하 34:29-30). 요시야 왕은 율법책에 기록된 하나님의 말씀을 듣는 일이 자신에게 유익하다는 것을 알았다. 자신에게 유익하다면 유다 백성에게도 유익할 게 틀림없었다. 그래서 그는 백성들을 한자리에 모아 놓고 하나님의 말씀을 온 도시 사람들에게 직접 읽어 주었다. 이스라엘 역사를 보면 거국적인, 혹은 전 도시적인 집회가 이전에도 많이 있었음을 알 수 있다. 그러나 대부분은 영적 지도자인 제사장이 의무적으로 율법을 낭독하는 '성경 읽기' 차원의 집회였다. 요시야는 하나님의 말씀이 얼마나 중요한지 확실히 각인시키기 위해 국왕인 자신이 직접 율법

책을 읽었다. 누구에게도 그 일을 위임하지 않았다. 사명자는 하나님의 말씀을 사랑하고 그 말씀이 각 국가의 운명을 좌우한다는 사실을 명심해야 한다.[2]

마지막으로, 요시야 왕은 자신의 권력과 영향력을 십분 활용하여 백성이 하나님과의 언약을 준수하도록 만들었다. "왕이 자기 처소에 서서 여호와 앞에서 언약을 세우되 마음을 다하고 목숨을 다하여 여호와를 순종하고 그의 계명과 법도와 율례를 지켜 이 책에 기록된 언약의 말씀을 이루리라 하고 예루살렘과 베냐민에 있는 자들이 다 여기에 참여하게 하매"(대하 34:31-32). 열두 살의 어린 나이부터 요시야는 왕국을 부흥시키려는 사명감에 불타고 있었다. 하나님의 율법을 백성에게 직접 읽어준 날, 요시야 왕은 전심전력하여 하나님을 따르겠노라 서약하고 모든 백성들에게도 자신을 따르도록 지시했다. 요즘으로 치면, 한 국가의 대통령이 TV의 공영 방송에 출연해서 자신은 하나님만 믿고 따를 것이니 국민들도 따르라고 권고하는 격이다. 요시야 왕은 언약을 성실히 수행하였다. 설익은 맹세로는 성에 차지 않았기에 자신의 결심을 공개적으로 밝힌 뒤 그들도 동참하게 만들었다. 왕으로서의 권력과 영향력을 최대한 활용한 것이다. 하나님께 헌신한 사명자는 자신의 힘과 영향력을 사용해서 가능한 많은 사람들을 구원의 길로 이끌어야 한다.

사명감에 불탔던 요시야 왕의 생애 중 가장 놀라운 대목은 다음이다. "요시야가 사는 날에 백성이 그들의 조상들의 하나님 여호와께 복종하고 떠나지 아니하였더라"(대하 34:33). 결국 떠났던 백성들이 하나님께 돌아왔다! 역대하 34장 1절의 시작은 국가가 기울고 여덟 살짜리 소년이 왕위에 오른다는 내용이다. 그로부터 32구절 뒤, 그러니까 18년의 세월이 지난 뒤에는 온 국가가 영적으로 부흥하고 정결해졌다. 수많은 사람들에게 구원이 임했고 백성들은 하나님을 경외하며 따랐다. 그와 같은 부흥과 영적 쇄신은 13년간 지속되었다. 요시야 왕은 자신의 이름대로 하나님께 기반을 둔 삶을 살았다. 구약시대 다른 위인들과 마찬가지로 믿음과 순종을 통해 자기 세대에 구원의 물결을 일으키는 하나님의 일꾼으로 쓰임받았다.

구약시대 물결들은 시간이 지나면서 점차 사그라졌고 수백 년간 이스라엘 국가 안에 잠잠히 가라앉았다. 열방을 축복하라는 국가적 사명도 정체되었다. 그러나 또 다른 물결, 예수 그리스도가 중심이 된 거대한 물결이 일어나고 있었다. 이제 기독교 선교의 시초이자 세계 역사의 전환점이 된 초대 교회의 놀라운 물결로 눈을 돌려보자.

Chapter 2
묵상과 토론을 위한 질문

01. 당신의 역사관이 삶에 어떤 영향을 미친다고 생각하는가? 당신의 생활방식과 우선순위로 볼 때 당신은 어떤 역사관을 갖고 있는가?

02. 하나님의 구원 역사를 '물결'로 표현한 비유가 적절하다고 생각하는가? 그 이유는 무엇인가?

03. 요시야 왕은 재위기간 동안 전 왕국에 영적 쇄신의 물결을 일으켰다. 당신이 사는 도시와 국가를 위해서 그의 여덟 가지 성공 비결을 어떻게 적용할 수 있는가?

CHAPTER·3

초대 교회 시대의 전도 물결

초대 교회는 시작부터 전도 사명에 불타고 있었다. 그들은 수년간 예수님과 동행하며 주님의 가르침을 들었고, 주님의 기적을 목격했고, 주님이 십자가에 달려 고통스럽게 죽어가는 모습을 지켜보았다. 일부는 주님을 부인했으며 일부는 당황해서 줄행랑쳤다. 그러나 예수님이 부활하시고 난 뒤 그분이 정말로 육신을 입은 하나님이었음을 깨닫자 기꺼이 주님이 주신 사명을 받아들였다.

본보기가 되어준 분도 예수님 자신이었다. 안락한 천국의 삶을 버리고 이 땅에 내려와 인류의 죄를 위해 자기 목숨을 내어 주셨다. 그리고 제자들에게도 이와 같이 살라고 말씀하셨다(요 20:21).

부활하신 뒤에 제자들에게 나타나신 예수님은 기독교 선교 활동의 근간이 되는 네 가지 의미를 담은 명확한 명령을 하달하셨다. 그 첫 번째는 세계 선교의 정의에 해당하는 말씀이다.

"예수께서 나아와 말씀하여 이르시되 하늘과 땅의 모든 권세를 내게 주셨으니 그러므로 너희는 가서 모든 민족을 제자로 삼아 아버지와 아들과 성령의 이름으로 세례를 베풀고 내가 너희에게 분부한 모든 것을 가르쳐 지키게 하라 볼지어다 내가 세상 끝날까지 너희와 항상 함께 있으리라 하시니라"(마 28:18-20).

OMF 선교사였던 레슬리 라이얼(Leslie Lyall)은 예수님의 죽음과 부활로 흉악한 불법점령자가 퇴각했으니 그분의 교회는 이제 자신의 소유지를 되찾고 상속받은 땅에 들어갈 것이라고 말했다.[1]

두 번째로, 예수님은 기독교 선교의 범위를 이렇게 묘사하셨다. "너희는 온 천하에 다니며 만민에게 복음을 전파하라"(막 16:15). 1959년에 청년들의 파도가 밀려오는 환상을 본 로렌 커닝햄 목사는 바로 이 말씀을 바탕으로 국제 YWAM(Youth With A Mission)이라는 선교 단체를 설립했다.[2]

세 번째로, 세계 선교의 원동력에 대해 예수님은 엠마오 도상에서 두 제자를 만난 뒤 홀연히 제자들에게 나타나서 자신의 이름이 가진 권세에 대해 말씀하셨다.

"이같이 그리스도가 고난을 받고 제삼일에 죽은 자 가운데서 살아날 것과 또 그의 이름으로 죄 사함을 받게 하는 회개가 예루살렘에서 시작하여 모든 족속에게 전파될 것이 기록되었으니 너희는 이 모든 일의 증인이라 볼

지어다 내가 내 아버지께서 약속하신 것을 너희에게 보내리니 너희는 위로부터 능력으로 입혀질 때까지 이 성에 머물라 하시니라"(눅 24:46-49).

예수님을 믿었던 초기의 성도들은 유대의 수도에서 성령의 임재를 기다렸다가 성령 세례를 받은 뒤에 사랑의 복음을 전 세계에 전하라는 사명을 받았다.

마지막으로, 세계 선교의 방법은 사도행전 1장 8절 말씀에서 찾을 수 있다. "오직 성령이 너희에게 임하시면 너희가 권능을 받고 예루살렘과 온 유대와 사마리아와 땅 끝까지 이르러 내 증인이 되리라"고 예수님은 말씀하셨다. 따라서 선교의 성격을 한 문장으로 표현하면, 하나님이 자신의 백성을 부르셔서 열방을 제자 삼게 하시는 것이라고 말할 수 있다. 세례를 받아 변화된 삶을 살며 다른 사람들을 가르칠 정도로 성숙해져야 한다. 예수님은 우리에게 전 세계 모든 사람들이 주님의 사랑과 용서의 복음을 듣게 하라고 하셨다. 초기의 성도들에게는 성삼위의 세 번째 인격이신 성령의 임재를 기다렸다가 권능을 덧입은 뒤에 나가서 그 명령을 수행하라고 지시하셨다. 먼저는 자신이 있는 곳과 그 주변 지역을 전도하다가 점차 영역을 넓혀 전 세계를 복음화하라는 것이었다.

앞서 구약의 역사에서 보았듯이 구원 계획은 이미 오래전에 구상되어 있었다. J. 허버트 케인(J. Herbert Kane)은 그의 책 『선교 신학의 성서적 기초』(나단출판사 역간)에서 다음과 같이 밝히고 있다.

"기독교 선교는 구원의 영역에서 하나님이 행하시는 주권적 활동의 한 부분이다. 기독교 선교는 처음부터 끝까지 하나님의 일이지 인간의 일이 아니다. 출발점 자체가 하나님의 마음이며 하나님의 사랑에 기반을 두고 있다. 기독교 선교는 하나님의 뜻에 좌우되고 선교 명령은 하나님의 아들의 입에서 나온다. 선교의 당위성은 하나님 말씀에 기록되어 있고, 선교의 궁극적 성공 여부는 하나님의 권능에 달려 있다. 하나님의 절대 주권이 기독교 선교만큼 극명하게 드러나는 곳이 없다."[3]

오순절 부흥!

초대 교회 성도들은 예수님의 명령에 따라 예루살렘의 한 다락방에 모여 열흘 동안 기도에만 전념했다. 아마 서로에게 자신의 죄를 고백하기도 했을 것이다. 특히 열한 명의 제자들은 예수님이 붙잡힌 날 그분을 버리고 도망갔으며, 심지어 베드로는 비겁하게 주님을 부인하지 않았던가! 죄를 고백하고 회개한 뒤에는 아마도 예수님과 함께 지냈던 시절을 추억했을 것이다. 예수님은 제자들과 함께 걸으며 하나님의 나라에 대해 가르치셨고 그들의 깊은 갈망을 채우셨다. 뿐만 아니라 병든 자를 고치시고 죽은 자를 일으키셨다. 그것들을 목격했기에 그들은 열정적으로 기도하며 주님이 시키신 일들을 잘 감당할 수 있는 능력과 은혜를 간구했을 것이다.

예수님이 승천하시고 열흘이 지나 오순절이 되었을 때 하나님은 그들에게 성령을 부어 주셨다(행 2:1-4). 바로 그날 기독교 선교의 막이 올랐다. 다락방에 모인 120명의 사람들은 하나님의 능력으로 채워졌다. 곧 바로 거리로 뛰어나간 제자들의 입에서 한 번도 배워보지 못한 외국 방언들이 튀어나왔다. 그들은 하나님의 선하심을 증거하고 있었다.

영적인 공포와 전율이 사람들을 휘감았다. 기독교 역사가 케네스 S. 라토렛(Kenneth S. Latourette)은 사도들이 열정적인 증인이 된 데는 성령의 임재가 무엇보다 중요했다고 말했다.[4]

은사주의 운동의 초기 지도자 중 한 명인 데니스 베넷(Dennis Bennett) 신부는 기독교 선교 개시일을 다음과 같이 설명했다.

"그들은 하나님을 찬양했고 성전에도 갔으며 심지어 업무 회의를 소집해 사도를 선출하기도 했다(행 1:15-26).…오순절 날, 첫 번째 수확물을 바치는 제사에서 권능이 임했다.…그들에게서 성령이 흘러나와 주변 세상으로 퍼져 나갔다. 성령에 감동된 그들은 하나님을 찬양하며 영광을 돌렸다. 자신들의 모국어로만이 아니라 전혀 모르는 언어들까지 사용했다. 그러는 동안 그들의 혀는 하나님의 뜻대로 길들여지고 영혼은 자유로워졌으며, 그들의 생각은 새로워지고 몸에는 활기가 넘쳐 능력 있는 증인이 되었다."[5]

또한 오순절 역사가 일어날 때 그 자리에 있던 사람들의 반응을 바넷 신부는 이렇게 묘사했다.

"어떤 이들은 그들을 조롱하며 '죄다 술에 취했군!'이라고 이죽거렸으나, 베드로는 즉시 그 말을 반박하고 나섰다. 아니요! 우리는 술에 취한 게 아닙니다. 지금은 겨우 아침 9시가 아닙니까? 여러분이 보시는 이 현상은 말세에 하나님이 자신의 영을 모든 육체에 부어 주겠다고 하셨던 요엘의 예언이 이루어진 것입니다!(행 2:13-17). 그 증거가 너무도 명확했기에 그날 하루 동안 무려 3천 명에 이르는 경건한 참배자들이 예수님을 자신의 메시아로 받아들여 죄를 회개하고, 세례를 받고, 성령을 선물로 받았다."[6]

    기독교 선교(신약시대의 선교)는 예수님의 죽음과 부활 뒤에 맞은 오순절 날 시작되었다. 그 후 제자들이 주의 복음을 전파하며 부활하신 왕의 명령에 순종하자 수많은 사람들이 믿음의 대열에 합류하였다.

    사도행전에는 초대 교회 교인들의 나눔과 희생정신이 자세히 기록되어 있다. 그들은 예수님을 사랑하는 마음에서 주변의 어려운 이웃들을 도왔다. 팔레스타인이라는 로마의 식민지에서 어둡고 음울하고 각박한 삶을 살아가던 사람들은 점점 더 성장하는 초대 교회 성도들의 변화된 삶에 매료되어 갔다. 예수님은 그들에게 영원한 소망을 주셨고 그 소망은 부흥의 불길로 타올랐다. 이어지는 70년 동안 초대 교회는 성장에 성장을 거듭하며 수많은 사람들을 예수님의 제자로 만들었다. 사도행전에 나오는 초대 교회의 부흥을 보면 적어도 세 가지 요소가 성공의 주요 요인으로 작용했다는 것을 알 수 있다.

- 부흥! - 오순절 날의 역사(행 2:1-40).
- 기도 - 성령님의 임재 전 다락방과 성전에서 기도했음(행 1:13; 2:1).
- 연합 - 서로를 향한 사랑과 봉사가 이를 대변함(행 2:44-46).

이 세 가지 열쇠 덕분에 초대 교회의 수많은 사람들이 주님을 영접했다(행 2:41, 42, 47). 여기에 두 가지 요인이 더 작용했는데, 그 중 하나는 하나님의 섭리였다. 하나님은 각 시대마다 가장 적절한 선교사를 가장 적절한 시기에 사용하셔서 큰 부흥을 일으키신다. 아울러 기술 문명의 발전도 선교 중흥에 기여했다. 이어진 4장에서는 이 다섯 가지 요소들을 하나씩 깊이 있게 살펴볼 것이다.

여기서는 먼저 초대 교회 시대에 드러난 하나님의 섭리와 기술 문명의 중요성을 잠시 짚어보도록 하자.

초대 교회 시대의 하나님의 섭리

하나님은 인류 역사의 특정한 시기와 장소를 골라 예수님을 이 땅에 내려 보내시고 구원 사역을 시작하게 하셨다(갈 4:4). 세상에 오신 예수님은 오로지 유대 민족에게만 복음을 전하셨고(마 15:24), 처음으로 그분을 믿고 따랐던 사람들도 모두 유대인이었다. 따라서 신약시대 선교의 주역은 유대인이었다. 하나님의 선택을 받은 유대인들은 예루살렘을 중심으로 초기 선교를 주도했다. 유대인 성도들이 유대와 사마리아 전도를 등한시하자 하나님은 핍박을 통해 초대 교회 교인들을 유대와 사마리아 지역으로 흩어지게 하셨다(행 8장). 이 시기에 베드로는 환상 중에 유대인이 아닌 사람들에게도 복음을 전하라는 하나님의 음성을 들었고(행 10장), 나중에 바울로 이름이 바뀐 사울은 하나님의 인도를 받아 이방인의 사도로 활약했다(갈 2:7).

이러한 일들이 있고 난 뒤, 하나님은 세계 선교의 방향에 대한 명확한 지침을 주셨다. 기도와 안수를 받은 바울(행 13:3)이 교회 역사상 처음으로 선교 여행에 나섰다. 두 번째 여행에서는 성령님이 직접 소아시아에 복음 전하는 일을 금지하시며 대신 마게도냐에 가서 복음을 전하라고 말씀하셨다(행 16:6-13). 이를테면 서쪽 지역들을 개척해서 교회를 세우라는 것이었다. 이는 그 후 이천 년간 세계 선교의 기본 방침이자 주요 전략으로 자리매김되었다. E. 글렌 힌슨(E. Glenn Hinson)이 말한 것처럼 기독교 확장의 요체는 교회를 세워서 지속적으로 사람들의 마음을 감화시키고 개종자를 양산하는 것이었다. 교인들 간의 친밀한 관계와 결속력이 손님을 후하게 대접하는 문화와 결합되어 당시 선교사들에게 숙소와 이동 수단을 제공하는 역할을 했다.[7]

한편, 아프리카 북부를 비롯해 동방의 카스피 해와 영국까지 걸쳐있던 방대한 로마 제국은 세계 선교의 2막이 펼쳐지는 무대로 준비되고 있었다. 로마 제국에 속한 백인과 유색인 모두 복음의 전령이 되라는 사명을 받았다. 로마 제국 전역에는 이미 유대인 정착촌이 무수히 형성되어 있었다. 이곳은 복음 전파의 가장 효율적인 전초기지가 되었고 복음이 이방인 지역으로 신속히 확산될 수 있는 디딤돌이 되었다. 힌슨의 설명을 들어보라.

"기독교가 그토록 단기간에 헬레니즘 문화권과 로마 제국에 파고들 수 있었던 이유는, 사전에 헬레니즘 문화에 동화된 유대인들이 광범위하게 포진된 결과였다고 밖에는 설명할 길이 없다. 기독교 초기에 유대인들이 개종자를 만들기 위해 "땅과 바다를 에워싸고" 열성적으로 선교를 했다는 것에는 의문의 여지가 없다. 기독교 복음 전파를 위해서 로마 제국의 광활한 영토가 경작되어 있었던 것이다."[8]

초대 교회 시대 부흥의 불길이 잘 경작된 밭들을 훑고 지나갔다. 그리하여 마침내 로마 제국 전체에서 복음의 씨앗이 자라나게 되었다.

기술 문명의 진보

초기 기독교 시대의 복음 전파에는 문화와 문명의 발달도 큰 몫을 담당했다. 즉 '팍스 로마나'라고 불리는 로마의 평화와 번영이 빚어낸 결과였다. 그리스 문명과 로마 문명의 합작으로 제국 전역을 관통하는 도로망을 건설하여 사람들의 여행과 무역, 문화 교류가 활발해 졌다. 또한 그리스 언어인 헬라어가 공용어가 됨으로써 복음 전파를 용이하게 했다.

해롤드 R. 쿡(Harold R. Cook)이라는 역사학자에 따르면 로마 통치 하의 단일화된 정치 체제를 비롯해 도로망 건설, 항로의 발달, 헬라어의 보편적 사용이 복음 전파의 이점으로 작용했다.[9] 기원 후 다섯 세기 동안 일어났던 사람들의 빈번한 이주도 기독교 팽창에 주요한 영향을 끼쳤다고 마이클 포콕(Michael Pocock)은 말했다.[10]

요컨대 보편적이고도 개방적인 문화, 대규모 이동, 광대한 도로망, 공용어 사용이 초기 기독교 선교에서 하나님이 사용하신 문화적 도구였다. 처음에는 유대인들이 복음을 전파했지만 얼마 못가 로마 전역에 살던 이방인들이 예수님을 믿고 복음 전파에 합류하기 시작했다.

텍사스 대학의 로드니 스타크(Rodney Stark)교수가 자신의 저서 『*Discovering God*』(하나님 발견하기)에서 밝힌 바에 따르면 로마 제국의 기독교인 인구는 350년에 이미 수천만 명을 헤아렸다고 한다.[11]

새롭게 시작된 부흥의 불길은 기도와 연합에 힘입고 하나님의 섭리로 인도함을 받았다. 그리고 당시 가장 발전된 기술력과 문명을 타고 로마 제국의 서쪽과 북쪽으로 힘차게 뻗어나가 마침내 인구의 절반이 예수님께 돌아오는 쾌거를 이룩했다.[12] 기독교 선교의 다음 단계를 J. 허버트 케인은 이렇게 설명했다.

"콘스탄티누스 황제의 개심 후 기독교는 유례없는 부흥의 시기를 맞이했다. 4세기에 기독교인의 숫자가 400배나 증가했고, 500년에서 1200년 사이에는 기독교 선교사들(주로 수도승들이었음)이 전 유럽을 휘젓고 다니며 복음을 전파하고 수도원을 설립했다. 수도원은 빛과 배움의 장소가 되었을 뿐 아니라 선교 활동의 중심지가 되기도 했다.…그리하여 기독교는 로마 제국의 국경 너머까지 퍼져 나갔다."[13]

기독교 신앙의 성장세는 암흑기라 불리는 중세 시대에도 문명 세계의 지형을 바꾸며 유럽과 다른 국가들의 발전에 초석을 놓았다. 선교사들도 머나먼 동방 국가들까지 진출했다. 그 대표적인 예가 수 세기 전 인도에 들어간 도마 사도였다. 일찍이 네스토리우스 교도로 불리던 성도들의 선교 활동은 이미 서기 635년, 현재의 중국에까지 영역을 넓혔다.[14] 그러나 세계 선교의 비전은 18세기에 들어서야 알차게 여물었다. 본격적으로 '하나님 나라의 복음'이 세상 각 국가로 유입되기 시작한 것이다.

이 이야기를 하기 전에 먼저 구원의 물결이 일어나기 위해 필요한 요건들이 무엇인지 각 세대의 선교 활동을 통해 알아보자.

Chapter 3
묵상과 토론을 위한 질문

01. 선교의 근간이 되는 예수님의 명령은 무엇인가? 당신은 어떻게 그 명령에 순종했는가?

02. 초대 교회 시대의 선교가 성공할 수 있었던 세 가지 비결은 무엇이었는가? 세 가지 중에서 당신은 개인적으로 어떤 것에 더욱 노력을 기울여야 한다고 보는가?

03. 하나님의 섭리란 무슨 뜻인가? 인류의 역사에서 하나님의 섭리로 봐야 할 일들은 어떤 것들이 있는가? 당신의 삶에서는 어떤 일들이 하나님의 섭리였다고 생각하는가?

CHAPTER·4

무엇이 선교의 물결을 일으키는가?

자연 현상만큼 창조주의 권능을 선명하게 드러내는 것이 없다. 선교사의 물결 또한 파도나 바다의 변화에 빗대어 표현하는 것이 독자들의 이해에 도움이 되리라 생각한다. 폭풍우와 같은 기상현상은 바다를 부풀게 하여 파도를 생성해 낸다. 조수는 파도의 형태에 영향을 미친다. 썰물 시에는 파도가 거세지고 밀물 시에는 잔잔해 진다. 조류 현상은 알려져 있다시피 기본적으로 달과 지구와 태양 사이의 중력이 그 원인이다.

- 달의 중력은 지구 중력의 6분의 1이지만 지구의 원심력 같은 다른 힘이 결합되면 조수가 생긴다.
- 지구에 미치는 태양의 중력은 달의 46%에 불과하다. 따라서 조수를 형성하는 가장 중요한 요소는 달이다.

- 태양의 중력도 조수를 만든다. 그러나 달에 비해서는 그 힘이 약하기 때문에 영향력은 크지 않다.
- 조수는 달의 중력이 잡아당기기 때문에 만들어지는 게 아니다. 달이 물을 위쪽으로 끌어당기면 지구는 물을 아래로 잡아당긴다. 이때 달의 힘이 약간 강하기 때문에 조수가 생긴다.[1]

자연의 피조물에 빗대어 말하면, 선교의 물결에서 하나님은 달과 같은 존재(가장 중요한 분)이고, 역사적 상황은 태양이며(달만큼은 아니지만 중요한 요인), 인간의 의지는 지구(하나님이 역사하시는 현장)라고 말할 수 있다. 하나님이 구원을 목적으로 인간을 끌어당기시면 역사적 상황이 기회를 제공하고, 인간은 믿음으로 그에 반응한다. 그러면 세계 선교의 물결이 일어나서 사람들이 그 복음을 듣게 되는 것이다.

다른 식의 비유도 가능하다.

나는 워싱턴 주 퓨젯 사운드(Puget Sound)라는 지역에 살고 있다. 조류와 조수가 이곳의 기후와 지형과 생활 방식에 막대한 영향을 미친다. 워싱턴 주는 미국 48개 주 중에서 가장 긴 해안을 갖고 있다. 자연히 이곳 주민들도 바다와 물결의 흐름에 맞추어 살아간다.

조류와 조수는 일련의 변화를 일으킨다. 미국 동북단 대서양 연안에 있는 메인 주는 미국 서북부에 위치한 워싱턴 주와 위도가 거의 같다. 하지만 어느 해 여름인가 메인 주를 방문했을 때 워싱턴 주와 날씨가 비슷할 것이라고 생각한 나의 예상은 완전히 빗나가고 말았다.

메인 주를 비롯해 동북부 지역의 여름은 무더웠다. 한낮의 기온이 32도에서 38도까지 치솟았고 습도는 무려 70%를 넘었다. 대서양의 수온이 올라가면서 덩달아 기온이 높아졌기 때문이다. 반면에 겨울이 되면 수온이 내려가 기온이 영하로 떨어지고 눈이 많이 내린다.

서해안에 위치한 워싱턴 주의 기후는 온화한 편이다. 여름에도 습도가 낮고 겨울에도 비교적 춥지 않아서 살기에 쾌적하다. 대서양의 수온이 일 년 내내 섭씨 13도 정도를 유지하여 여름의 더위를 식혀주고 겨울의 냉기를 덥혀주기 때문이다. 그러니 위도만 가지고는 미국 주의 날씨를 예측할 수 없다. 반드시 조류의 상태를 염두에 두어야 한다.

앞서 조수 작용에 대해 이야기한 바 있다. 서부 워싱턴에서 발간되는 모든 신문에는 조석표(물때표)가 실려 있어 언제 낚시를 하기 좋은지, 언제 해변을 산책하기 좋은지, 언제 나룻배를 운행하는지 알려준다. 조석표를 확인하지 않으면 주변에서 무슨 일이 일어나는지 알 수 없다.

선교 역사도 마찬가지다. 나는 선교에 대한 책과 선교사 위인전을 많이 읽었다. 그런데 위인들의 생애나 당시 상황에 대한 묘사는 훌륭지만, 아쉽게도 그 시대 선교 활동에 영향을 미친 영적 흐름은 누락된 경우가 많았다. 선교 운동은 절대 우연히 일어나지 않는다. 시기와 상황에 맞게 역사를 움직이시는 하나님의 섭리와 선교의 부름에 응하는 사람들이 있을 때 선교 운동이 일어난다.

세계 선교의 물결에 결정적으로 영향을 끼친 다섯 가지 항목들이 아래에 있다.

- 부흥!
- 기도
- 연합
- 하나님의 섭리
- 기술 문명의 발달

이 장에서는 위의 요인들을 하나하나 분석하고, 뒷장에서는 각 시대별로 이 요인들이 어떻게 작용했는지 살펴볼 것이다. 하나님은 놀라운 방법들로 각 시대의 사람들과 국가들을 움직이셨다. 하지만 언제나 첫 출발은 인간들의 마음을 새롭게 하시는 것이었다.

부흥! - 선교의 불길

부흥이라는 단어 뒤에 느낌표를 붙인 이유는 삶을 바꾸는 능력의 역동성을 강조하기 위해서다. 나도 개인적인 부흥을 경험했다. 그 경험이 하나님이 내게 주신 선교 사명의 핵심이라고 믿는다. 역사

속의 수많은 부흥들을 공부한 적이 있다. 하나님이 사람들의 마음에 불을 붙여서 그분의 마음과 비전과 열정으로 선교에 헌신하게 만드시는 것을 보고 놀랐다. 하나님은 자연스럽게 그들을 인도하셔서 온 국가를 변화시키는 일에 사용하셨다. 나 역시 세계 곳곳에서 부흥의 불길이 타오르는 것을 목격했고 직접 이끌어 보기도 했다.[2]

우리가 '부흥', '영적 각성' 혹은 '영적 쇄신'이라고 부르는 현상은 여러 가지로 정의할 수 있다(여기서는 이 세 가지 표현을 동의어로 사용하겠지만 각각의 차이점도 설명할 것이다). 그럼 유명 인사들의 입을 빌려 부흥의 성격을 정의해보도록 하자.

- "부흥은 교회가 예수님과 다시 한번 사랑에 빠지는 것이다."
  _밴스 하브너(Vance Havner)

- "부흥은 공동체가 하나님에게 흠뻑 빠지는 것이다."
  _던컨 캠벨(Duncan Campbell)

- "부흥이란 지상에서 보내는 천국의 나날들을 의미한다."
  _마틴 로이드 존스(Martyn Lloyd-Jones)

- "부흥은 하나님이 자신의 교회를 정결케 하시는 것이다."
  _어윈 루처(Erwin Lutzer)

- "부흥은 궁극적으로 그리스도 자신이다. 주님이 이 땅에 있는 그리스도의 몸 안에서 그리고 몸을 통해서 보고, 느끼고, 듣고, 살고, 역사하고, 움직이신다."
  _스티븐 올포드(Stephen Olford)

- "부흥은 신기하고도 주권적인 하나님의 역사다. 그 역사 속에서 하나님은 자신의 백성을 찾아오시고, 회복시키시고, 활기차게 하시고, 그분의 축복을 충만하게 누리게 하신다." _로버트 콜먼(Robert Coleman)
- "부흥은 하나님의 백성에게 갑작스레 예배의 영이 임하는 것을 말한다." _A. W. 토저(A. W. Tozer)
- "진정한 부흥은 다름 아닌 혁명이다. 사람들의 삶과 마음에서 세속적이고 이기적인 영을 추방하고 하나님과 그분의 사랑이 승리하는 것이다." _앤드류 머리(Andrew Murray)
- "부흥은 교회를 개혁해서 행동하게 만드는 것이다." _막스 워렌(Max Warren)
- "부흥은 하나님의 완벽한 거룩하심과 압도적인 권능이 인간에게 계시되는 것이다. 영적 몰락에 대응하시는 하나님의 방법이자 이 세상에서 그분의 구원 목적을 달성하기 위한 영적 추진력이기도 하다." _아서 왈리스(Arthur Wallis)[3]
- "부흥은 하나님에 대한 순종의 새로운 시작일 뿐이다." _찰스 피니(Charles Finney)[4]

나는 개인적으로 부흥을 이렇게 정의한다. '부흥은 하나님의 백성이 깨어나 잃어버린 영혼들을 전도함으로써 사회가 도덕적으로 깨끗해지는 것'이다.

'부흥'(revival)이라는 단어는 '다시 산다'(living again)는 뜻이다. 또한 예수님이 길이고, 진리이고, 생명이시다(요 14:6). 그러므로 부흥은 믿는 자들에게 새롭고 강력한 방법으로 예수님의 생명력을 불어넣어 주시는 것이라 할 수 있다. 이러한 부흥의 불씨는 전 마을, 전 도시, 전 국가로 퍼져 나간다.

하나님의 백성들의 마음에 부흥이 일어날 때마다 활발한 선교 활동이 전개되었다. 하나님의 영이 임재하시면 사람들은 회개와 믿음으로 반응하고, 그 결과 하나님의 나라와 예수 그리스도를 향한 헌신과 봉사와 전도의 물결이 생겨난다.

이어지는 장들에서는 그렇게 생겨났던 기독교의 선교 물결들을 살펴볼 것이다. 한 가지 기억할 것은 인간의 새로워진 마음과 생각이 선교 물결의 원천이라는 사실이다.

부흥은 예수님의 생명이 선교로 솟구쳐 나오는 것이다.

기도 - 부흥의 연료

부흥이 선교의 불길이라면 기도는 의심할 여지없이 그 불길을 타오르게 만드는 연료다.

예나 지금이나 기독교 선교의 원동력은 기도다. 공생애에 앞서 40일을 금식하며 기도하셨던 예수님이 그 본을 보여 주셨다. 예수님이 성령의 능력을 입고 돌아오시자 사람들이 그분의 말씀을 들으려고 구름떼처럼 몰려들었다(마 4:1-25). 또한 예수님은 철야 기도를 하신 뒤에 열두 제자를 선택하시고 각 마을로 파송하여 복음을 전하게 하셨다(눅 6:12-16, 9:1-6). 마태복음 9장 37-38절에 보면 여러 마을에서 말씀을 전하시던 예수님이 안타까운 마음으로 "추수할 것이 이토록 많은데, 일꾼은 얼마나 적은지!"라고 한탄하시는 장면이 나온다. 그런 뒤에 예수님은 미래 선교의 성공 열쇠가 되는 충고를 해 주셨다. "추수할 일손을 달라고 무릎을 꿇고 기도하여라!"(메시지 성경).

하나님은 기도라는 매개체를 통해서 역사의 '동역자'가 되라고 우리를 초대하신다. 사람은 기도할 때 달라진다. 성경 말씀은 물론이고 우리 자신의 경험을 보더라도, 기도는 사람의 마음을 움직여서 하나님이 역사하시게 만드는 힘이 있다(왕하 20:1-11, 약 5:13-18). 기도는 성령이 하시는 구속의 역사를 촉진시킨다. 잃어버린 영혼들과 열방들을 볼 때 예수님처럼 마음이 아프고 속상하면 자연히 무릎을 꿇고 추수의 주님께 기도하게 된다. 그러면 주님은 그에 대한 응답으로 전 세계에서 일꾼들(선교사들)을 불러주신다.

앞에서도 말했듯이 초대 교회의 부흥은 열흘간의 다락방 기도 모임과 회개를 통해 시작되었다. 결국은 그 기도를 통해 오순절 날 성령이 임했고 베드로의 전도를 통해 수많은 사람들이 구원을 받았다(행 2:1-4).[5] 제자들은 계속해서 기도했고 교회에는 날마다 구원받는 사람들이 더해졌다(행 2:47). 사도행전 4장 23-30절에서 누가는 초대 교회 신자들의 합심 기도가 끝나자 "모인 곳이 진동하더니 무리가 다 성령이 충만하여 담대히 하나님의 말씀을 전하니라"(행 4:31)고 기록했다. 여기서 한 가지 방정식이 탄생한다. 사람들이 기도하면 성령이 임하시고 활발한 전도가 시작된다는 것이다. 미국 세계선교센터의 연구 자료에 의하면 주후 100년경 불신자와 그리스도인의 비율은 360대 1이었다.[6]

중세가 되자 교회의 영향력은 이전에 로마 제국이었던 지역 전체로 확대되었다. 그 뒤에는 기도와 성경 읽기에 전념했던 수도승들을 통해서 유럽 전체로 퍼져 나가기 시작했다. 중세 사회의 중심은 수도원이라고 해도 과언이 아니었다.[7] 이집트의 수도원장이었던 성 안토니우스(250-350)를 시작으로 아일랜드의 성 패트릭, 중국의 네스토리우스 교도들, 전 세계로 진출한 프란체스코 수도회와 도미니크 수도회, 예수회의 수도사들에 이르기까지 하나님의 종들은 충성되게 복음을 전하면서 악에 대항하여 기도하기를 쉬지 않았다. 비록 교파와 전통, 전도 대상은 달랐지만 그들의 공통분모는 헌신적인 기도 생활이었다. 하나님은 그런 노력을 가상히 여기셔서 유럽의 수많은 지역을 복음화시켜 주셨다. 그리하여 종교 혁명이 싹트던 1500년경에는 세계적으로 불신자와 그리스도인들의 비율이 69대 1로 그 격차를 좁혔다.[8]

이 책의 5장에서는 마르틴 루터와 장 칼뱅을 비롯한 종교 개혁가들 아래 이루어진 교회 개혁과 니콜라우스 폰 친첸도르프(Nikolaus von Zinzendorf)라는 젊은 귀족이 핍박받는 모라비아(현재의 체코 공화국)교도들에게 피난처를 제공함으로써 개신교 선교가 꽃피게 된 과정을 자세히 살펴볼 것이다. 하나님은 삼백 명의 모라비안 공동체에 임하셔서 부흥의 소나기를 부어 주셨고, 이로 인해 헤른후트 마을에서 24시간 연속 기도 운동이 탄생하게 하셨다. 이 기도 운동은 무려 백 년이나 지속되면서 모라비안 선교사들이 스칸디나비아 반도를 비롯해 유럽, 서인도, 그리고 전 세계로 진출하는 뒷받침이 되었다.[9]

영국 감리교의 부흥을 이끈 존 웨슬리가 그리스도 안에서 구원을 발견한 것도 피터 뷜러(Peter Buehler)라는 모라비안 선교사를 통해서였다. 결국 이 모든 것의 원동력은 기도였다.[10]

선교 중흥의 역사를 탐구하다 보면 그 안에 수많은 기도 운동이 있었음을 알 수 있다. 인간의 마음에 복음의 불을 당기는 게 부흥이라면, 기도는 그 불길이 번지도록 부채질해 주는 바람이다. 기도는 선교에 필수적이다. 선교의 네 번째 물결이 사상 최대의 파란을 일으키며 성공하려면, 전 세계 그리스도인들이 합심해서 기도하는 일이 선행되어야 한다.

자, 그럼 이제는 선교의 세 번째 성공 요인이라 할 수 있는 연합의 힘에 대해 알아보도록 하자.

연합 - 겸손과 기도의 열매

예수님을 만나 그분의 생명력으로 충만하면 하나님의 뜻이 이루어지도록 겸손하게 기도하는 사람이 된다. 겸손한 기도는 하나님,

그리고 다른 성도들과 한 마음 한 뜻이 되게 한다.

성삼위 하나님의 특징 중 하나가 삼위 하나님의 하나 됨에서 흘러나오는 연합의 힘이다. 인간들의 죄와 분열을 생각해 보면 연합에는 다른 차원의 무언가가 있음을 보게 된다. 겸허하게 협력해서 일하는 사람은 혼자 일하는 사람보다 훨씬 더 많은 일을 성취할 수 있다. 성경도 이 사실을 강조한다. "두 사람이 한 사람보다 나음은 그들이 수고함으로 좋은 상을 얻을 것임이라…한 사람이면 패하겠거니와 두 사람이면 맞설 수 있나니 세 겹 줄은 쉽게 끊어지지 아니하느니라"(전 4:9-12).

연합에는 굉장한 힘이 있다. 사람들이 힘을 모아 함께 일하면 단순히 더해지는 것이 아니라 곱해져서 양과 질이 폭증한다. 하나님은 우리가 하나로 뭉칠 때 "너희의 원수들을 쫓으리니 그들이 너희 앞에서 칼에 엎드러질 것이라 또 너희 다섯이 백을 쫓고 너희 백이 만을 쫓으리니 너희 대적들이 너희 앞에서 칼에 엎드러질 것"(레 26:7-8)이라고 약속하셨다.

연합은 힘을 배가시킨다. 지도자들이 단합하여 하나가 되면 권위와 능력이 더해져 어느 누구도 감히 대항하지 못하게 된다. 시편 133편에 보면 형제가 연합할 때 "여호와께서 복을 명령"(시 133:3)하신다고 했다.

연합으로 가는 지름길은 겸손이다. 서로의 죄를 고백하고 서로의 권위에 순종하며 남을 자신보다 더 소중하게 여겨야 한다(빌

2:1-11). 이렇게 겸손한 자세를 가지면 다른 사람들의 생각과 의견을 수용하고 공공의 유익을 위해 일함으로써 기대 이상의 성과를 올릴 수 있다.

세계적인 대기업 AT&T에서 30년간 근무했던 로버트 그린리프(Robert Greenleaf) 부회장은 기업들과 자신이 이끌었던 조직들의 성공 비결을 연구하다가 가장 효율적인 리더십은 팀 리더십이라는 결론에 도달했다. 즉, 지도자들이 합심해서 결정을 내리고 그들이 가진 다양한 재능을 발휘하는 게 성공의 가장 큰 비결이라는 것이다. 또한 그는 고위직이 하나가 되면 생산성이 올라갈 뿐 아니라 기업과 직원들도 안전하게 보호받을 수 있다고 말했다.[11]

경제 분야에 그런 원칙이 통한다면 교회는 더 말할 나위가 없다. 요한복음 17장에는 예수님이 가장 길게 하셨던 기도가 나온다. 그때 예수님은 이렇게 중보하셨다. "내가 비옵는 것은 이 사람들만 위함이 아니요 또 그들의 말로 말미암아 나를 믿는 사람들도 위함이니 아버지여, 아버지께서 내 안에, 내가 아버지 안에 있는 것 같이 그들도 다 하나가 되어 우리 안에 있게 하사 세상으로 아버지께서 나를 보내신 것을 믿게 하옵소서"(요 17:20-21).

우리가 그리스도의 몸임을 세상에 확인시켜 줄 수 있는 길은 한 마음 한뜻으로 단결된 모습을 보여 주는 것이다. 사탄은 절대 그런 모습을 모방하지 못한다. 분열되고 이기적인 세상에서 연합은 사람들의 눈길을 끌기에 충분할 뿐 아니라 그들의 귀감이 되어 줄 것이다. 주님은 하나님과 예수님이 하나이듯 제자들이 하나가 되면 온 세상이 복음화될 것이라고 장담하셨다. 예수님의 기도가 말해주듯 세계 복음화를 이루기 위해서는 교회가 하나로 똘똘 뭉쳐야 한다. 모래알처럼 흩어지는 것은 그 어떤 것보다 수치스러운 일이며 그리스도의 가르침을 정면으로 거스르는 일이다.

하나님은 부흥을 통해 인간들의 마음을 낮추고 정결케 하신다. 사람들과 지역 사회, 국가 안에 하나님의 뜻이 이루어지도록 기도하면 그 연합의 힘이 불신자들을 주께 돌아오도록 만든다. 과거의 선교 운동을 돌이켜봐도 믿는 자들의 연합이 성공의 주된 촉매제였다. 사랑으로 하나 되면 놀라운 역사가 일어난다.

나는 1980년과 1988년에 '워싱턴 포 지저스'(Washington For Jesus) 집회에 참가했다가 버지니아 주 버지니아 비치에 위치한 록 교회의 존 지메네스(John Gimenez)목사와 함께 일하는 특권을 누렸다. 워싱턴 포 지저스는 미국 역사상 가장 많은 교회가 연합한 대규모 집회다. 그리고 그 일에 독보적인 활약을 보인 사람이 바로 존 지메네스 목사였다.

그의 배경은 초라하다. 푸에르토리코에서 이민을 와 뉴욕의 스패니시 빈민가에서 성장한 그는 어린 나이에 마약 중독자가 되어 교도소를 들락거렸다. 그러다 예수님을 만나고 현숙한 아내와 결혼한 뒤 이스트 코스트에 교회를 개척하여 부흥 대로를 걸었다. 그리스도의 몸의 연합을 누구보다 갈망했던 그에게 하나님은 미국의 교회가 한데 모여 회개하고 기도하는 비전을 보여 주셨다. 헌신적인 노력으로 연합을 이끌어내는 데 성공한 존 지메네스 목사는 20세기 후반 미국 교회 역사의 한 획을 그었다.

요한복음 17장에서 예수님이 하신 기도는 결국 한 국가나 도시의 그리스도인들이 하나로 연합하면 세계 복음화에 가장 큰 기여를 하게 될 것이라는 의미다. 그리스도인들의 연합이 선교 발전의 교두보인 셈이다. 앞으로 보게 될 다양한 선교의 물결들 속에서도 이런 연합의 힘을 확인하게 될 것이다.

하나님의 섭리

지난 이천 년간의 선교 물결들을 분석해 보면 또 하나 두드러지는 특징이 있다. 역사를 움직이는 독보적인 지휘자가 하나님이라는 사실이다. 하나님은 인류 역사의 초기부터 세상을 구원할 계획을 갖고 계셨다. 창세기 1장의 창조 사역부터 요한계시록 21장의 새 하늘과 새 땅에 이르기까지 그 사실은 성경 곳곳에 명확히 드러난다.

하나님의 섭리는 각 시대마다 합당한 선교사들을 선택하시는 것에서 출발한다. 처음에는 유대인들을, 그 다음은 로마 제국에 사는 이방인들을 선택하셨다. 그 다음으로는 수도원의 수도승들이 하나님의 부름을 받았으며, 근대에 와서는 유럽과 미국의 개신교도들이 선택의 영광을 안았다. 그러나 21세기에는 아프리카, 남미, 아시아, 섬 지역의 사람들이 선교의 최전선에 설 것이라고 나는 확신한다. 또한 여성과 어린이, 청년이 선교의 물결에 합류하게 될 것이다. 하나님은 세계 복음화를 위해 개개인을 비롯해 모든 인종과 문화권을 사용하려는 위대한 계획을 갖고 계시다.

하나님의 절대적 주권과 인간의 자유 의지의 상호 작용에 대해서는 신학자들 간에 의견이 분분하다. 그러나 하나님이 주권자이시고 그분의 섭리가 역사의 전개 과정에서 핵심 세력으로 작용했다는 점은 누구도 부인하지 못할 것이다. 미국인 목사 A.W. 폴잼(A.W. Foljambe)은 1876년 1월 5일 이런 설교를 했다. "어떤 국가든지 지나온 역사를 철저히 연구하면 할수록 그 안에서 하나님의 섭리를 더 많이 발견하게 됩니다. 그러면 그 나라는 더욱 신앙심 깊은 국가가 되지 않을 수 없습니다. 반면에 과거 역사를 피상적으로 연구할 경우 부차적인 요인들과 인간의 역할만 보게 되고, 신앙 약소국이 되고 맙니다."[12]

1850년대에 프린스턴 대학의 첫 지질학 강사였던 아놀드 기요(Arnold Guyot) 교수는 하나님이 각 국가뿐 아니라 각 대륙을 향한 뚜렷한 목적을 갖고 계시다고 말했다. 아시아는 모든 것이 시작된 기원(起源)의 대륙이고(최초의 인종과 문명과 종교가 아시아에서 생겨남) 유럽은 발전의 대륙이며(예술과 학문이 꽃피었음) 미국은 전파의 대륙(기독교를 전 세계에 전파함)이라고 했다.

"인류의 생존과 발전이라는 위대한 드라마에서 아시아, 유럽, 아메리카 대류은 그 나름의 독특한 역할을 맡고 있다. 마치 누군가 정교하게 준비시켜 놓은 것처럼 말이다. 각 대륙이 그런 기능을 수행하도록 지구의 형태가 이렇게 형성된 건 결코 우연이 아닐 것이다. 따라서 우리는 불가피하게 이런 결론을 내릴 수밖에 없다. 지구는 하나의 거대한 유기체로서 전지전능한 창조주의 명확한 계획 아래 인류를 깨우치며 그분의 영광을 드러낼 목적으로 각각의 특징들이 생성되었다는 것이다."[13]

세계 선교 역사를 공부할 때 드러나는 또 다른 사실 하나는 하나님이 기독교 선교의 방향을 서쪽으로 설정해 놓으셨다는 점이다. 특히 사도 바울의 선교 여행에 나타난 하나님의 인도하심을 보면, 이스라엘의 서쪽 지역으로 복음이 전파되는 것이 하나님의 계획이라는 사실이 분명하다. 사도행전에 기록된 바울의 선교 여행들은 하나님의 선교 비전을 명확하게 보여준다.

사도 바울의 첫 번째 선교 여행은 탐험적 요소가 강했다. 두 번째 여행(행 16:6-9)에서 바울의 선교 팀은 갈라디아에 머물렀다. 성령님이 아시아의 로마 지역으로 이끄셨기 때문이다(그 지역들은 지금의 터키에 해당한다). 그들은 무시아에 도착한 뒤 북쪽의 비두니아로 가려고 했지만 이번에도 성령님이 막으셨다. 그리고 비두니아 대신에 아시아 대륙의 가장 서쪽에 위치한 드로아로 가게 하셨다.

그 시점에 바울은 환상으로 마게도냐 사람을 보았다(행 16:9-10). 그래서 일행을 설득해 배를 타고서 마게도냐(현재의 그리스)로 향했다. 하나님은 서쪽으로 복음이 전파되는 것이 그분의 계획임을 바울과 그 일행에게 계속해서 알리셨다. 기독교가 확산되는 다음 장소로 유럽이라는 지역을 이미 염두에 두셨던 것이다.

사도 바울의 세 번째 선교 여행을 보면 바울이 하나님의 그런 의도를 십분 이해했던 것으로 보인다. 네 번째 선교 여행에서는 죄수의 신세였음에도 불구하고 바울이 이탈리아(로마) 서쪽 지방까지 복음을 전파했다는 것을 알 수 있다. 바울의 눈은 그 너머의 스페인까지 보고 있었다(롬 15:24). 유럽 내지의 서단에는 이베리아 반도가 자리잡고 있었다.

로마 제국이 쇠퇴하여 무너지자(2세기에서 5세기 사이) 기독교 문화와 선교 사역은 마치 기다렸다는 듯이 유럽 땅에 견고히 뿌리를 내렸다. 르네상스와 종교 혁명이 일어난 뒤에 하나님은 신대륙의 '커튼을 들어 올리시고' 북남미 대륙을 서구 문명과 선교 사역이 뻗어가는 중심 무대로 삼으셨다. 구교의 선교사들은 남미와 중앙아메리카에서, 신교의 선교사들과 청교도들은 북아메리카에서 구슬땀을 흘리며 복음의 씨앗을 뿌렸다.

제1차 영적 대각성과 정치 혁명에 힘입어 1776년에 탄생한 미합중국은 19세기 후반부터 오늘날에 이르기까지 기독교 선교를 주도하는 국가로 자리매김했다.[14]

서쪽으로 향하는 기독교 선교 운동의 다음 무대는 19세기 태평양의 섬나라들이었다. 그 후 20세기에는 남아프리카와 아시아 국가에 복음이 전해졌다. 이제 마지막으로 기독교 선교의 대미를 장식할 곳은 힌두교도와 불교도, 이슬람교도들이 살고 있는 중앙아시아와 서아시아, 북아프리카 지역이 될 것이다. 우리가 '10/40 창'(Window)이라고 부르는 인구 밀집 지역에 선교가 꽃피운다면 복음이 지구를 한 바퀴 돌아 다시 예루살렘으로 되돌아가는 셈이다(뒤에 나오는 7장과 8장에서 이 주제를 심도 있게 다룰 것이다).

기술 문명의 발달

끝으로 기술의 발전과 문명의 진보가 기독교 선교에 큰 공을 세웠다는 사실을 짚고 넘어가겠다. 초대 교회 시대에 로마 문명은 복음 전파에 정치적, 실제적 다리 역할을 했다. 그러나 바다를 누빌 수 있는 대형 선박이 없었고 항해술과 인쇄술이 발달하지 못했으므로 선교 활동은 제한적일 수밖에 없었다.

얼마 후 유럽에서는 기독교 세계관에 기초한 현대 과학이 등장했다. 12세기에 포르투갈이 나침반을 발명하고, 독일이 1450년에 활자 인쇄법을 개발하여 인류 발전과 선교 활동의 새로운 장이 열렸다.[15] 그 뒤에 일어난 산업 혁명은 중산층과 자본 시장 형성에 일조하여 물질적 번영과 세계 복음화의 발판을 마련했다. 최근에는 비행기, 전화, 라디오, 텔레비전, 의료용 백신, 인터넷 등의 첨단 기기들이 발명되어 전 세계 사람들에게 복음이 전해질 수 있는 대로가 열렸다.

이 모든 기술 문명이 우연히 이루어졌다고 생각하면 오산이다. 그 뒤에는 하나님의 계획과 손길이 있었다는 것을 알아야 한다. 하나님은 문명의 진보와 기술력의 발전을 사용해서 그분의 나라가 확장되게 하셨다. 뒷장에서는 선교의 물결이 일어난 시대마다 기술 문명이 어떤 역할을 했는지 자세히 살펴보게 될 것이다.

한편 18세기의 종교 개혁은 유럽을 종교 전쟁터로 만들었고 그로 인해 유럽인들의 세계 복음화 노력은 유보되었다. 하지만 그런 혼돈 속에서도 하나님은 백작 한 사람과 제화공 한 사람을 희대의 일꾼으로 착실히 준비시키고 계셨다. 바로 그들이 근대 선교의 막을 올린 장본인들이다.

Chapter 4
묵상과 토론을 위한 질문

01. 세계 복음화를 가능케 한 요소들을 왜 '밀려오는 파도'에 비유했다고 생각하는가? 밀려오는 파도는 항상 명백하게 겉으로 드러나는가, 아니면 겉으로 드러나지 않을 때도 있는가?

02. 당신은 부흥을 어떻게 정의하는가? 혹시 부흥이나 영적 각성을 직접 경험해보았는가? 그것이 개인의 삶에는 어떤 영향을 미쳤는가?

03. 기도가 선교에 중요한 이유는 무엇인가? 선교를 활성화하기 위해 더 열심히 기도할 마음이 있는가? 구체적인 방법을 생각해 보라.

04. 그리스도인들의 연합이 선교에 중요한 이유는 무엇인가? 요한복음 17장을 읽고 묵상해 보라.

05. 아놀드 기요(Arnold Guyot)의 역사관이 옳다고 생각하는가? 인류 역사를 향한 하나님의 계획은 확정적인가? 그렇지 않다면 인간의 자유 의지는 어떤 역할을 하는가?

2부

근대 시대의 선교

"하나님의 뜻을 알려면 펼친 성경과 펼친 지도가 필요하다."
– 윌리엄 캐리(William Carey)

"이 세상 왕에게 임무를 부여받는 게 영광이라면
하늘의 왕에게 임무를 부여받는 게 어찌 희생이란 말인가?"
– 데이비드 리빙스턴(David Livingstone)

"성경이 선교의 기반이 아니라 선교가 성경의 기반이다."
– 랄프 윈터(Ralph Winter)

CHAPTER·5

제1의 물결 : 해안 지역을 향하여

(1730년대부터 1850년대까지)

마르틴 루터, 울리히 츠빙글리, 존 웨슬리를 중심으로 한 16세기 종교 혁명은 로마 가톨릭 사회였던 유럽의 믿음과 말씀 교육을 강화시켰다. 그러나 당시 지도자들의 주된 관심사는 신학이었지 선교가 아니었다. 실제로 마르틴 루터는 예수님의 재림이 임박했다고 믿었으며, 지상 대위임령은 오직 신약시대 사도들에게만 해당하는 명령이라고 주장했다.[1] 완벽한 사람이 어디 있겠는가?

개신교 종교 개혁에 자극을 받은 가톨릭에서도 예수회의 이냐시오 로욜라, 프란시스 자비에르 등의 영향으로 영적 쇄신 운동이 시작되었다. 예수회 선교사였던 자비에르 신부는 일본으로 건너가 1542년부터 1552년까지 복음을 전했고, 중국으로 가는 도중에 사망했다. 15세기와 16세기에도 가톨릭 수사들은 스페인과 포르투갈 탐험가들과 함께 신대륙에 들어가서 복음을 전했다.[2] 하지만

1700년대 니콜라우스 폰 친첸도르프라는 독일 귀족이 종교적으로 핍박받는 사람들에게 피난처를 제공하지 않았다면 개신교 선교 운동의 본격적인 막은 오르지 않았을 것이다.

친첸도르프 백작과 모라비안 교도

니콜라우스 루티비히 폰 친첸도르프 백작은 1700년, 부유한 귀족 가문의 아들로 태어났다. 유명 선교사들의 일대기를 집대성한 『선교사 열전』에서 루스 터커(Roth Tucker)는 이렇게 말했다.

> "친첸도르프 백작은 근대 개신교 선교사 운동에서 가장 영향력 있는 선교 지도자로 손꼽힌다. 그는 초교파적 복음 전도 운동의 선구자였고 헤른푸트 교회를 설립했으며 수많은 찬송가를 작사했다. 그러나 무엇보다도 그는 윌리엄 캐리의 활동 무대이자 그 이후 펼쳐질 선교 역사상 '위대한 세기'의 발판이 되는 범세계적 선교 운동을 출범시켰다."[3]

친첸도르프는 1716년에 네 명의 또래 친구들과 함께 '겨자씨 선교회'를 만들어 전도에 앞장서기도 했다. 이후 청년이 된 그는 1719년 덴마크의 한 미술 전시관을 방문했다가 도메니코 페티가 그린 가시 면류관을 쓰신 그리스도의 그림 앞에서 발길을 멈추었다. 그림 밑에는 "내 너를 위해 이 모든 일을 했건만 너는 무엇을 하느냐?"라는 글귀가 새겨져 있었다. 예수 그리스도의 희생과 복음 전도의 사명은 친첸도르프의 삶을 180도 바꾸어 놓았고, 결국 그는 근대 선교의 진짜 '겨자씨'가 되었다.

친첸도르프 백작의 사명이 더욱 명확해졌던 때는 1722년이었다. 유럽인들의 종교 전쟁으로 박해를 받았던 모라비안 교도들이 그의 사유지인 베르텔스도르프로 피난을 오게 되었다(베르텔스도르프는 나중에 '주님이 보호하시는 곳'이라는 뜻의 '헤른후트'로 이름이 바뀌었다).

1727년 8월 13일 한 루터교 교회에서 일어난 성령의 역사는 모라비안 공동체에 큰 영향을 끼쳤다. 그로부터 2년 뒤 24시간 연속 기도 운동이 시작되었다(처음에는 24명이었으나 나중에 72명으로 늘어났다). 연속 기도는 그 후 100년간이나 지속되었다.

1738년이 되자 첫 번째 모라비안 선교사들이 카리브 해 연안에 도착했다. 젊은 선교사들을 태운 배들이 신대륙을 향해 나아갈 때마다 가족들의 눈물 어린 배웅이 이어졌다. 하지만 개척 정신으로 무장한 선교사들은 예수님의 값진 희생은 그만한 가치가 충분히 있다면서 가족들을 위로했다.[4] 그러나 그들 대부분은 두 번 다시 돌아오지 못했다.

이후 수십 년간 모라비안 선교사들은 스칸디나비아 반도와 신대륙 등지에 그리스도의 복음을 전했다. 33년간 성실하게 후원하며 감독해 준 친첸도르프 백작 덕분에 모라비안 선교사들의 수가 점차 늘어나 나중에는 수백 명을 헤아릴 정도가 되었다.[5] 모라비안 교도야말로 초대 교회 시대 이후 예수님의 선교 명령을 문자 그대로 실천한 집단 중 하나라 하겠다.

윌리엄 캐리

세계 복음화의 새로운 물결에 모라비안 선교사들만큼이나 중요한 발판을 놓은 사람이 있다. 바로 '근대 선교의 아버지'라 불리는 제화공 출신의 영국인 선교사 윌리엄 캐리(William Carey)다. 루스 터커도 그 점에 동의하는 발언을 했다. "개신교 선교 운동의 시작은 편의상 1800년으로 거슬러 올라간다. 윌리엄 캐리는 개신교 선교의 시조로서 무대는 인디아 대륙, 곧 세상에서 가장 오래되고 가장 복잡한 종교가 탄생한 곳"이었다.[6]

나는 루스 터커의 설명을 빌려 그의 위대한 생애를 여기서 간략히 소개해 보겠다.

그리스도인 탐험가들은 배를 타고 전 세계 구석구석을 삼백 년간 누비고 다녔다. 1600년대 초반 엘리자베스 여왕은 동인도 회사에 식민지 개발 칙허장을 내주었다. 그로 인해 인도는 수 세기 동안 영국인들(과 그리스도인들)의 주요 활동무대가 되었다.[7]

윌리엄 캐리는 1761년, 영국의 노샘프턴 근방에서 태어났다. 열여섯 살의 어린 나이에 제화공 밑에서 도제로 일하다가 1781년에 주인의 처제였던 도로시와 결혼했다. 윌리엄 캐리에게는 이교도들을 향한 남다른 전도 열정이 있었다. 어느 날 그 마음을 목사들에게 이야기하자 목사 한 명이 이렇게 핀잔을 주었다. "젊은이, 앉게

나. 하나님이 이교도들을 회심시키기 원하신다면 자네나 나의 도움 없이도 그리 하실 걸세."[8]

하지만 캐리는 그런 신학적 견해에 수긍하지 않고 1792년에 『이교도 회심을 위한 수단을 강구해야 할 그리스도인의 의무를 탐구함(요약된 제목)』이라는 작은 책자를 발간했다. 87쪽에 이르는 이 소책자에서 그는 모라비안 교도들의 뜨거운 선교 열정에 찬사를 보냈다.[9] 아울러 기독교 선교 역사를 훑은 뒤에 21쪽에 달하는 지면을 할애하여 세계 각국의 국가명과 인구를 기록하고 "칠억 삼천 일백만 명의 세계인구 중에 사억 이천만 명이 이교도의 어둠속에 갇혀있다"고 개탄했다.[10] 그는 자신이 살고 있는 시대의 그리스도인들이 모든 수단을 동원해서 그들에게 복음을 전해야 한다고 호소한 뒤 다음과 같은 감동적인 말로 끝을 맺었다. "그 많은 불쌍한 이교도들이 하나님을 알게 되는 걸 보는 것이야말로 천국이 아니겠는가! 이런 기쁨의 면류관이야말로 열망할 가치가 있는 것이 아니겠는가! 우리의 온 힘을 다하여 복음 전파에 힘쓰고 그리스도의 왕국을 이루는 것은 참으로 가치 있는 일이다."[11]

얼마 후 캐리는 이사야서 54장 2-3절에 기반한 침례 선교회를 조직해서 선교의 비전을 제시하였다. "하나님으로부터 위대한 일을 기대하고, 하나님을 위해 위대한 일을 시도하라!" 이윽고 1793년 6월 13일, 캐리는 가족을 데리고 인도행 덴마크 선박에 몸을 실어 11월 19일에 인도 동부 콜카타(Kolkata, 옛 명칭은 캘커타이다. 1995

년에 전통 명칭인 콜카타로 개명했으나, 여전히 캘커타라는 명칭으로 더 유명하다-편집자 주) 항에 도착했다. 복음이 전해지지 않는 머나먼 이국 땅으로의 다섯 달에 걸친 항해는 케네스 S. 라토렛이 말한 선교 역사의 "위대한 세기"를 열어 주었다.[12]

캐리와 그의 가족은 콜카타에서 480km 떨어진 말다로 옮겼지만 그곳에서의 생활은 여의치 않았다. 풍토병과 사투를 벌이고 지역 언어와 여러 방언을 공부하며 인도의 다양하고 복잡한 문화들을 이해하는 것은 쉬운 일이 아니었다. 특히 캐리의 아내 도로시는 우울증과 정신 질환에 시달렸고, 심지어 사람들이 붐비는 시장 한복판에서 남편이 바람을 핀다며 상스러운 말로 비난을 퍼붓기도 했다.[13] 이 모든 난관 가운데서도 캐리는 1795년, 네 명의 동료들과 함께 인도에 제일침례교회를 세웠다. 동료들은 모두 영국인이었다. 그렇게 7년의 세월 동안 벵갈 사람들 속에서 온갖 시련과 싸우며 복음을 전했지만 인도인 개종자는 단 한 명도 얻지 못 했다.

1800년이 되자 캐리 가족은 콜카타와 가까운 세람포르로 자리를 옮겼고, 도로시는 51세가 되던 1807년에 세상을 떠났다. 그 후 34년의 여생 동안 캐리는 선교 사역에 온 힘을 쏟았고, 드디어 열매가 맺히기 시작했다. 또한 그는 샬롯테 루모아라는 귀족 여성과 재혼하여 13년간 함께 동역했다. 캐리의 동료인 조슈아 마시맨과 윌리엄 워드도 25년간 함께 사역하며 환상적인 팀워크를 보여 주었다.

윌리엄 캐리가 인도 사람들에게 남긴 위대한 선물은 인도 언어와 방언들로 번역된 성경이었다. 그는 1824년까지 무려 6개 언어로 신구약 전체를 번역했으며, 24개 언어로 성경의 일부분을 번역했다. 하지만 1812년에 창고에서 일어난 화재로 그 소중한 번역원고의 상당 부분을 잃고 말았다.

캐리는 인도의 서북 지역에서 광범위한 의료 사역을 펼쳤고, 1819년에는 세람포르 대학을 설립했다. 루스 터커는 윌리엄 캐리의 선교 사역을 이렇게 요약했다.

"인도에 침례교 선교가 시작된 지 25년 후인 1818년이 되자, 육백 명이 넘는 인도인들이 그리스도인이 되었고 수천 명이나 되는 신자들이 예배와 성경 공부에 참여했다. 윌리엄 캐리는 후대 선교사들이 따라야 할 본을 남기고 1834년에 세상을 떠났다. 그는 복음 전도, 교육, 성경 번역에 더하여 사회 문제에도 관심을 가졌으며, 특히 과부 화형과 유아 살해 관습에 맞서 오래 투쟁했다.…캐리는 선교 방법론 면에서도 시대를 앞섰다. 그는 인도 문화를 존중했고 후대의 선교사들이 했던 것처럼 토착 문화를 폐하거나 서구 문화를 들여오려고 하지 않았다. 그의 목표는 '현지인 목사를 통해' 토착 교회를 세우고 토착 언어로 된 성경을 제공하는 것이었다. 이를 위해 그는 그의 전 생애를 바쳤다."[14]

윌리엄 캐리가 세계 선교에 끼친 영향력에 대해 브루스 셸리

(Bruce Shelley)은 이런 평가를 내렸다. "윌리엄 캐리는 이전보다 방대한 규모의 기독교 선교 사역을 선보였다. 전 세계 모든 국가를 복음화 한다는 차원에서 생각했고… 무엇보다 기독교 신앙은 복음의 씨앗이 뿌려진 땅의 문화와 전통에 깊이 뿌리를 내려야 한다고 보았다. 바로 이런 신념과 노력이 윌리엄 캐리를 '근대 선교의 아버지'로 불리게 만든 것이다."[15]

윌리엄 캐리가 근대 선교의 물꼬를 튼 것은 두말할 여지가 없지만 침례교 역사상 최초의 해외 선교사라고 할 수는 없다. 최초의 침례교 선교사는 조지 라일(George Lisle)이라는 미국 노예 출신의 흑인이었다. 윌리엄 캐리가 인도로 떠나기 10년 전인 1782년, 조지 라일은 아내 한나와 네 명의 자녀들을 데리고 미국을 떠나 자메이카 킹스턴에 도착했다. 1784년에 순회전도를 시작한 그는 자메이카에 최초의 교회를 설립했으며, 1826년에 사망하기 전까지 수백 명을 주님께로 인도했다.[16]

그 밖의 많은 선교사들이 배에 올라 아프리카, 아시아, 신대륙, 태평양 섬들을 향해 나아갔다. 그들 중에는 1812년 버마(현재의 미얀마)에 첫발을 디딘 미국인 선교사 아도니람 저드슨(Adoniram Judson)과 사상 처음 중국어로 성경을 번역한 중국 선교사 로버트 모리슨(Robert Morrison)도 있었다. 그리스도의 복된 소식은 유럽과 식민지 안에 있는 유럽인 정착 지역에만 머물지 않고 헌신적인 개신교 선교사들에 의해 인구가 밀집한 무역항과 도시들 속으로 파고 들었다.[17]

근대 선교의 첫 번째 물결을 일으킨 핵심 요소들도 초대 교회 시대와 크게 다르지 않았다.

부흥 : 헤른후트, 웨슬리, 휫필드 그리고 제1차 영적 대각성!

모라비안 공동체는 1727년 여름에 일어난 영적 부흥을 통해 변화되었다. 회개와 사랑, 용서와 거룩한 삶이 모태가 된 이 영적 각성을 통해서 선교 사역의 터가 다져졌다. 존 웨슬리는 회심하기 전이었던 1729년, 미국의 식민지였던 조지아로 가는 배 안에서 모라비안 교도들을 만나 그들의 신앙에 깊은 감명을 받았다. 이후 그는 다시 영국으로 돌아와 모라비안 목사 피터 뵐러를 찾아가서 그로부터 "믿음이 있는 한 믿음을 전하라"는 조언을 받은 뒤 '이상하게 마음이 뜨거워지는' 체험을 했다. 그때부터 제1차 영적 대각성의 일부였던 감리교 부흥이 영국 전역을 흔들기 시작했다.[18]

1738년, 모라비안 교도들의 공동체가 있는 헤른후트를 방문한 존 웨슬리는 그곳이 "이 세상에서의 천국"과 같다고 말했다. 1791년, 그가 눈을 감기 전까지 영국과 신대륙에는 십만 명이 넘는 감리교인이 생겨났고 그중 많은 이들이 나날이 성장하는 선교 운동에 동참했다.[19]

미국으로 건너온 제1차 영적 대각성의 불길은 18세기 초반의 기독교 선교를 한 단계 업그레이드시키는 계기가 되었다. 대다수의 역사학자들은 청교도 목사이자 신학자였던 조나단 에드워즈

(Jonathan Edwards)가 그 불길의 도화선이었다고 말한다. 1734년 가을, 에드워즈는 구원의 믿음에 관한 연속 설교를 했다. 그 결과 노샘프턴과 매사추세츠 지역에 영적 각성의 바람이 불었고 천이백 명의 사람들이 주님을 영접하는 놀라운 역사가 일어났다.[20] 그로부터 10년간 미국의 식민지 사이에서는 영적 각성의 바람이 계속해서 불었고 그리스도를 영접한 사람이 오만여 명(5명 중의 한 명)에 달했다.[21] 한편, 존 웨슬리가 조직한 옥스퍼드 대학 홀리 클럽의 창립 멤버였던 조지 휫필드(George Whitfield)는 영국과 영국 식민지에서 복음을 전했다. 그가 보스턴 코먼 공원에서 전도할 때 그의 설교를 듣기 위해 무려 삼만 명이 모이기도 했다. 휫필드가 이끈 부흥의 물결은 다가올 시대의 기독교 선교를 위한 든든한 기반이 되었다.

기도 : 연속 기도와 건초더미 기도 모임

헤른후트에서 모라비안 교도들이 드렸던 철야 기도는 모라비안 선교의 모판이 되었다. 공식은 간단하다. 사람들이 세계 복음화를 위해 열심히 기도하면, 하나님은 기도하는 사람들 자신을 그 기도의 응답으로 삼으신다. 모라비안 교도들이 24시간 연속 기도를 시작한 지 2년이 지나 최초의 모라비안 선교사 팀이 파송되었다.

제1차 영적 대각성도 열정적인 합심 기도 위에 세워졌다. 조나단 에드워즈는 1747년에 '기도 콘서트'에 관한 유명한 논문을 쓰고 대서양 양쪽의 성도들에게 합심해서 세계 선교를 위해 기도하자고 호소했다. 유럽의 종교 전쟁과 달리 기도 콘서트는 여러 교파의 교인들을 하나로 모아 추수할 일꾼을 구하는 기도에 힘썼다.[22]

1806년 매사추세츠 주에서는 윌리엄스 대학의 학생 몇 명이 소나기를 피해 건초더미 옆에 앉아서 비가 멎기를 기다리고 있었다. 그때 사무엘 J. 밀즈(Samuel J. Mills)라는 학생이 자신의 전도 사명을 나누었고 그들은 곧 머리를 맞대고 세계 선교를 위해 기도했다. 이 즉흥적인 기도 모임은 지상 대위임령을 재인식하며 "하고자 한다면 할 수 있다!"는 각오를 불타오르게 했다. 그리고 얼마 지나지 않아 대학생 주도의 기도 운동이 대학 캠퍼스마다 들불처럼 번져나갔다. 그 여파로 19세기 초 복음주의 기독교의 부흥을 알리는 제2차 영적 대각성이 시작되었다. 미국인 최초의 아시아 선교사였던 아도니람 저드슨이 선교 사명을 느낀 것도 '건초더미 기도 모임'에 대한 기사를 읽은 뒤였다.[23]

연합 : 다양한 문화권의 다양한 교파들이 뭉치다

1727년 8월 13일, 어느 루터교 교회에서 시작된 모라비안 부흥은 여러 국가와 여러 문화권에서 피난 온 성도들이 자신의 죄를 회개하고, 깨진 관계를 회복하며, 사랑으로 하나 되는 계기가 되었다. 성찬 후에 식사를 함께했던 그들의 '사랑의 축제'(love feast)는 초대 교회 시대의 헌신과 교제를 떠올리게 하는 유명한 의식이 되었다. 미국에서 제1차 영적 대각성이 일어났을 즈음 각기 다른 지역의 목사들이 한 자리에 모여서 노방 전도를 했다. 예수님이 그토록 바라시던 연합이 이루어진 것이다. 워낙 양극단 현상이 심했던 시대였기에 작은 도약에 불과한 시도였다. 그러나 하나님 백성의 지속적인 연합은 요한복음 17장에서 예수님이 하셨던 기도의 성취였을 뿐 아니라 성령님이 일꾼들을 일깨워 전 세계의 새로운 밭으로 내보내는 전기가 되었다.

부흥, 기도 모임의 증가, 18세기 성도들의 사랑과 연합은 곧 선교 비전으로 이어져서 모라비안 교도들이 닦아놓은 길을 수많은 성도들도 뒤따르게 되었다. 그러나 해안 중심의 선교 물결이 일어난 데에는 그 외에도 다른 중요한 요인들이 작용했다.

하나님의 섭리 : 유럽인 개신교 신자들

하나님은 초대 교회 시대에 유대인들을 선택해서 선교의 초대 멤버가 되게 하셨다. 얼마 후 이방인들이 회심하여 예수님을 믿게 되자 그들 또한 선교 세력의 주축이 되었다. 그리고 이어진 열다섯 세기 동안에는[24], 기독교 선교사의 대부분이 로마 제국의 신자들이었다(로마 제국이 멸망한 476년 전후로). 초기 선교사들도 사도 바울처럼 하나님의 인도를 받아 서쪽으로 나아가며 예루살렘에서 로마 제국 변방까지 복음을 전했다. 예외의 경우로는 도마 사도와 성 패트릭이 대표적이다. 도마 사도는 인도에 최초로 복음을 전했다고 전해진다.[25] 현재의 영국에 해당하는 지역 출신으로, 로마 시민

권자였던 성 패트릭은 자신이 한때 노예로 있었던 아일랜드에서 문화를 넘어 그리스도를 향한 자신의 신앙을 사람들과 나누었다.[26] 중세 시대에는 수도승들의 활약이 눈부셨다. 아일랜드인 수도사들, 도미니크 수도회와 프란체스코 수도회, 그리고 나중에 가세한 예수회 수도승들까지 지속적으로 복음 전도의 지평을 넓혀갔다. 당시의 수도원 공동체는 혼란한 시대에서 교육의 중심지이자 선교 중흥을 이끄는 등대로서의 역할을 톡톡히 담당했다.[27]

근대 선교 제1의 물결로 인해 유럽의 개신교도과 미국인 선교사들이 유럽과 미국 해안을 벗어나 복음을 들고 태평양의 섬나라들과(비록 제한적이지만) 아시아와 아프리카의 주요 항구 도시로 나아갔다. 초대 교회 선교 방향이 서쪽 지역들을 향했던 것처럼 근대 선교 역시 기본적으로 같은 방향을 추구했다. 구교와 신교의 선교사들 모두 미국을 거쳤다가 남태평양과 아시아의 항구 도시들로 향했다. 뒷장에서는 복음이 서쪽으로 전해지는 상황을 좀 더 자세히 살펴볼 것이다.

역사에서 드러나듯 하나님은 세계 복음화를 위해 참으로 현명한 계획을 구상하셨다. 그분의 이런 외침이 들리는 것 같지 않은가? "서쪽으로 가라! 젊은 개신교도들이여, 서쪽을 향해 나아가라!"

기술 문명의 진보 : 요하네스 구텐베르크와 탐험 시대의 개막

이 기간에 기독교 선교의 추진력이 되어준 한 가지로 1450년 구텐베르크가 발명한 금속 활판 인쇄술을 들 수 있다. 그로 인해 1455년에는 처음으로 성경의 대량 인쇄(180권)가 가능해졌다. 제1의 선교 물결이 넘실대는 동안 성경을 비롯해 기독교 서적과 잡지, 전도지 같은 간행물들이 해안 도시에 복음을 전하는 주요 도구로 활용되었다. 21세기의 여명이 밝았을 때 '타임'지는 지난 오백 년간 가장 중요한 인물 중 한 명으로 요하네스 구텐베르크를 선정했다. 그가 발명한 인쇄술이 지식의 확산을 가속화시켰기 때문이다.[28]

로마인들이 닦은 도로망과 공용어였던 헬라어가 초기 기독교의 복음 전파에 중요한 역할을 했다면, 탐험의 시대에는 나침반의 발명과 항해술의 발전이 선박 항해를 도와서 근대 선교 제1의 물결을 일으키는 기술 문명의 핵심으로 작용했다. 식민지 시대의 탐험가들은 대부분 하나님을 경외하고 모험심에 불타던 그리스도인들이었다. 『*Jesus Christ: Lord of the Universe, Hope of the World*』(예수 그리스도: 우주의 주, 세상의 소망)라는 책을 쓴 데이비드 하워드(David Howard)는 마르코 폴로와 크리스토퍼 콜럼버스가 탐험에 나섰던 이유 중 하나가 복음 전도였다고 말했다.[29] 콜럼버스를 비롯한 스페인, 영국, 포르투갈 탐험가들이 미국 대륙을 발견하기 두 세대 전에 이미 중국인들이 미국을 발견했다는 기록이 있다.[30] 그러나 선교 활동에 필요한 교통수단을 제공해 준 것은 콜럼버스, 바스쿠 다 가마, 마젤란, 제임스 쿡과 같은 서양의 그리스도인 탐험가들이었다. 배들이 항구 도시를 오갔으므로 근대 선교의 첫 번째 물결은 해안 선들을 따라 일어났다. 하나님이 당시의 기반 시설을 세계 선교에 활용하신 것이다.

이 시대의 또 다른 특징은 직업이 있는 자비량 선교사들이 많아졌다는 점이다. 그들은 사업을 하거나 정부 기관에서 일하면서 복음을 전했다. 자비량 선교, 혹은 직업 선교 분야의 선구자는 뭐니 뭐니 해도 모라비안 교도들이었다. 그들은 상도덕을 지키고 성실하게 일하는 사람들로 유명했다. 후대의 선교사들도 그들의 본을 따랐다. 데이비드 하워드의 말을 들어보라.

"근대 선교의 아버지인 윌리엄 캐리는 인디고 공장을 운영하고 캘커타 대학에서 산스크리트어 교수로 재직했다. 이 수입으로 가족과 다른 선교사들의 생활비와 사역비를 충당했다.…선교사 파송을 거부당했던 헨리 마틴(Henry Martyn)은 동인도 회사의 사목이라는 신분으로 인도에 들어갔다. 성경을 중국어로 번역했던 로버트 모리슨 역시 무역회사에서 통역관으로 일하며 자비량 선교를 펼쳤다. 사람들은 잘 모르지만 데이비드 리빙스턴도 아프리카에서 영국 정부의 영사로 일했다. 그의 사진에 영사 모자를 쓴 모습이 종종 등장하는 것도 그때문이었다."[31]

니콜라우스 폰 친첸도르프 백작의 열정과 윌리엄 캐리의 비전과 인내로 말미암아 18세기 근대 선교는 화려하게 꽃을 피웠다. 대양을 오고 가는 선박에 몸을 싣고서 각국의 해안 도시로 들어가 예수 그리스도의 복음을 전하는 선교사들이 해가 갈수록 늘어났다.

무역과 상업의 중심지였던 해안 도시에는 많은 사람들이 살고 있었지만, 사실 내지에 거주하는 이들의 수가 더 많았다. 이후 선교 역사에 자신이 쓴 여행기로 19세기의 가장 흥미로운 유명 인사가 된 한 남성이 등장한다. 저명한 모험가이자 탐험가였던 그는 미지의 부족들이 살고 있는 대륙의 장막을 걷어내는 데 30년을 바쳤다. 그의 마음속에서 그는 언제나 선교사였다.

Chapter 5
묵상과 토론을 위한 질문

01. 하나님은 왜 진젠도르프 백작과 모라비안 교도들을 사용해서 근대 선교의 첫 번째 물결을 일으키셨다고 생각하는가? 세계 선교를 위해 모라비안 교도들의 어떤 점을 배우고 본받아야 한다고 보는가?

02. 윌리엄 캐리를 '근대 선교의 아버지'로 부르는 이유는 무엇인가? 그가 세계 선교에 관해 쓴 책 『*An Enquiry Into the Obligation of Christians to Use Means for the Conversion of the Heathens*』(이교도 회심을 위한 수단을 강구해야 할 그리스도인의 의무를 탐구함)이 어떤 면에서 당시 해외 선교의 관점을 바꾸는 데 중요한 역할을 했는가? 윌리엄 캐리는 왜 인도의 해안 지역을 선교지로 선택했는가?

03. 모라비안 교도들의 부흥과 1차 영적 대각성이 근대 선교 제1의 물결을 일으키는 데 주요 동력이 되었던 이유는 무엇인가? 이 두 부흥에서 기도는 어떤 역할을 했는가?

04. 근대 선교 제1의 물결을 이룬 선교사들은 주로 어떤 사람들이었는가? 그 이유는 무엇인가? 타임(Time)지가 요하네스 구텐베르크를 과거 500년간 가장 위대한 인물 중 한 사람으로 선정한 이유는 무엇인가? 그가 발명한 인쇄술은 세계를 어떻게 변화시켰는가?

제2의 물결 : 내지를 향하여

(1850년대부터 1930년대까지)

근대 선교의 제2의 물결이 일어난 소위 '위대한 세기'는, 아프리카 내지를 두루 탐험했던 데이비드 리빙스턴과 중국 내륙지역에서 사역했던 허드슨 테일러 같은 선교사들에 의해 막이 올랐다. 이 시기에 기독교 선교는 폭넓게 확대되었고 해안에서 시작된 선교는 내지를 향하기 시작했다. 예수 그리스도의 복음을 모든 사람들에게 전하기 위한 합리적이고도 이상적인 진행이었다. 험난한 여정을 마다 않고 용감하게 오지 탐험에 나선 데이비드 리빙스턴이야말로 이 시기를 상징하는 인물이라 할 수 있다. 그렇기에 그는 19세기 최고 화제의 인물로 떠올랐다.

데이비드 리빙스턴

'아프리카의 사도'라 불리는 데이비드 리빙스턴은 1813년 3월 19

일 스코틀랜드의 블랜타이어에서 태어났다. 독실한 그리스도인이었던 그는 중국에 복음을 전하고자 1838년 런던 선교사 협회에 선교사 지원서를 냈지만 뜻을 이루지 못했다. 아편 전쟁으로 인해 중국의 문이 닫혔기 때문이다. 이후에 그는 아프리카 남부에서 개척 선교사로 일하던 로버트 모팻(Robert Moffat)을 만나 검은 대륙인 아프리카 선교에 동참했다.[1] 그는 1840년에 정식 선교사로 임명을 받고 1841년 초 바닷길로 남아프리카에 도착했다. 그곳에서 몇 해 동안 바콰인 부족에게 복음을 전하면서 로버트 모팻의 장녀 메리 모팻과 결혼했다. 부족의 추장이었던 세켈레가 주님을 영접한 것도 리빙스턴의 전도 덕분이었다. 이후 세켈레는 자신의 부족에게 열심히 하나님을 전하는 전도자의 삶을 살았다.[2]

J. H. 우스터(J. H. Worcester)는 리빙스턴이 사역 초기에 쓴 글을 인용했다. "우리 모두의 부족함에도 불구하고 하나님의 역사는 이루어지고 있다. 계속해서 영혼들이 돌아오고, 때로는 결코 주님을 영접하지 않을 것 같은 사람이 주님을 영접하기도 한다. 지난달에도 스물네 명이 교회에 등록했고 여러 사람이 신앙에 관련해 문의를 해 왔다."[3]

1852년, 리빙스턴은 가족을 영국으로 돌려보내고 아프리카 내지를 탐험하고 복음화하기 위한 세 번의 탐험 여행 중 첫 번째 여행을 시작했다. 그의 인생 목표는 "하나님을 경외하며 열심히 일하라"였다.[4] 1855년이 되자 어느 유럽인도 하지 못한 대과업이 완수되었다. 리빙스턴이 아프리카 대륙 전체를 횡단하는 데 성공한 것이다! 그 공로를 인정받아 런던 지리학 협회에서 금메달을 수상하기도 했다. 이후 리빙스턴은 가족이 있는 영국으로 돌아가 1857년에 그의 첫 번째 저서인 『*Missionary Travels*』(남아프리카 선교 여행과 탐험)을 펴냈다. 이 책이 많은 이들의 가슴에 불을 지른 덕분에 아프리카 땅에 가겠다는 선교사가 줄을 이었다.

이듬해인 1858년, 리빙스턴은 아내와 장남을 데리고 "마 로버트"라는 증기선에 올라 의기양양하게 아프리카로 돌아왔다. 잠베지 강을 항해하기 위해서였다. 하지만 이 강은 항해가 불가능해서 여행은 실망으로 끝났고 리빙스턴의 아내와 아들은 영국으로 돌아갔다. 방향을 바꾼 리빙스턴은 끈기 있게 중앙아프리카를 탐험하며 복음을 전하는 동시에 두 번째 저서인 『*The Zambesi and Its Tributaries*』(잠베지 강과 그 지류들)를 집필했다. 이 책에서 그는 그 지역에서 횡행하던 무슬림의 노예 무역을 비판했다. 이책에서 그는 이런 말을 남겼다. "노예 무역도 무역 상인을 나르는데 그리스도의 사랑이 선교사 한 사람을 옮기지 못할까?"[5]

뒤이어 나일 강의 수원지를 찾으려는 여정이 계속되었다. 하지만 그가 발견한 것은 탕가니카 호수였고(1867년) 마지막 저서인 『*Last Journals*』(최후 일지)도 이때 쓰였다. 마지막 탐험을 하는 동안 리빙스턴은 영양실조와 질병에 시달리며 사경을 헤매기도 했다. 그러던 중 1871년 11월 10일, 헨리 M. 스탠리(Henry M. Stanley)와의 역사적인 만남이 이루어졌다. 〈뉴욕 헤럴드〉의 기자였던 스탠리가 리빙스턴의 생사 확인을 위해 그곳에 특파된 것이다. 무신론자임을 자처하던 스탠리가 리빙스턴의 삶을 보고 그리스도인이 되었다는 일화는 유명하다.

그로부터 2년이 지난 1873년 5월, 늙고 병든 리빙스턴은 자신의 오두막에서 기도하는 자세로 죽음을 맞았다. 그의 시신을 발견한 현지인들은 그의 심장을 아프리카 땅에 묻고 시신을 미라로 만들어 해안까지 운구했다. 결국 그의 유골은 영국 땅으로 돌아갔다. 영국인들의 사랑과 찬사를 한 몸에 받았던 그가 마침내 웨스트민스터 사원에 묻혔다. 그의 사망 소식을 접한 플로렌스 나이팅게일은 슬픔에 잠겨 친구에게 이런 편지를 적어 보냈다. "하나님이 이 시대의 가장 위대한 사람을 데려가셨군요. 리빙스턴 박사와 비교할 사람이 어디 있겠어요."[6]

J. H. 우스터 역시 같은 말을 했다. "선교 탐험가로서 리빙스턴과 견줄 수 있는 사람은 없다. 그는 아프리카에서 총 사만 칠천 킬로미터를 여행했고 백만 제곱마일에 이르는 땅을 세상에 널리 알렸다.…그는 탕가니카 호를 횡단한 최초의 유럽인이었으며…아프리카 내지의 지리학, 동물학, 식물학 연구에 지대한 공헌을 하면서도, 자신의 인생 목표였던 노예 무역 중단과 아프리카 복음화를 한순간도 잊지 않았다."[7]

데이비드 리빙스턴은 아프리카 대륙의 웅장함과 아름다움을 세상에 드러내 선교와 제자화의 길잡이가 되었다. 그는 시대가 낳은 진정한 선구자였다.

J. 허드슨 테일러

한편 지구 반대쪽에서는 대담무쌍한 선교사들이 암흑천지였던 아시아의 한 내지에서 믿음의 분투를 벌이고 있었다. 그들의 도전 지역은 중국이었다. 『The Coming Influence of China』(다가오는 중국의 영향력)이라는 책에서 칼 로렌스(Carl Lawrence)와 데이비드 왕(David Wang)은 이렇게 말했다. "초기 선교사들은 해안을 따라 복음 전파의 전초기지를 세웠지만 허드슨 테일러는 동력의 방향을 내지로 돌렸다. 이를 통해 그들의 사역은 폭발적인 성장을 이루었다."[8]

허드슨 테일러(Hudson Taylor)는 베일에 쌓여있던 중국 내지를 복음으로 돌파한 하나님의 사람이었다. 프레드 바로우(Fred Barlow)의 설명을 빌리자면, '오직 기도만으로 하나님을 통해 사람들을 움직여야 한다'는 것이 중국 내지 선교사이자 중국 내지 선교회의 설립자인 허드슨 테일러의 신앙 철학이었다. 십대 시절 어느 12월, "나를 위해 중국으로 가라"는 음성을 들은 그 순간부터 이 영국 청년은 자신의 철학이 옳다는 것을 증명해 보이기로 작정했다. 그 과정이 얼마나 경이롭고 성공적이었던지 지금까지도 가장 흥미로운 전도 기록으로 남아있다.[9]

허드슨 테일러는 1832년, 영국 요크셔의 반즐리에서 태어났다.

그의 아버지는 약사이자 감리교 평신도 설교자였다. 테일러는 십대의 이른 나이에 드레인사이드 지역에서 의료 경험을 쌓아 스물두 살이 된 1853년에 배를 타고 중국을 향해 떠났다. 중국에 도착한 뒤에는 다른 선교사들의 사역을 도와주면서 중국어와 상하이 현지 문화를 배웠다. 그러나 선교사들과의 서구식 생활이 마음에 들지 않았던 그는 중국에 온 지 1년도 못 되어 과감하게 내지로의 전도여행을 시도했다. 한 번은 양쯔 강을 따라 올라가다가 60가구가 모여 사는 마을을 발견하였다. 개신교 선교사의 발길이 한 번도 미치지 못한 곳이었다.[10] 그는 그로부터 50년간 중국 내에 최대 규모의 선교회를 조직해서 복음화에 앞장섰고, 그로 인해 개신교 선교는 획기적인 전환점을 맞이했다.

내지를 여행하던 초기부터 중국인들에게 복음을 전하기 위해서는 무엇보다 그들과 같아지는 게 중요하다는 확신이 들었다. J. C. 폴록(J. C. Pollock)의 기록에 따르면 테일러는 현지인처럼 보이기 위해 중국인 복장을 하고 머리를 염색해 변발을 하고 다녔다. 점잖기로 소문난 영국 백인으로서는 쉽지 않은 일이었다. 테일러는 이후에 이런 말까지 했다. "당신이 길거리나 중국인들 사이에서 나를 본다고 해도 결코 알아보지 못할 것이오.…그들은 나를 외국인이라고 의심하지 않는다오."[11] 그는 초기 2년 사이에 중국 내지를 열차례나 방문했다(1854-1856). 1861년, 가족을 데리고 영국에 돌아온 테일러는 중국 선교에 대한 저술과 신입 선교사 발굴, 선교 후원금 모금에 힘썼다.

1865년 6월 25일, 영국에 체류하며 선교 전열을 가다듬던 테일러는 하나님 앞에서 새로운 결심 하나를 굳혔다. 중국 내지의 미전도 지역 복음화를 위한 선교회를 설립하기로 한 것이다. 그리하여 윌리엄 토마스 버거(William Thomas Berger)와 함께 중국 내지 선교회(China Inland Mission, 줄여서 CIM)를 출범했다. 그러자 일 년도 안되어 스물네 명의 신입 선교사가 들어왔고 약 20만 달러의 후원금이 걷혔다. 1866년에는 『Occasional Paper of the China Inland Mission』(중국 내지 선교회 비정기 간행물)이라는 기도 소식지 초판을 발간했다가 나중에 책자 이름을 『China's Millions』(중국의 수많은 이들)로 바꾸었다. 테일러는 개신교 최초로 믿음 선교(faith mission)를 선보인 사람이었다. 이후 많은 선교사들이 그의 방식을 따랐다.

허드슨 테일러는 선교회의 방침을 이렇게 요약했다.

"중국 내지 선교회는 중국의 영적 현실을 개선하려는 깊은 갈망에서 예수님의 사랑과 재림 소망에 사로잡혀 모든 사람에게 복음을 전하라는 주님의 명령에 순종하기 위해 설립되었다. 우리의 목표는 하나님의 은혜에 힘입어 중국 내지 전역을 다니며 현지화 된 선교 활동을 통해 중국인들에게 그리스도 안에 있는 하나님의 사랑과 구원을 알게 하는 것이다.… 선교 활동은 복음주의에 기반을 두며 사역자는 교파를 초월해 선출한다."[12]

또한 그는 중국인들을 전도할 때 다음의 방침을 고수하기로 했다.

1. 어느 교파든 상관없이 선교회의 정식 선교사로 지원할 수 있다. 기독교의 본질적인 진리에 근거해서 상식적인 믿음을 소유한 사람이면 누구에게나 지원 자격이 주어진다.
2. 선교사로 파송되는 사람들은 누구나 예외 없이 모든 생활비를 하나님만 의지해서 해결해야 한다. 선교회는 어떤 물질적 지원도 보장하지 않는다는 사실을 명심해야 한다. 선교회는 빚을 허용하지 않기에 그때그때 들어오는 후원금에 따라 사역해야 한다.[13]

덧붙여 이런 방침도 밝혔다.

"선교회는 오로지 주의 백성의 자발적인 헌금만을 의존한다. 선교 사역에 필요한 재정은 기도로 하나님께 아뢰고 사람에게 간청하거나 공식적인 모금 행사를 열지 않는다. 받은 것보다 더 많이 지출하지 않으며, 빚을 지는 것은 하나님께 전적으로 의존한다는 원칙과 상반되는 것으로 간주한다."[14]

허드슨 테일러와 새로 합류한 스물네 명의 신입 선교사들은 1866년, 배를 타고 중국으로 건너갔다. 도착하자마자 그들은 중국인 복장과 머리 모양을 하고 내지 사람들을 전도하겠다는 열의를 불태웠다. 대운하를 따라 아래로 내려간 그들이 처음으로 정착한 곳은 항저우였다. 1868년 테일러는 선교사 몇 명을 데리고 양저우로 올라가 새로운 사역을 시작했다. 갖가지 사고와 끊임없는 질병에도 불구하고 그들의 멈추지 않는 열정은 수많은 중국인들을 주님께 돌아오게 만들었다. 폴록은 이렇게 기록했다.

"우여곡절이 많았던 1870년 허드슨 테일러는 겨우 30대의 청년이었다. 중국 내지 선교회의 선교사 서른세 명은 중국 12개 지역 중 세 곳에 선교 기지를 세웠다. 16년간 뼈를 깎는 고통과 개인적 희생(일곱 자녀 중 세 명과 아내를 잃었다.)이 이어졌지만 허드슨 테일러는 결코 초심을 잃지 않았다. 오히려 하나님이 자신을 부르셨고 여전히 중국 전체의 복음화를 원하신다는 확신만이 깊어졌다. 그것은 불가능할 정도로 막중한 과업이었다."[15]

허드슨 테일러의 남은 생애 동안 중국 내지 선교회의 규모와 활동영역은 날로 확대되었다. 선교 지부는 205개로 늘어났고 총 팔백 명에 이르는 선교사가 12만 오천 명의 중국인들을 주님께 인도하는 쾌거를 이룩했다.[16] 허드슨 테일러는 기독교 선교 역사에 지워지지 않을 족적을 남기고 1905년에 눈을 감았다.

그 후에도 중국 내지 선교회는 확장일로였다. 1930년대가 되자 선교회 소속 선교사들의 숫자가 1,285명으로 늘어났고 1900년부터 들어온 후원금만 해도 이천만 달러에 달했으며 사역에 합류한 중국인도 삼사천 명에 이르렀다. 1900년대 초반 30년 동안 그들이

세례를 준 중국인만 해도 10만 명이 넘었다.[17]

허드슨 테일러는 개신교 선교에 지대한 영향을 미쳤다. 사도 바울이 지리학적 영역을 넓혀 조직적으로 복음을 전했던 이래, 20세기 선교사들 중 허드슨 테일러에 견줄 만한 사람이 드물다. 선교 단체를 조직하고 이끌어 가는 탁월한 지도력뿐 아니라, 사람들의 마음을 끌어당겨 비전을 공유하게 만드는 매력적인 성품도 소유하고 있었다. 중국 내지 선교회는 믿음 선교의 본보기가 되었다.

랄프 윈터와 스티브 호돈(Steve Hawthorne)은 말하길, "가장 복음이 전해지지 않은 민족에게로 그의 시선이 고정되었던 까닭일까. 하나님은 이상하게 그를 우대하셨다. 허드슨 테일러 뒤에는 하나님의 강한 입김이 작용하고 있었다.…그가 설립한 중국 내지 선교회는 여러모로 대동단결하여 선교에 힘쓰는 조직이었다. 그 힘으로 기어이 육천 명이 넘는 선교사들이 중국 내지 전역에서 사역하는 결과를 빚어냈다. 그리고 20년이 지나서야 허드슨 테일러가 강조했던 선교 목표, 즉 복음이 들어가지 않은 내지를 개척하자는 목표가 다른 선교 단체에도 강조되기 시작했다."[18]

C. T. 스터드, 존 모트, 대학생 자원 운동

근대 선교의 두 번째 물결이 출렁이는 동안 또 하나의 파장이 일어났다. 성령께서 범세계적으로 선교사들의 행렬을 증가시키신 것이다. 특히 내지의 미개척 지역에서 그 현상이 뚜렷해졌다.

대학생 자원 운동(SVM)의 기폭제가 된 것은 1886년 매사추세츠 주 마운트 허먼 집회였다. 그러나 이에 앞서 케임브리지 대학생 일곱 명(일명 '케임브리지 세븐')이 출세의 야망을 접고 해외 선교에 헌신했을 때 이미 이 운동은 태동하고 있었다.

대학의 크리켓 선수였던 C. T. 스터드(C. T. Studd)는 1885년 중국으로 가서 15년간 사역하다가 인도로 건너가 6년을 섬겼다. 그 후 남은 생애를 아프리카 중부에서 보내며 '아프리카 오지 선교회'(HAM)를 창설했다. 현재 우리가 알고 있는 WEC(Worldwide Evangelization Crusade)의 전신이다. 뉴질랜드에서 나를 가르쳤던 첫 번째 강사는 이보르 데이비스(Ivor Davies)라는 WEC의 선교사였다. 그는 C. T. 스터드의 발자국을 따라 아프리카로 들어가서 1930년대 콩고 부흥에 일조했던 사람이었다.

대학생 자원 운동이 꽃피던 50여 년 동안 대학생 이만 오백 명이 해외의 선교 현장으로 파송되었다. 대부분 북미 출신이었다. 20세기 초반 대학생 자원 운동으로 선교에 헌신한 젊은이들이 전 세계 개신교 선교가의 절반을 차지했다는 통계도 있다.[19]

이 운동의 강력한 동원가 역할을 했던 사람이 존 R. 모트(John R. Mott)이다. 아이오와 주의 작은 대학을 졸업한 모트는 1886년 여름, 코넬 대학 YWCA 대표로 한 집회에 참석했다. 최초의 초교파적 국제 기독교 대학생들의 모임이었던 그 집회에는 89개 단과대학과 종합대학에서 학생 251명이 모였다. 그중 모트를 포함한 남학생

백여 명이 해외 선교에 자원했다. 그로부터 2년 뒤 해외 선교를 위한 대학생 자원 운동이 시작되었다.

선교동원가로서 모트만큼 뛰어난 역량을 발휘한 사람도 드물었다. 그는 열여섯 권의 책을 집필했고 대서양은 100여 차례, 태평양은 14차례나 횡단했다(15년간 한 해 평균 34일을 바다 위에 떠 있었던 셈이다). 말씀을 전하거나 집회를 주최한 횟수도 셀 수 없을 정도이다.[20] 이 외에도 세계 선교를 위해 젊은이들을 동원하는 그의 사역에 힘을 보태는 사람들이 많았다. 루스 터커는 이런 평가를 남겼다.

"존 모트는 그 뒤 수십 년 동안 대학생들이 해외 선교 분야로 물밀듯 밀려들어가는 현상에 다른 어떤 사람보다도 큰 영향을 끼쳤다.…선교 행정가로서 모트의 경력이 절정에 이른 것은 1910년 에든버러 선교 대회 때였다. 모트가 개최하고 의장을 맡아 1,355명의 대표들이 참석한 가운데 열흘 동안 진행된 회의였다. 이는 최초의 초교파적 선교 대회로서…선교에 대한 열정은 이 대회에서 정점에 이르렀고, '우리 세대에 세계를 복음화'해야 할 소망은 아직 성취되지 않은 상태였다."[21]

우리가 말하는 일명 위대한 세기는 1814년부터 1930년까지를 의미한다. 그 기간에 탁월한 선교사들이 세계 선교 무대에 많이 등장했다. 여기서는 이 시기 선교의 성공 열쇠가 되었던 다섯 가지 요소들을 하나씩 들여다보기로 하자.

부흥! : 제2차 영적 대각성

근대 선교의 두 번째 물결은 제2차 영적 대각성, 혹은 복음주의 부흥이라 불리는 신앙 쇄신 운동으로 그 물꼬가 트였다. 이 운동이 영국과 다른 유럽 국가들을 일깨웠고 특히 1700년대와 1800년대 미국에 지대한 영향을 미쳤다. 부흥 역사가인 J. 에드윈 오르(J. Edwin Orr)의 설명을 들어보라.

> "1700년대와 1800년대의 영적 대각성을 비롯해 앞서 일어난 영적 각성들이 처음에는 영국에서, 그 다음에는 유럽과 북미에서 선교와 사회 봉사의 주요 동력이었다는 데에는 의심의 여지가 없다.…침례 선교회를 세운 윌리엄 캐리는 동시에 기도 연합을 조직했다. 이는 복음주의 기독교 국가들을 통해 확산되었고, 기독교의 부흥과 하나님 나라의 확장이라는 공언했던 목적도 달성했다.…부흥으로 그 역동성을 증명하였다."[22]

복음주의 개신교의 부흥은 특별히 대서양 양쪽의 대학 캠퍼스들을 뒤흔들어 놓았고 미국의 대학생 자원 운동이 일어나는 원동력이 되었다. 미국의 영적 부흥을 통해 미국 북동부와 남부 지역에서 지대한 영향을 끼친 전도자들이 배출되었다.

영적 대부흥으로 불리는 미국의 또 다른 부흥이 1857년에 일어났다. 그해 10월 주식시장의 주가가 대폭락하자 시장은 공황 상태에 빠졌다. 바로 이때, 제2차 영적 대각성 당시 주님을 영접한 찰스 피니(Charles Finney) 목사가 혜성 같이 나타나 뉴욕 로체스터에서 말씀을 전했고, 그곳에 운집한 10만 명의 사람들이 예수님을 구주로 영접하는 놀라운 역사가 일어났다. 이렇게 맺힌 영적 열매들이 그 도시를 백 년 이상 지켜 주었다.[23]

기도 : 제러마이어 랜피어와 풀턴 가(街) 정오 기도회

부흥은 불길만이 아니라 총으로도 비유할 수 있다. 부흥으로 인해 성령의 역사라는 총알이 사람들의 삶 속에 박히게 된다. 기독교 선교에서 부흥이 총이라면 기도는 탄환을 발사시키는 화약이다.[24] 건초더미 기도 모임, 기도 콘서트, 복음주의 교단들의 기도 운동들이 위대한 세기의 선교 중흥을 가속화시켰다.

그중에서도 가장 특이했던 기도 운동은 평신도들이 주도한 '정오 기도회'였다. 이 기도 모임은 1857년에 일어난 대부흥의 도화선이 되었다. 그 중심에는 제러마이어 랜피어(Jeremiah Lanphier)라는 뉴욕의 사업가가 있었다. 1857년 9월 23일, 랜피어는 맨해튼 풀턴 가에 있는 오래된 교회의 건물 3층으로 올라갔다. 그리고 자리에 앉아 기다리기 시작했다. 방금 전 그가 거리에 붙이고 온 커다란 종이에는 이런 문구가 적혀 있었다. "12시부터 1시까지 기도 모임 – 시간이 되는대로 5분, 10분, 20분, 혹은 1시간 내내 참석할 수 있음." 처음 며칠 동안 모인 사람은 단 두 명이었다. 일주일 뒤에는 여섯 명이 참석했다. 1857년 10월 14일, 사상 최악의 경제 공황이 미국을 덮치자 문을 닫는 은행과 실직자와 굶는 가정이 속출했다.

그 다음 주 정오 기도회에는 스무 명, 그 다음 주는 마흔 명이 모였다. 그러나 얼마 못 가 기도회 참석자가 삼천 명으로 늘어나 교회 안에 기도 장소가 모자랄 정도였다. 6개월 뒤에는 만여 명의 사업가들이 날마다 뉴욕 시에 모여 기도를 드렸다.

이런 기도 부흥은 신속히 대서양을 건넜고 미국에서도 전역으로 퍼져 나갔다. 전국의 주요 도시들이 기도에 합류했으며 미국의 남북전쟁 시기에도 기도 소리는 그치지 않았다. 덕분에 남감리교 43,388명, 북감리교 135,517명, 침례교 92,243명을 포함하여 백만 명이 넘는 사람들이 주님께 돌아왔다.[25] 평신도가 모임을 주도했다는 점이 이 기도 운동의 특징이었다. 이 기도 운동은 이후 수십 년간 전 세계에 대규모 선교 인력을 배출하는 원천이 되었다.

연합 : 마운트 허먼 집회(1886)와 에든버러 집회(1910)

부흥과 그 배후에 있는 기도의 힘은 성도들 사이에 강력한 유대감을 형성시켰다. 이는 교단이라는 장벽을 허물고 요한복음 17장 21-22절에 기록된 예수님의 기도대로 성도들이 협력하여 주의 일을 하도록 독려했다. 요한복음에서 예수님은 연합과 세계 복음화의 밀접한 상관관계를 말씀하셨다.

1880년대부터 1930년대에는 사상 최초로 세계 복음화에 초점을 맞춘 연합 선교 집회가 대거 등장했다. 유명한 부흥사 D. L. 무다(D. L. Moody) 목사가 하나님의 부르심을 받은 곳도 1886년에 개최된 마운트 허먼 집회였다. 이는 전미 대학생들의 최초 연합 집회로 백 명의 청년들이 자신의 삶을 선교에 헌신했고, 그중 한 명이었던 존 R. 모트는 후에 대학생 자원 운동을 이끌어 가는 주역이 되었다. 앞에서도 언급했듯 존 모트는 1910년 에든버러 선교 집회를 개최했다. 선교사들이 한 자리에 모이는 최초의 집회였고 이곳에서 전 세계 교회들이 세계 복음화의 결의를 다졌다.[26]

교회 역사가 케네스 S. 라토렛은 1815년부터 1914년까지가 인류 역사와 기독교 부흥에서 무척이나 중요한 시기였다고 평했다. 이 기간에 선교사들이 기하급수적으로 늘어났다. 1914년 개신교 선교 단체에 소속된 선교사와 사역자들의 수가 4,562명에 달했다. 1895년 말, 선교사의 3분의 2는 영국 제도 출신, 나머지 3분의 1은 미국인이었다. 유럽인은 2-3%에 불과했다. 그러나 1914년에는 선교사의 절반이 미국인이었고 5분의 2가 영국인, 10분의 1이 유럽인이었다고 라토렛은 말했다.[27]

하나님의 섭리 : 여성들이 세계 선교에 합류하다

근대 선교 제2의 물결에서 하나님은 해안을 지나 내지에 사는 사람들에게도 복음이 전파되게 하셨다. 이전에는 세상에 알려지지도, 탐사된 적도 없는 지역들이었다. 질병 창궐, 비우호적인 부족들, 언어의 장벽과 해괴한 풍습 탓에 선교사들이 내지로 들어가는 것은 어렵고도 위험천만한 일이었다. 그럼에도 아프리카의 데이비드 리빙스턴을 비롯해 성공적인 중국 선교를 펼친 허드슨 테일러의 용기에 감동받은 수많은 젊은 선교사들이 많은 위험을 무릅쓰고 내지를 향해 돌진했다.

이 시기의 두드러진 변화는 여성의 선교 참여였다. 물론 이전에도 여성들은 자녀 양육, 가사 노동, 일대일 전도를 통해 복음 전파에 중요한 기여를 했다. 중세 시대 유럽의 그리스도인 여성들 대부분은 자신들의 거주지를 점령한 바이킹 해적들과 강제로 결혼하여 고향을 떠나 노예 생활을 해야 했다. 그러나 이 야만적 행태로 인해 오히려 스웨덴, 노르웨이, 덴마크, 핀란드에 복음 전파의 물꼬가 트였다. 중세 시대에는 킬데어의 브리지다, 아시시의 '가난한 클레어 수녀회'(아시시의 성 프란치스코와 연계된 집단)의 클레어와 같은 많은 수녀들이 복음 전파에 앞장섰다.

그러나 19세기 들어 여성들에게 불어닥친 자유와 독립의 바람은 세계 선교 역사의 기류마저 바꿔 놓았다. 2001년에는 해외로 파송된 선교사의 60%가 여성이었다. 이런 경향은 제2의 선교 물결에서 시작되어 60만 장병들이 목숨을 잃은 미국의 독립전쟁 기간에도 지속되었다. 전쟁으로 남성 지도자들이 귀해지고 여성의 지위와 능력이 향상됨에 따라 미국 여성들은 국가와 교회를 재건하는 일에 용감히 뛰어들었다. 데이비드 M. 하워드(David M. Howard)는 당시 상황을 이렇게 분석했다.

"미국 내전은 여성들이 선교에 진출하는 데 강력한 영향을 끼쳤다. 미국으로서는 더할 나위없는 유익이었다. 전쟁에서 싸우는 남자들에 대한 동정심과 애국심이 더해져 여성들이 조직적으로 단결하지 않을 수 없었기 때문이다. 내전이 끝나고 십 년이 지나자 수많은 단체가 결성되었고 새로운 선교회들도 생겨났다.… 기록에 의하면 미국 최초로 해외에 파송된 여성은 벳시 스톡튼(Betsy Stockton)이라는 여성이었으며 흑인이었다."[28]

독신 여성들이 선교 군단에 합류할 수 있는 기회들이 늘어나자 남침례 선교회 파송으로 중국의 '수호성인'이 된 로티 문(Lottie Moon), 인도에서 55년(1895-1951)을 사역한 에이미 카마이클(Amy Carmichael), 역시 중국에서 선교 활동을 펼쳤던(1932-1957) 영국인 개척 선교사 글래디스 에일워드(Gladys Aylward)와 같은 여성 선교사들이 두각을 나타내었다.

기술 문명의 발전 : 산업 혁명

근대 선교 제2의 물결을 일으킨 주요 요인의 하나로 산업 혁명을 언급하지 않을 수 없다. 산업 혁명으로 인해 유럽과 미국에서는 경제적으로 여유 있는 중산층이 생겨났다. 상업 거래와 원료 공급이 활발해지면서 거대한 부가 축적되자 세계 선교에 투입할 수 있는 자금도 그만큼 늘어났.

18세기부터 19세기까지 이어진 산업 혁명은 농업, 공업, 광업,

교통에 엄청난 변화를 몰고 왔고 이는 다시 전 세계의 경제와 사회를 바꿔 놓았다. 역사의 전환점이라 할 만한 혁명적 변화들로 인해 수많은 국가와, 선교 사역이, 그리고 오늘날 우리가 알고 있는 현대적 모습을 갖추게 되었다.[29]

18세기 후반부터 영국의 일부 공장에서 기계 생산 방식을 도입했다. 그때까지만 해도 인간과 가축의 힘으로만 돌아가던 생산 공정이 기계의 힘을 빌리게 된 것이다. 먼저는 섬유 산업의 전력 공급원으로서 기계가 사용되었고, 금속 원료와 석탄의 생산도 증대되었다. 또한 기계화로 짧은 시간 내에 더 튼튼한 운하를 건설하는 것이 가능해졌고 도로망이 확장되었다. 1830년대에는 철도가 놓였다. 여기에 증기 기관의 발명으로 산업 생산량도 급성장하였다. 19세기의 첫 20년간은 금속 기계의 발달로 경제도 덩달아 성장했다. 이런 놀라운 발명품들이 19세기 동안 유럽과 북미 지역에 널리 전해져 국가는 부강해지고 중산층은 두터워졌다.

기독교 선교사들도 산업 혁명의 수혜자였다. 석탄 화력 증기선 덕분에 이동이 빨라지고 질병 치료에 필요한 의약품 조달 또한 원활해졌다. 산업 혁명으로 삶의 수준이 높아지자 선교 사역에 헌금하는 사람이 늘어났다. 뿐만 아니라 '명백한 사명'이라는 미국식 논리를 포함한 낙관주의가 확산되었다. 명백한 사명론은 원래 1845년, 미국의 영토 확장을 정당화하기 위해 사용한 표현이었으나, 이후에는 미국인들의 선교 영역 확장에도 적용되었다.[30]

19세기에 영국은 선교의 글로벌 리더로 불렸으나 20세기에는 미국에게 그 자리를 내어주었다. 루스 터커의 설명을 들어보라.

"20세기 중반 미국은 세계에 선교사를 '파송하는 국가'가 되었다.…이들은 여러 가지 면에서 선배 선교사들과 달랐다. 우선 여성 선교사의 수가 많았다. 또한 이들은 더욱 확고한 신학적 입장에서 더 좋은 교육을 받았다. 대학 교육을 받은 자원자, 확고한 근본주의자…선배들과 마찬가지로 이들도 대담한 개인주의자였으며, 부흥의 물결에 단련되고 개척 정신에 자극 받는 이들이었다. 더불어 이들은 최신 과학 기술로 무장하고 복음을 확장시켰다."[31]

세계 복음화의 거대한 물결은 케네스 S. 라토렛이 말한 대로 그 시기가 위대한 세기(1815-1914)였음을 증명했다. 하지만 그보다 더 위대한 세기의 막이 오르고 있었다.

Chapter 6
묵상과 토론을 위한 질문

01. 데이비드 리빙스턴의 원래 직업은 기독교 선교사였는가, 탐험가였는가? 하나님이 그가 아프리카 내지를 탐험하도록 인도하신 이유는 무엇인가?

02. 허드슨 테일러가 사상 최고의 선교전략가로 평가받는 이유는 무엇인가? 후대의 선교 사역에까지 영향을 미친 그의 선교 전략은 무엇인가?

03. 하나님이 학생 자원 운동 같은 운동이 일어나게 하셔서 젊은이들을 제2의 선교 물결의 주역으로 세우신 이유가 무엇이라고 생각하는가? 하나님은 요즘의 젊은이들을 어떻게 사용하고 계신가?

04. 19세기 대부흥과 제2의 선교 물결에는 어떤 상관관계가 있는가? 마운트 허먼 집회와 에딘버러 선교 대회는 어떤 면에서 역사적 중요성을 갖는가?

05. 근대 선교 제2의 물결에서 가장 두드러진 활약을 했던 선교사들은 누구인가? 그 이유는 무엇인가? 라토렛이 1815년부터 1914년까지를 선교의 '위대한 세기'라고 불렀던 이유는 무엇인가?

06. 산업 혁명이 선교에 미친 영향은 무엇인가? 21세기의 정보통신 기술의 혁명도 그와 비슷한 영향을 일으킬 것이라고 생각하는가?

CHAPTER·7

제3의 물결 : 미전도 종족을 향하여

(1930년대부터 현재까지)

20세기 선교는 해안에서 내지로 방향을 틀어 뚜렷한 선교 대상을 향했다. 바로 전 세계적으로 만 삼천 개에 이르는 미전도 종족이었다. 이는 신약에 언급된 국가들, 혹은 종족들을 일컫는다(헬라어로는 '에스노스', 혹은 '에스네'라고 함). 미전도 종족 복음화는 선교의 제3의 물결이 되었고, 이는 현재까지 규모가 가장 큰 물결이다. 주요 도시에서 활발한 선교 활동이 일어난 후, 그동안 소홀히 했던 사람들에게 초점이 맞추어지는 것은 사실상 당연한 결과였다. 하지만 이들에게 복음을 전하기 위해서는 이전과는 확연히 다른 선교 전략이 필요했다.

20세기에 하나님이 두신 신의 한수는 특성화된 사역을 통한 미전도 종족 복음화였다. 그 사실을 루스 터커는 다음과 같이 설명했다.

"19세기 선교사의 전형은 복음 전도자였다. 그 선교사가 시간을 쏟는 일은 주로 영혼 구원과 교회 개척이었다. 설령 의술을 행하거나 성경을 번역한다고 해도 무엇보다 먼저 그는 복음을 전하는 설교자였다. 그런데 20세기에 접어들면서 선교사의 개념이 달라지고 있었다. 선교사가 하는 일이 훨씬 더 다양해졌다. 20세기 중반이 되면서 특성화된 선교를 일으킨다는 뚜렷한 목표를 가진 여러 선교 단체가 창설되었다. 그 후 수십 년에 걸쳐 선교사는 구체적으로 어떤 사역을 전문적으로 행할 것이라는 전제가 생겨났다."[1]

역사적 추수의 세기를 열어줄 선교 방식은 기술 시대에 발맞춘 '장인 접근법'이었다. 사실 19세기까지 주님을 영접한 사람의 수보다 20세기에 영접한 수가 더 많았다.[2] 라토렛의 말대로 19세기가 기독교 팽창의 위대한 세기였다면, 20세기는 기독교 선교에 있어 '그보다 더 위대한 세기'로 기록될 것이다.[3]

여기서는 이 시기에 선구자요 혁신가로서의 역할을 톡톡히 해낸 세 명의 선교 개척자들을 소개하려고 한다. 도널드 맥가브란(Donald McGavran), 캐머런 타운센드(Cameron Townsend), 랄프 윈터(Ralph Winter)가 그들이다. 도널드 맥가브란은 '종족'의 개념을 처음으로 소개했다. 타운센드는 번역의 중요성을 절감해 세계 최대의 선교 단체 중 하나인 위클리프성경번역선교회(Wycliffe Bible Transtors)를 창립한 사람이다. 랄프 윈터 박사는 교회가 미전도 종족들에게 초점을 맞추도록 이끌었다. 이들이야말로 20세기 선교의 목표와 전력을 세우는 데 결정적 공헌을 한 주역들이다.

도널드 맥가브란

도널드 맥가브란(1897-1990)은 선교사이자 교육가, 집필가로서 캘리포니아 파사데나의 풀러 신학교에 세계 선교 대학원을 세웠다. 그는 1897년 12월 15일 인도에서 출생했고, 부친과 조부 모두 선교사였다. 13살이 되자 부친은 그를 스코틀랜드로 데려가 그 유명한 존 R. 모트(John R. Mott)가 성사시킨 에딘버러 선교 대회의 대표자 1,355명 중 한 명으로 섬기게 했다. 다시 미국으로 돌아와 학업을 마친 도널드는 1차세계대전이 끝난 후까지 군 복무를 했다. 그는 1919년 위스콘신 주 레이크 제네바에서 열린 YWCA 컨퍼런스에 참석했다가 주님께 헌신했고 하나님이 보내시는 곳 어디서든 충성하겠노라 결단했다.[4]

도널드는 1922년 메리 하워드와 결혼하였고, 두 사람은 1923년 연합기독선교회(UCMS)에서 선교사로 임명되었다. 이들은 인도로 건너가 30년간 교육과 전도 사역에 전념했으며 하르다에서 학교 제도를 정착시키는 데 8년을 보냈다. 그 후 안식년 기간에 콜럼비아 대학 대학원에서 박사 학위를 받고 다시 인도로 돌아갔다. 처음에는 자발포르에서 섬기다가 얼마 후 탁햇퍼로 선교지를 옮겼으며, 그곳에서 나환자 병원을 운영하면서 다양한 카스트 계급에게 복음을 전했다.

그렇게 31년간 사역한 도널드 맥가브란은 휴가를 맞아 가족과 함께 미국으로 돌아왔다. 처음에는 휴가를 보내고 인도로 돌아갈 계획이었으나, 선교회는 선교회와 다른 기독교 단체들이 개척한 교회들의 성장 현황 조사를 위해 그를 다른 곳으로 파송했다. 또한 도널드는 1954년부터 1960년까지 미국, 푸에르토리코, 자메이카, 필리핀, 태국, 자이레(콩고) 등지들을 돌며 신학대학원에서 객원 교수로 학생들을 가르치기도 했다. 그는 인도에서 선교하며 개발한 자신만의 이론들을 집중적으로 가르치며 저술에 힘썼다. 1955년 그의 대표작이라 할 수 있는 『하나님의 선교 전략』(한국장로교출판사 역간)이 출간되었다.

1961년에는 교회성장연구소를 세웠다. 이후에는 풀러선교대학원(1965-71)을 설립하여 1990년 생을 마감할 때까지 대학원의 학장으로서 후진 양성에 앞장섰다. 그의 선교학 이론은 복음주의 개신교 선교 사역뿐 아니라 기독교 교회 전반에 지대한 영향을 미쳤다는 평가를 받는다. 그가 강조한 내용은 세계 인구의 폭발적 성장에 발맞추어 복음을 각 문화에 맞게 '상황화'(contextualization)하자는 것이었다. 도널드 맥가브란의 대표 저서 『하나님의 선교 전략』에 담겨있는 다음의 전략들을 랄프 윈터는 이렇게 소개했다.

"그는 종족들 안에 있는 가족과 친척 간의 유대 관계를 '교량'으로 사용하라고 선교사들에게 조언했다. 그럼으로써 사람들을 그리스도께 인도하는 전도 운동이 일어나게 하라는 것이다.…한 종족 전체를 복음화하려 할 때 가장 경계해야 할 점은 사람들을 기존의 사회에서 낚아채 다른 사회로 옮기는 것이다. 이럴 경우 한 종족 안에서의 전도 운동은 실패하거나 새로운 그리스도인들을 이들이 속한 사회에서 격리시키는 결과를 가져온다(믿지 않는 가족과 친척들에게서 떨어져 나오게 함으로써). 아니면 불신자들이 그리스도인들을 너무 억압해서 그리스도 안에서의 새 생명이 싹트지 못하게 된다.… 한 집단의 결정은 각 개인의 결정의 집합체가 아니라는 사실을 명심해야 한다. 집단의 지도자가 결정하면 밑에 있는 사람들은 무조건 그 뜻에 따라야 한다. 아울러 밑에 있는 사람들 간에도 지위가 있다. 아내는 남편 말에 순종해야 한다.… 한 집단 전체가 예수님을 믿을까 고민할 때는 긴장감이 고조되고 분위기도 들뜬다. 그리고 비공식적인 투표가 암암리에 진행된다. 종교의 변화는 공동체의 변화를 초래하기 때문이다. 공동체에 소속된 사람들이 다함께 변화를 모색하는 것만이 가장 합리적이고 건설적인 선교 방식이다."[5]

문화를 구속한다는 맥가브란의 '상황화' 개념은 20세기 교회 개척과 전도 운동에 신선한 충격을 던져 주었다. 해안과 내지에 국한되었던 선교 활동이 그의 연구를 바탕으로 각 국가의 종족 단위로 세분화되었다. 또한 선교의 토착화 전략과 더불어 빠르게 성장하는 교회를 개척할 수 있는 가장 효과적인 수단을 강구하게 되었다.

캐머런 타운센드

캐머런 타운센드는 20세기가 낳은 또 한 명의 위대한 선교 개척자 중 한 명으로 특화된 선교 사역의 필요성을 교회에 일깨워 주었다. 랄프 윈터는 지난 두 세기 동안 가장 영향력 있는 선교사 세 명 중 한 명으로 캐머런 타운센드를 꼽았다.[6] 언어의 귀재였던 타운센드를 통해서 '위클리프성경번역선교회'라는 전대미문의 번역 전문 선교 단체가 탄생했다. 이 단체의 목표는 지구상에 있는 모든 언어로 성경을 번역하는 것이다. 타운센드는 "가장 위대한 선교사는 모국어로 된 성경이다. 이 선교사는 휴가도 필요 없고 외국인으로 간주되지도 않는다."라고 말했다.[7]

보통 캠 타운센드(Cam Townsend)로 불렸던 그는 미국이 경제 침체기를 겪고 있던 1896년, 캘리포니아에서 출생했다. 장로교단에서 성장한 그는 계속 캘리포니아에 머물 생각으로 로스앤젤레스에 있는 옥시덴털 대학에 진학했다. 그가 3학년일 때 이 대학을 방문한 존 R. 모트가 세계 복음화에 헌신하라고 학생들에게 도전했다. 타운센드는 존 모트를 개인적으로 만나 이야기를 나눈 뒤 학생 자원 운동(SVM)에 동참해서 자신의 삶을 선교에 바치기로 다짐했다. 1917년에는 주방위군으로 복무하며 전쟁의 시기에 국가를 위해 싸울 각오를 다졌다. 그러던 중 고국에 휴가차 와 있던 한 선교사를 만났다. 그는 타운센드에게 SVM에서 헌신한 약속을 지키고 전쟁터 대신 선교 현장으로 갈 것을 권면했다. 타운센드는 일 년간 과테말라로 선교 여행을 떠나기 위해 전역하였다. 그가 과테말라에 도착한 건 1917년 8월이었다.

그리고 얼마 후 생긴 한 사건이 그의 생애는 물론 선교까지 송두리째 바꾸어 놓았다. 당시 타운센드는 칵키퀼 인디언 마을에서 사역하고 있었다. 어느 날 한 남자가 다가오더니 그가 갖고 있는 스페인어 성경을 호기심 어린 눈으로 바라보았다. 타운센드가 이것은 하나님 말씀이고 하나님은 세상을 창조한 분이라고 설명하자 남자가 대뜸 이렇게 질문을 던졌다. "당신의 하나님이 그렇게 위대하다면 왜 우리 말을 하지 못하는 겁니까?" 순간적으로 캐머런은 대답할 말을 찾지 못했다. 그 남자를 비롯해 콰테말라에 사는 이만 명의 칵키퀼 사람들은 스페인어를 전혀 모르거나 조금밖에 할 줄 몰라서 성경을 읽을 수가 없다는 사실이 타운센드의 마음에 깊은 소명의식을 갖게 했다.

그때의 기억은 자기 언어로 성경을 갖지 못한 수많은 사람들, 수백 개 종족들에 대한 안타까움으로 이어졌다. 그는 그 후 13년간 칵키퀼 인디언들을 위해 헌신하면서 성경을 번역하였다. 번역에만 10년이 걸렸다.

다른 소수 부족들도 마음에 걸린 타운센드는 미국으로 돌아와서 1934년 여름 알칸사스에서 '위클리프성경번역선교회 캠프'(최초로 성경을 영어로 번역했던 존 위클리프(John Wycliffe)에서 이름을 따 왔음)를 열었다. 캠프의 목적은 청년들에게 기본 언어학 지식과 번역

노하우를 가르치는 것이었다. 첫 해에는 두 명이 참석했고 이듬해에는 다섯 명이 참석했다. 비록 시작은 미약했지만 이로 인해 여름언어 연구회가 탄생했고, 1942년에 드디어 위클리프성경번역선교회가 설립되었다. 현재 이 단체는 세계에서 가장 큰 기독교 선교 단체 중 하나가 되었다.

타운센드가 관심을 기울인 분야는 성경 번역과 현지인 구제 사역이었다. 덕분에 그는 수많은 국가에서 주님의 친선대사가 될 수 있었다. 1917년부터 1934년까지 과테말라에서 선교 활동을 하다가 1935년에 멕시코로 건너갔다. 1946년까지 멕시코인들을 섬겼고 라자로 카르데나스 대통령의 절친한 친구가 되어 1952년에는 그의 전기를 출간하기도 했다. 1946년부터 1963년까지는 페루에서 사역했으며 1968년 이후로는 노스캐롤라이나에 살면서 소련연방을 11차례나 방문하기도 했다. 타운센드는 1982년 마지막 숨을 거두기 전까지 국가 지도자 42명과 개인적인 친분을 쌓았다. 더불어 전 세계 곳곳에서 6,900개의 언어로 성경을 번역하고 있는 수많은 위클리프 선교사들을 감독하며 지원했다. 오늘날 위클리프 선교사들은 90여 개 국가에서 성경 번역에 매진하며 '비전 2025'를 달성하기 위해 애쓰고 있다. '비전 2025'이란 아직 성경이 번역되지 않은 2,200개의 언어를 집중 공략해서 성경 번역의 임무를 완수하겠다는 야심찬 계획을 말한다.[8]

동료들 사이에서 '캠 아저씨'로 불렸던 캐머런 타운센드는 자신만의 '특화된 사역'을 개척하여 복음 전파를 가속화시켰다. 이 세상 모든 사람에게 모국어 성경을 읽히겠다는 포부가 그의 원동력이 되었다. 타운센드의 전기를 쓴 클라우드 힉맨(Claude Hickman)은 이런 말을 했다.

"캠 아저씨의 공로는 오늘날 우리가 살고 있는 마지막 선교 시대의 막을 열어준 것이다. 우리 시대는 대륙이나 섬나라들만이 아니라 이 세상의 모든 민족과 종족들을 복음화하는 데 초점이 맞추어져 있다. 지상 대위임령과 신약에서 '에스노'라 불렸던 '민족들'의 원래 의미가 회복된 것이다. 이제 우리는 모든 족속과 방언과 백성에게로 나아가야 한다."[9]

랄프 윈터

세 번째로 살펴볼 근대 선교 개척자는 미국 세계선교센터를 세운 랄프 윈터 박사이다(1924-2009). 그는 도널드 맥가브란이 정립한 개념에 캐머런 타운센드의 선교 방식을 접목하여 앞으로의 선교가 지향해야 할 명백한 방향을 제시했다는 평가를 받는다. 윈터 박사의 열정에 불을 붙인 것은 미전도 종족에 초점을 맞춘 제3의 물결이었다. 그는 1974년, 로잔 선교 대회에서 '숨겨진 종족들'(hidden peoples)이라는 용어를 처음으로 사용했다. 당시 로잔 대회는 세계 복음화를 주제로 열렸던 집회들 중 마지막 모임이었다. 윈터가 '숨겨진'이라고 표현한 이유는 그들이 우리로부터 숨어서가 아니라 우리 눈에 보이지 않는다는 뜻이었다.

로잔 선교 대회에서 윈터는 정치적으로 구분된 국가가 아닌 각 국가 속 종족에 선교의 초점을 맞춰야 한다고 역설했다. 즉, 국가라는 포괄적 대상 대신 지구상에 흩어져 사는 수만 개의 종족들을 선교의 목표로 삼아야 한다는 것이었다. 그 종족들 중의 절반이 복음의 불모지로 남아있기 때문이었다. 대회의 주최자였던 빌리 그래함 목사는 랄프 윈터 박사의 혜안과 식견에 아낌없는 찬사를 보냈다.

"랄프 윈터 박사는 전 세계 선교 단체들의 복음 전파 사역을 효율적으로 증진시켰을 뿐 아니라 연구 자료와 훈련, 집필을 통해 세계 복음화를 가속화시켰다."[10]

지난 40년간 미전도 종족 복음화는 제3의 물결의 핵심 전략으로 자리 잡았다.

랄프 윈터는 1924년 12월 8일, 캘리포니아 주 로스앤젤레스에서 출생했다. 후에 캘리포니아 공과 대학에 진학했다가 해군에 자원입대했으나 국방부가 그를 대학으로 돌려보내 학업을 계속하게 했다. 당시 미국에는 엔지니어들이 많이 필요했기 때문이었다. 그는 2년 반 뒤 대학을 졸업하고 해군 항공대 양성 과정에 입학했다가 전쟁이 종식되자 다시 학업으로 돌아가 콜롬비아 대학원에서 석사, 콘웰 대학에서 박사 학위를 받았다. 이후에 프린스턴 신학대학원에서 신학을 공부하기도 했다.

1951년 로버타 헴과 결혼한 랄프 윈터는 5년 뒤 장로교단의 파송을 받아 가족과 함께 과테말라에서 1956년부터 1966년까지 선교에 헌신했다. 이 기간 동안 다른 동료들과 함께 신학 연장 교육인 TEE(Theological Education by Extension) 프로그램을 개발했다. 이는 현대식 원격 신학 교육과 오늘날 많은 신학교에서 채택하고 있는 멀티 캠퍼스 대학의 원조 격으로 볼 수 있다. TEE 프로그램은 신선한 돌풍을 일으켰고 얼마 못 가 유사한 프로그램들이 세계 곳곳에서 등장했다.

1974년 로잔 대회에서 획기적 발언으로 주목을 받은 랄프 윈터 부부는 하나님이 색다른 곳으로 인도하고 계시다는 확신이 들었다. 문화와 언어의 장벽으로 복음이 막혀있는 곳에서 새로운 도전에 직면하라는 것이었다. 그리하여 1976년 11월, 윈터 부부는 캘리포니아 주 파사데나의 35에이커 대학 부지에 미국 세계선교센터(U. S. Center for World Mission)를 세웠다. 직원도 없이 비서 한 명과 함께 100달러로 시작한 단체였다. 이들의 도전은 그의 아내 로버타 윈터가 지은 『I Will Do A New Thing』(새로운 일을 할 것이다)에 잘 그려져 있다. 랄프 윈터는 평생 동안 다양한 기관을 설립하고 여러 간행물을 발간했는데, 윌리엄 캐리 라이브러리(William Carey Library) 출판사(1969)와 윌리엄 캐리 국제 대학(1977), 미션 프론티어(Mission

Frontiers) 잡지(1979), 미국 선교 학회 등이 그의 대표적인 업적이다.[11]

랄프 윈터는 21세기 선교가 직면해야 할 난관들과 이를 뚫고 미전도 종족에게 복음을 전할 방법을 다음과 같이 요약했다.

> 공항에 내리면 낯선 거리와 건물들이 한 눈에 들어온다. 시간이 지나야 그 안의 세세한 것들이 보인다. 교회들이 선교사를 낯설고 물선 땅에 파송했을 때도 이와 같았다. 그러나 성경이 주는 명령은 아주 간단하다. "열방을 제자 삼으라."

선교사가 선교지에 발을 내딛는 순간 사람들을 전도하는 것이 예상 외로 힘들다는 것을 알게 된다. 대부분의 사람들은 일정한 형태의 사회 조직과 문화를 가진 확대 가족의 틀 안에서 살아간다. 따라서 일대일로 접촉해서는 결코 그 틀에서 빼낼 수가 없다. 이내 선교사는 최상의 교회 운동은 현지의 사회망을 찢거나 다른 것으로 대체하지 않는 것임을 깨달았다.

그래서 생겨난 것이 '종족'(그 사람들이 살고 있는) 개념이다. 인도에서 3대째 선교사로 활동했던 도널드 맥가브란은 이 방면에서 참신한 아이디어를 제공했다. 선교사는 자신이 전도한 사람이 일명 '집단개종운동'(people movement)의 일원이 되지 않는 한, 그 사람이 정말로 주님을 영접했다거나 선교 임무가 완수되었다고 생각해서는 안 된다는 것이다.

이런 전략이 성공하기 위해 선교사들은 전도 이상의 무언가를 해야 했다. 교회를 세워야 했다. 더 논리적인 결론을 내리자면, '사람들을 그리스도께 나아가게 하는 집단개종운동'이 일어나지 않는 한 선교사의 기본 책무는 완료되지 않은 것으로 봐야한다. 선교지에 소수의 개종자가 있고 선교사들이 사역을 하며 심지어 성경 번역까지 이루어졌다 해도 새신자들이 소속감을 느낄 수 있는 현지인 주도의 실제적인 사회적 개종 움직임이 없다면 그것은 반쪽자리 선교에 불과하다는 이야기다. 바로 이것이 미전도 종족인지 아닌지를 판가름하는 척도다. 미전도 종족은 오로지 "집단개종운동, 즉 가시적이고 토속적이며 전도하는 교회들이 확산될 때만 복음화될 수 있다."[12]

따라서 21세기 선교는 미전도 종족 복음화에 모든 역량을 집중해야 한다. 도널드 맥가브란이 그 필요성을 인식하고 캐머런 타운센드가 그 필요를 채워줄 전문 사역을 개발했다면, 랄프 윈터는 이 개념을 정확한 용어로 정리해 제3의 물결의 주춧돌이 되게 했다. 앞으로 수많은 사람들과 교회, 단체가 이 흐름에 발맞추어 선교를 진행하게 될 것이다.

전문 사역 전성시대

근대 선교 제3의 물결은 20세기 전반을 관통하던 흐름이었다. 두 차례의 세계대전조차 이를 막지 못했고 과학 기술의 발전은 이 흐름을 가속화시켰다. 현대 문명은 전문 인력을 양산하고 생산성을 향상시켰다. 이런 시대 속에서 하나님도 마지막 물결에 올라탈 선교 개척가들에게 다양한 형태의 선교 전략을 요구하시는 듯했다. 수백 만의 사람들과 수천 개의 교회, 수백 개의 단체들도 앞으로 이 필요를 충족시키고자 애쓸 것이다.

이런 다양화는 산업 혁명과 지식 혁명에 따른 경제적 다변화와 평행선을 달리고 있다. 선교 패러다임도 변했다. 이전에는 선교사 개개인이 분투하던 각개 전투였다면 지금은 네트워크를 통한 협력 사역을 추구한다. 새롭게 등장한 특성화된 선교 단체들은 전도와 제자 훈련, 교회 개척 사역에 서구 사회의 기업 경영 방식을 도입하고 있다.

지난 백여 년간 설립된 전문 선교 단체는 이름을 일일이 거론하기가 불가능할 정도로 그 수가 폭증했다. 여기서는 제3의 물결 동안 성령님의 도우심으로 세계 선교에서 두드러진 활약을 보인 인물과 단체들을 골라 간략히 소개해 보도록 하겠다.

- 빌리 그래함(Billy Graham), 루이스 팔라우(Luis Palau), 그렉 로리(Greg Laurie)로 대표되는 십자군 전도 운동(crusade evangelism)들이 등장했다.
- 대학생 선교회(CCC)와 같은 선교 단체를 통한 대학 사역이 활성화되었다. CCC는 독립적 선교 단체로서는 세계에서 가장 큰 규모를 자랑하며, 지금까지 이만 오천 명 이상의 선교사를 파송했다.

- OM(Operation Mobilization), Teen Missions, YWAM(Youth With A Mission)으로 대표되는 청년들의 선교 참여가 증가했다.
- 오럴 로버츠(Oral Roberts), T. L. 오스본(T. L. Osborn), 라인하르트 본케(Reinhard Bonnke)와 같은 강력한 치유 사역자들이 활약했다.
- 1930년대 에이브러함 버라이드(Abraham Vereide)가 정치 지도자들을 대상으로 복음 사역에 힘썼고 그의 활동은 더글라스 코(Douglas Coe)와 펠로우십파운데이션(Fellowship Foundation)이라는 기관으로 계승되었다.
- 순복음 기업인 연합(Full Gospel Businessmen's Fellowship)과 같이 기업인들을 위한 사역이 활성화되었다.
- 여성 어글로우 모임(Women's Aglow)과 같은 여성 그리스도인들의 활발한 사역 참여가 일어났다.
- CBN(Christian Broadcasting Network), TBN(Trinity Broadcasting Network), GOD TV와 같은 기독교 방송들이 출현했다. 극동방송과 트랜스월드 라디오는 복음이 들어갈 수 없는 선교 제한 국가를 위한 주요 전도 수단이 되고 있다.
- 인터넷, 채팅방 등의 IT 수단을 활용해 선교 제한 국가의 장벽을 넘고 있다.
- FCA(Fellowship of Christian Athletes)와 같이 스포츠를 통해 복음을 전도하는 단체들이 생겨났다.
- OM과 구제선(Mercy Ships)과 같이 선박을 이용한 구제 사역이 활발해졌다.
- 국제월드비전(World Vision International)과 같은 국제구호개발기구와 비

영리민간단체(NGO)를 통한 구제 사역과 인권 운동이 활성화되었다.
- 교회 개척 운동(CPM)을 통해 토착화된 교회가 다시 토착화된 교회를 개척하는 교회 배가 운동이 세계 곳곳에서 일어나고 있다. 이 운동은 대부분 평신도 지도자들이 주도하고 있다.

지난 백 년간 기독교 전문 사역이 폭발적으로 성장한 것은 역사상 그 유례를 찾을 수 없을 정도로 놀랍고 진기한 현상이다. 가지각색의 다양한 방식으로 수많은 사람들이 지금까지 예수 그리스도의 복음을 전해 들었다. 그중 많은 사람들이 구원의 은혜를 경험했으며 모든 피부색의 사람들이 선교 사역에 동참하는 역사가 일어났다. 전문 사역은 우리 시대에 소리 없이 일어나고 있는 혁명 중 하나이다. 다가올 제4의 물결에서는 이것이 선교 문화의 중심이 될 것이다.

제3세계 선교사

대다수가 아직 눈치채지 못하고 있는 사실이 하나 있다. 21세기 후반에는 남반구에 있는 제3세계 출신의 선교사들이 대거 등장해서 기독교 선교의 대세로 부상할 것이라는 점이다.

AD2000 운동의 지도자로 1989년 '10/40 창'(Window)[13]이라는 용어를 처음으로 선보였던 루이스 부시(Luis Bush)는 제3세계 선교사들이 대거 등장한 현상을 이렇게 설명했다. "제3세계 선교사들이라고요? 불과 몇 년 전만 해도 상상조차 못했던 일이지요. 그러나 지금은 아닙니다! 오늘날 급성장하고 있는 제3세계 선교 인력은 세계 선교에 있어 가장 괄목할 만한 변화라고 할 수 있습니다.…그 결과는 가늠조차 하기 힘듭니다."[14]

물론 제3의 물결에서도 많은 제3세계 사역자들이 활약을 펼쳤다. 그중 대표적인 다섯 명(한국인 2명, 인도인 1명, 중국인 1명, 나이지리아인 1명)을 소개하고자 한다.

조용기

조용기 목사는 하나님의 성회 목사로서 1956년 대한민국의 수도인 서울에서 작은 교회를 개척했다. 첫 해에는 교인이 오십명 정도였다. 그러나 기도원 집회와 철야 기도회에서 부흥과 세계 복음화를 위해 간절히 기도한 결과 1959년에는 교인이 사백 명으로 늘어났다.

기도, 믿음의 치유, 구역예배에 힘썼던 여의도순복음교회는 1982년이 되자 교인 수가 자그마치 25만 명으로 폭증했고, 각 예배 때마다 만여 명씩 모였다. 그것도 모자라 1984년에는 40만, 1992년에는 70만, 2010년에는 무려 85만 명에 달했다.[15] 1990년대에는 한 교회만 비대해지는 성장 정책을 바꾸어 다른 도시와 국가에도 지교회를 세우기로 했다. 여의도순복음교회는 2000년 이래로 선교사 천 명을 파송해 많은 국가에 새로운 교회들을 개척하기도 했다.

오늘날 대한민국 서울에 있는 여의도순복음교회는 세계에서 교인 수가 가장 많은 세계 최대 규모의 교회가 되었다. 불과 150년 전만 해도 교회라고는 눈을 씻고 봐도 찾기 힘들었던 국가가 이렇게 달라졌다.

강승삼

강승삼 목사 부부는 1980년에 장로교단의 파송을 받아 나이지리아에서 11년간 사역했다. 처음 떠날 때만 해도 한국인 선교사는 전 세계에 93명 밖에 되지 않았다. 그는 나이지리아에 현지 교회를 개척하고 현지인 목사들을 위한 성경 대학을 설립했다. 그는 1991년 한국으로 돌아온 이후부터 현재까지 어느 국가보다 많은 선교사를 해외로 파송하기 위해 혼신의 노력을 기울이고 있다. 그는 총신대학교에 선교대학원을 설립했고 한국세계선교협의회(KWMA)의 회장을 맡아 2030년까지 10만 명의 해외 선교사를 파송하겠다는 야심찬 계획을 세워놓고 있다. 협의회의 목표는 한국 교회 절반을 세계 선교에 동참시키고 성도 300명당 1명꼴로 선교에 헌신하게 만드는 것이다. 또한 5년마다 200개의 미전도 종족을 입양하고 2020년까지 100만 명의 자비량 선교사(직업을 가진 선교사)를 양성하여 복음 전파의 문이 닫힌 국가들을 공략하는 것이다.[16]

한국인 선교사들의 눈부신 활약상을 지켜 본 로버트 몰(Robert

Moll)은 미국을 제외하면 대한민국이 가장 많은 선교사를 파송한 국가라고 밝혔다. 한국은 1991년에 선교사 1,200명을 파송했다. 이는 불과 11년 전 단 8명을 파송한 국가라고는 믿어지지 않는 수치이며, 오늘날 그 수는 13,000명으로 늘어났다.[17]

K. P. 요하난

K. P. 요하난은 인도 남부의 작은 마을에서 태어났다. 아대륙에서 8년간 선교 활동에 참여한 그는 미국으로 건너가 신학을 공부했다. 목회를 시작했지만 그는 한 번도 예수님의 복음을 듣지 못한 '10/40 창'에 살고 있는 사람들이 계속 마음에 걸렸다.[18] 1979년, 사직한 그는 본격적으로 선교에 뛰어들었고, 미미하게 시작된 그의 선교 사역은 GFA(Gospel for Asia) 설립이라는 알찬 결실로 이어졌다. 오늘날 GFA는 11개 아시아 국가에 수천 명의 사역자들(대부분 인도인들)을 파송해 복음 전도에 힘쓰고 있다. 현재 K. P. 요하난 목사는 세계 각국을 다니며 가난하고 고통받는 이들을 도와달라고 호소한다. 그리스도인들이 주님의 진실한 제자가 되어 선한 영향력을 발휘하게 만드는 것이 자신의 사명이라고 믿기 때문이다. 그는 아시아에서 200권 이상, 서양에서는 7권의 저서를 출간했다. 인도 선교계의 떠오르는 별인 K. P. 요하난 목사는 다음과 같은 신념을 갖고 있다.

"오늘날 성령님은 아시아와 아프리카 국가에서 새로운 선교사 군대를 일으키고 계신다. 수많은 헌신자들이 구원의 복음을 자신의 종족에게 전하고 있다. 이 방법 외에는 선교의 문이 닫힌 곳에 사는 영혼들에게 하나님의 사랑을 전해줄 방법이 없기 때문일 것이다. 이 겸손하고 순수한 복음의 개척자들이 식민 시대 선교사들이 남기고 간 십자가 깃발을 높이 쳐들고 있다. 그들은 선교 역사의 다음 물결이 되어 현지 선교사 시대를 열 것이다."[19]

요하난 목사는 자신의 고국이자 지구상에서 두 번째로 인구가 많은 인도의 복음화를 꿈꾸고 있다. 한편, 세계 최대의 인구가 살고 있는 중국에서도 이에 질세라 또 다른 현지인 운동이 싹 트고 있었다.

리우 젼잉(윈 형제)

'윈 형제'라는 이름으로 더 유명한 리우 전잉은 중국 교회의 놀라운 부흥과 전도를 위한 노력을 보여 주는 대표적인 인물이다. 중국은 600년이라는 긴 세월 동안 세상에 문을 닫고 있었지만, 지금은 기독교가 가장 빨리 부흥하는 국가 중 하나이다. 어떤 고난도 마다하지 않는 중국인 목사들과 지하 교회 지도자들의 용기와 헌신 덕분이었다.

윈 형제는 열여섯 살에 부친의 암이 기적적으로 완치되는 것을 보고 그리스도인이 되기로 결심했다.[20] 하나님께 성경을 달라고 간절히 기도했던 그는 성경을 보자마자 무릎을 꿇고서 그 안의 말씀들을 '굶주린 아이처럼' 먹어 삼켰다. 그리고 자신이 사는 지역에 복음을 전파하기 시작했다. 지속적인 체포 위협에도 굴하지 않고 남부의 마을과 도시에서 복음을 전한 결과 수많은 사람들이 주님께 돌아오는 역사가 일어났다. 하지만 결국 중국 공안에 체포되어(세 번씩이나) 감옥과 수용소에서 힘겨운 노동과 고통의 세월을 보내야 했다. 1984년에는 감옥에서 무려 74일간이나 음식과 물을 입에 대지 않는 기적적인 금식을 하여 체중이 30kg까지 줄었다. 그러나 많은 이들이 그의 몸을 낫게 하시는 하나님의 놀라운 치유의 능력을 목격한 후 회심했다.[21] 그 와중에 젠 형제와 시우 형제 같이 용감한 지하 교회 지도자들이 붙잡혀 감옥에 들어갔다. 그들은 광범위한 지하 교회 지도자 조직망에 속해 이으면서 1980-90년대 부흥기 동안 수백만 명이 주님께 돌아오는 것을 보았다.

지금 현재 윈 형제는 전 세계를 다니며 중국의 지하 교회와 부흥의 소식을 전하고 있다. 그가 즐겨 이야기하는 주제는 '백 투 예루살렘'(Back to Jerusalem) 운동이다. 중국인 교회들이 복음을 들고 중앙아시아를 거쳐 기독교 발상지인 예루살렘 도시까지 나아가자는 것이다. 이 비전은 1921년 산둥 지방의 징 디안잉이라는 그리스도인이 처음으로 펼쳐 보였다. 그는 중국인 성도들에게 지상 대위임령을 완수하기 위해 각자 다섯 가지를 각오하자고 권면했다. 희생, 권리포기, 청빈한 삶, 고난, 그리고 죽음이다.[22] 1940년대까지 총

이만여 명의 중국인 그리스도인들이 이런 삶을 살겠다고 서약했다. 지금은 그 숫자가 10만 명으로 늘어났다. 중국 교회는 얼마든지 대가를 지불할 준비가 되어 있다고 윈 형제는 말했다.[23]

선데이 아델라자

나이지리아 태생의 선데이 아델라자는 제3세계의 선교가 얼마나 강력한지를 보여 주는 아프리카 판 본보기다. 선데이는 19살에 소련에서 유학하였다. 이때는 글라스노스트(개방) 정책이 시행되기 전이었다. 하지만 소련으로 떠나기 몇 주 전 예수님을 만나 그리스도인이 된 선데이는 1993년 우크라이나의 키예프에서 자비량 선교사로 일하기 시작했다. 그때 하나님은 교회를 세우라고 말씀하셨다. 오늘날 선데이 목사는 '하나님의 대사'(Embassy of God)라는 교회에서 목회를 하고 있다. 이 교회는 개척한 지 10년 만에 교인 수가 이만 삼천 명으로 늘어났고 우크라이나, 러시아, 벨라루시, 몰도바, 조지아, 미국, 인도, 아랍에미리트연합에 70개가 넘는 교회를 개척했다. 모교회라 할 수 있는 키예프의 교회는 현재도 진취적인 선데이 목사가 이끌고 있으며, 유럽에서 가장 큰 교회로 성장했다.[24]

150년 전만 해도 아프리카는 온갖 주술과 노예 무역이 성행하는 암흑의 대륙이었고 그리스도인이 거의 없는 선교의 최전방이었다. 그래서 유럽 선교사들이 복음 전파를 위해 아프리카로 향했다. 그런데 오늘날에는 아프리카인 목사가 유럽에서 가장 큰 교회를 맡고 있다.

선데이 목사와 동역하는 '열두 명의 제자들'은 각각 1,000명 혹은 2,500명의 교인들을 책임지고 구역 모임을 인도한다. 주일에는 대규모 체육관을 빌려서 선데이 목사가 예배를 주관한다. 자신과 동역하는 열두 명의 사역자들을 해외로 파송하여 자매 교회를 개척하려는 목표도 갖고 있다. 아프리카 출신 목사이자 선교사, 전도자인 선데이 아델라자에게는 아프리카 땅에 복음을 전해 주었던 국가와 그 외 다른 국가에 대한 선교 사명이 있다.

경이로운 수확

20세기는 제3세계 개발도상국들이 선교 중흥의 원동력으로 떠오른 놀라운 세기였다. 특히 남반구에 사는 성도들의 약진이 눈부셨다.

- 1900년 아프리카 대륙의 그리스도인은 전체 인구의 4%였다. 2000년에는 사하라 사막 남쪽에 사는 50% 이상이 그리스도인이었다. 인구수로는 삼억 명이다.[25]
- 1900년 라틴 아메리카의 개신교 신자(거듭났다고 주장하는) 수는 오만 명이었다. 2000년에는 그 수가 일억 명으로 늘었고 대부분 오순절파 성도들이다.[26]
- 현재 대한민국에는 세계 최대 규모를 자랑하는 교회 11곳이 있다. 인구의 30%가 그리스도인이며 세계 2위의 선교사 파송국으로서 일만 삼천

명이 넘는 선교사들이 해외에서 선교 활동을 벌이고 있다.[27]

- 1900년 중국인 그리스도인의 수는 백만 명 정도였지만 2000년에는 사천만에서 일억 명 정도로 추산하고 있다.[28] 베이징의 타임지 사무국장이었던 데이비드 에이크만(David Aikman)은 중국 그리스도인이 일억 오천 명에 이를지도 모른다고 했다.[29]

루이스 부시가 적절한 논평을 내놓았다. "기독교가 비서구권 국가로 퍼져 나간 것이야말로 역사상 가장 큰 성공이라고 말할 수 있다.…이 놀라운 부흥은 살아있는 믿음 덕분이었다. 그렇지 않고서는 선한 의도를 가진 어떤 인도주의 활동도 기독교만큼 널리 퍼져 나가기는 불가능하다."[30]

성장의 세기

우리는 선교 역사상 참으로 흥미진진한 시대에 태어난 사람들이다. 전 세계 대륙에 제3의 물결이 폭포처럼 쏟아져서 수많은 사람들이 복음의 축복에 잠겼다. 이런 폭발적 성장은 1906년에 시작된 오순절 교단의 부흥이 큰 영향을 미쳤다. 그들의 적극적인 전도로 세계 각국의 교회에 육억 사천만 명의 교인이 더해졌다. 그랜드 웨커(Grant Wacker)는 오순절 운동의 영향으로 미국에만 삼백 개가 넘는 오순절 교단과 선교 단체들이 생겨났다고 말했다.[31]

회중포럼(Pew Forum)의 책임자인 루이스 루고(Luis Lugo)는 오순절 운동의 영향과 라틴 아메리카의 선교 발전에 관해 다음과 같이 말했다.

"그것은 이민 현상과의 합작품이었다. 라틴 사람들 다수가 이미 오순절 교단 교인들이었기에 가톨릭 교회에서 오순절파로 개종하는 사람들이 많았다.…참으로 강력한 전도 운동이었다. 성장세나 규모에 있어서 가히 역사상 최고의 역동적인 포교 활동이었다고 평할 수 있다."[32]

하지만 그보다 더 주목할 것은 오순절 교단 출신의 남미인들, 아시아인들, 아프리카인 교회 개척가들이 미전도 종족에 대한 기도와 교회 개척에 힘을 모으고 있다는 사실이다. 선교지의 교인들이 선교사로 변모한 것이다. 휘튼 대학의 스코트 모로(Scott Moreau) 교수는 이런 현상을 다음과 같이 설명했다.

"서양 선교사들이 지배적이던 시대는 막을 내렸다. 서양 선교사들이 사라졌기 때문이 아니라 다른 국가 성도들이 선교 비전에 사로잡혀 적극적으로 선교 현장에 뛰어들었기 때문이다. 요즘에는 아프리카 흑인 선교사가 유럽에서, 남인도인 선교사가 북인도서, 한국인 선교사가 중국에서 선교한다. 게다가 선교 지도자들도 세계 인구의 60%가 몰려있는 아시아에 초점을 맞추고 있다. 물론 아프리카와 중동도 빠질 수 없다."[33]

근대 선교 제3의 물결은 전문성을 갖춘 다국적 선교사들의 시대를 열었다. 그로 인해 21세기 초반에는 날마다 삼천 오백 개의 새로운 교회가 세워지고 날마다 칠만 명의 사람들이 구원을 받는 (중국에서 28,000명, 아프리카에서 20,000명 포함) 놀라운 수확이 이루어졌다.[34]

어떻게 이런 일이 가능했을까? 그 이유를 알기 위해 제3의 물결을 구성했던 핵심 요소들을 살펴보기로 하자. 이 요소들에는 한 가지 공통점이 존재하는데 예수 그리스도의 복음이 정말로 세계화되고 있다는 사실이다.

Chapter 7
묵상과 토론을 위한 질문

01. 근대 선교 제3의 물결에서 선교 혁신을 이끌었던 세 명의 핵심 인물은 누구인가? 그들은 각각 어떤 중요한 기여를 했는가?

02. 제3의 물결에서는 어떤 특성화 사역이 등장했는가? 당신도 개인적으로 영향을 받았던 특성화 사역이 있는가?

03. 제3의 물결이 일어나는 동안 기독교는 남쪽과 서쪽으로 확산되어 갔다. 어떻게 이런 일이 일어났는가? 21세기에도 이런 경향이 계속될 것이라고 생각하는가? 그 이유는 무엇인가?

04. 제3의 물결동안 오순절 교단의 선교 활동이 폭발적으로 증가한 이유는 무엇인가? 성령님의 능력을 강조하는 것이 당신에게도 영향을 미쳤는가?

05. 당신이나 당신이 다니는 교회는 세계 선교에 참여하고 있는가? 당신은 제4의 물결에서 어떤 일을 하고 싶은가?

CHAPTER·8

복음의 세계화

넘실대는 파도가 계속해서 앞선 파도를 덮치며 해안으로 밀려오듯이, 기독교 선교도 앞선 물결들 위에 다른 물결들이 계속해서 전 세계로 퍼져 나갔다. 그럼 여기서 잠시 예수님의 죽음과 부활 이후에 어떤 일들이 일어났는지 순서대로 요약해 보자.

- 초대 교회는 로마 세계를 중심으로 예수님의 복음을 전했다.
- 중세 시대에는 수도원과 수도사들이 유럽과 아시아 일부 지역에 복음을 전하고 교회를 세웠다.
- 모라비안 교도들과 윌리엄 캐리는 탐험의 시대에 해안을 중심으로 최초의 선교 물결을 일으켰다.
- 데이비드 리빙스턴과 허드슨 테일러는 산업 혁명이 일어나던 19세기에 아프리카와 아시아 내지로 돌진하여 제2의 선교 물결의 선두주자가 되

었다.
- 21세기에 기독교는 가장 먼저 세계화된 종교였다. 인구는 폭발적으로 증가했지만 정보 통신 기술의 발달로 인해서 점점 가까워지는 지구 상의 미전도 종족 복음화에 주력했다.
- 제3의 물결에서는 특성화된 전문 사역이 생겨났고 제3세계 선교사들이 선교에 대거 합류했다.

오랜 세월 모이고 모인 선교 동력은 마침내 전 세계로 힘차게 뻗어나갔다. 이제 그 핵심 요소들을 하나씩 짚어보자.

부흥! : 하나님의 권능과 임재가 전 세계에 미치다

앞에서도 말했듯이 영적 각성은 언제나 선교의 인적 자원을 증가시킨다. 처음 오순절 역사로 인해 초대 교회 교인들의 복음 전파가 시작되었다. 그로부터 1700년 뒤에는 모라비안 교도들이 은혜를 받아 복음의 불모지를 개척했다. 18세기와 19세기에 영적 대각성이 일어나자 해안 중심의 선교가 꽃을 피웠으며 이는 다시 내지로의 모험을 가능케 하는 추진력이 되었다.

제3의 물결로 탄생한 선교사들은 앞선 두 개의 물결보다 수적으로 우세했다. 20세기에 그 어느 시대보다 큰 부흥이 일어났기 때문이다. 또 하나 특이한 점은 부흥의 규모가 세계적이었다는 것이다.

이 시대의 개막을 알린 영적 각성은 1904년 에반 로버츠(Evan Roberts)를 중심으로 시작된 웨일스 대부흥이다.[1] 신학 대학생이었던 에반 로버츠는 어린 시절에 죄를 회개하라는 하나님의 준엄한 명령을 들었다. (1) 과거의 모든 죄를 고백할 것이며, (2) 회개한 뒤에 피해를 보상해 줄 것이며, (3) 성령의 뜻에 순종할 것이며, (4) 사람들 앞에서 예수님을 구주로 시인하라는 것이었다.[2] 에반 로버츠의 설교는 일대 파란을 일으키며 웨일스 부흥의 불을 댕겼고 종교에 무관심한 광부들마저 주님께 돌아오게 만들었다. 심지어 범죄가 줄어 교도소가 폐쇄될 정도였다. 웨일스 대부흥은 기쁨과 찬송의 향연이었다. 때로는 설교조차 하지 않았다. 성령의 영향 아래 모여든 사람들이 온 마음으로 주님을 찬양했다.[3] 부흥의 소식은 발 빠르게 다른 국가들로 전해졌다. 한국의 평양에서 일어난 대부흥도 그와 무관치 않았다.

역사가 J. 에드윈 오르는 웨일스 대부흥을 이렇게 정의했다.

"이역만리에서도 그 여파를 느낄 수 있었던 것은 1904년 초에 일어난 웨일스 대부흥 때문이었다. 처음에 작은 마을에서 시작된 성령의 역사는 일 년 만에 웨일스 전체를 뒤흔들고 에반 로버츠 같은 걸출한 지도자를 탄생시켰으며…그와 동시에 영국의 모든 교회들을 깨웠다. 웨일스 대부흥은 아주 먼 곳까지 영적 각성을 일으켰다. 인도, 한국, 중국, 일본, 남아프리카공화국에 부흥의 불을 지피고 아프리카, 라틴 아메리카, 남태평양 섬들에까지

각성의 물결을 일으켰다."[4]

1906년, 흑인 목사 윌리엄 J. 시모어(William J. Seymour)는 로스앤젤레스에 있는 아주사 거리에서 부흥 집회를 열었다. 집회에 모인 사람들이 치유, 방언의 은사, 성령 세례를 경험하자 이 '오순절 역사'를 보기 위해 전 세계에서 많은 사람들이 모여들었다. 그로 인해 하나님의 성회, 하나님의 교회, 그리스도의 교회와 같은 새로운 교단들이 생겨났다. 역사학자 빈슨 사이난(Vinson Synan) 박사는 이렇게 말했다. "아주사 거리의 부흥을 흔히 현대 오순절 운동의 시작으로 여긴다.…아주사 거리에서 오순절 역사를 직접 체험한 목사들 외에도 수많은 사람들이 간접적으로 그 영향을 받았다."[5]

중국에서도 1906년에 조나단 고포스(Jonathan Goforth) 선교사를 중심으로 영적 각성이 일어났다. 조나단 고포스는 1905년 미국의 부흥사 찰스 피니가 『Break Up Your Fallow Ground』(너의 묵은 밭을 개간하라)는 제목으로 쓴 전도지를 읽고 주님께 헌신하여 중국 선교사가 되었다. 그가 가는 곳마다 놀라운 성령의 역사가 일어났다.[6] 1949년 공산 치하부터 지금까지 폭발적인 성장세를 보이는 중국 교회의 부흥과 성장은 20세기 수많은 부흥 운동의 기폭제가 되었다. 앞에서도 이야기했듯이 지난 60년간 사천만에서 일억 정도의 중국인들이 주님을 영접했다. 단일 국가로는 사상 최대의 부흥이었다. 처음에는 시골 마을에서 부흥이 일어났지만 지금은 도시와 지식인층까지 확대되고 있다.

1930년대에는 아프리카에서 영적 각성이 일어났다. 콩고 부흥으로 알려진 이 복음의 물결은 곧 아프리카 대륙의 다른 국가들로 퍼져 나갔다. 기적을 동반한 하나님의 역사가 나타났다. 소위 '고정 현상'이라고 부르는 기적은 누군가가 죄를 회개할 때까지 어떤 사람의 두 팔이 공중에 고정된 채 움직이지 않는 현상을 말했다. 누군가 자원해서 죄를 회개하기 전에는 어떤 노력을 해도 팔이 꼼짝도 하지 않았다. 또한 하나님의 영이 아프리카 땅에 부어질 때 많은 병자들이 치유를 받았다.[7]

한국은 1907년부터 1910년까지 성령의 강력한 역사를 맛보았다. 특히 이북 지역이 뜨겁게 달아올랐다.[8] 한국전쟁 이후 국토가 남북으로 분단되자 부흥의 불길은 서울로 옮겨와 1950년대부터 폭발적인 교회 성장이 이루어졌다. 현재는 남한 인구의 4분의 1이 거듭난 그리스도인이다. 이러한 부흥으로 한국은 세계 2위의 선교사 파송국으로 도약하였다.

1949년 하나님은 던컨 캠벨(Duncan Campbell)이라는 스코틀랜드 전도자를 통해 스코틀랜드 연안의 헤브리디스 제도에 부흥의 성화가 타오르게 하셨다. 캠벨은 성령의 인도를 받아 이 섬들을 찾아갔다. 그리고 그곳에서 오랫동안 기도하며 그의 도착을 예견하고 있었던 두 여인을 만났다. 캠벨이 설교를 시작하자 교회 건물들이 흔들렸고, 교회로 걸어오던 사람들은 길거리에서부터 양심의 찔림을 받아 죄를 회개했다. 헤브리디스 부흥은 웨일스 부흥처럼 밤낮 없이 헤브리디스 섬의 해안을 찬양하는 젊은이들의 기쁨으로 가득하게 했다.[9]

1960년대와 70년대에는 예수 운동과 은사주의 운동이 전 세계를 뒤흔들어 서양의 많은 히피들과 청년들이 예수님께 돌아왔다. 완전히 무르익은 부흥은 아니었지만 은사주의 운동은 그리스도인들과 교회들을 일깨워준 중요한 움직임이었다. 그로 인해 성도들은 성령 충만을 경험했고 능력 있는 복음 전도자가 되었다.[10]

성령의 또 다른 역사는 1960년대에 인도네시아에서 일어났다. 인도네시아에서는 멜 타리라는 전도자를 통해서 수많은 사람들이 병 고침을 받았고 심지어 죽은 사람들도 살아나는 기적이 일어났다.[11] 세계 최대 이슬람 국가였던 곳에서 이런 강력한 부흥이 일어나자 기독교인의 숫자는 전체 국민의 20%까지 치솟았다. 그리고 이곳은 지금도 계속해서 교회가 성장하고 있다.

요컨대 20세기는 세계 곳곳에서 영적 각성과 대부흥이 일어났던 시기였다. 이런 부흥들, 특히 오순절과 은사주의 운동으로 인해 근대 선교 제3의 물결은 세계 복음화에 박차를 가했다.

기도 : 모든 국가에 선교 횃불을 점화하다

나는 지난 100년간 세계 선교가 급성장할 수 있었던 까닭은 기도의 힘이라고 굳게 확신한다. A. T. 피어슨(A. T. Pierson) 장로교 목사는

20세기로 전환하는 시점에서 "영적 각성이 일어난 국가와 지역 중 단합된 기도 모임이 시작되지 않은 곳이 없었다"라고 말했다.[12] 수많은 국가에서 기도 행렬이 쓰나미를 이루었다. 이런 중보 기도 운동은 매우 다양한 형태로 나타났다.

- 1980년대 데이비드 브라이언트(David Bryant)가 시작한 '국제 기도 콘서트'는 18세기 조나단 에드워즈가 이끌던 기도 운동의 재현이었다. 당시 많은 성도들이 교파를 초월해 밤낮으로 합심 기도를 드렸다.
- 존 베케트(John Beckett)와 게리 버겔(Gary Bergel)은 1975년에 미국을 위한 중보 기도를 제안했다. 매달 첫 번째 금요일마다 미국을 위해 금식하며 기도하자는 것이었다. 이 기도 운동을 계기로 전 세계에서 많은 성도들이 자신의 국가와 세계 복음화를 위해 유사한 기도 모임을 만들기 시작했다.
- 워싱턴을 위한 기도 모임(1980), 프라미스 키퍼스(1997)를 비롯해 한국이 주최했던 대규모 기도 집회들이 수많은 성도들의 가슴에 부흥과 선교를 위한 중보 기도의 불을 붙였다.
- 열정적인 한국 교인들은 지난 60년간 금식 기도, 철야 기도, 기도원 기도에 몸을 사리지 않음으로써 전 세계 그리스도인들의 본보기가 되었다.[13]
- 폴란드 성도들과 OASIS라는 청년 단체들은 수십 년간 지하 교회에서 지속적으로 기도했다. 1989년 철의 장막이 무너진 것도 그들의 헌신적인 기도 덕분이라고 사람들은 이야기한다.[14]

- 캔자스시티부터 예루살렘의 감람산까지 세계 곳곳에 '기도의 집'이 세워졌다.
- 세계 각국의 청년들이 '24/7 기도'라는 연속 기도 모임을 조직해서 자신의 국가와 영혼 구원을 위해 기도하고 있다.[15]
- 텍사스 마을의 어느 학교에서 소수의 학생들이 게양대 앞에 모여 기도했던 SYATP(See You at the Pole)라는 모임은 20년 동안 26개국 학생들이 참여하는 국제적 기도 모임으로 발전했다.[16]
- 현재 전 세계에서 열리고 있는 '목회자 기도 집회'(Pastors Prayer Summit)를 통해서 목사와 기독교 지도자들이 성경적 연합과 열정적 중보 기도에 힘쓰고 있다.[17]
- 그래함 파우어스(Graham Powers)가 시작한 '세계 기도의 날'(The Global Day of Prayer)은 오늘날 세계 최대의 기도 집회 중 하나로 자리 잡았다. 처음에는 남아프리카공화국에서 집회가 열렸지만 이후 아프리카 대륙의 여러 경기장으로 규모를 확대하다가 2004년에는 다른 대륙으로까지 뻗어나가서 현재도 많은 성도들이 해마다 기도 집회에 참석하고 있다.[18]

21세기의 여명은 밝았어도 당면한 과제들은 여전히 산적해 있다. 따라서 선교 역사의 다음 장은 기도하는 자들의 수많은 눈물과 호소로 쓰여질 것이다. 조지 W. 피터스(George W. Peters)는 선교 역사에 하나님이 관여하셨다는 증거가 풍성한 이유는 누군가의 기도에 하나님이 응답하시기 때문이라고 말했다.[19]

연합 : 로잔 운동, AD2000, Call2All 등의 연합 운동

부흥이 빚어내는 위대한 결실의 하나는 오직 예수 그리스도의 복음을 전하겠다는 일념이 믿는 자들을 똘똘 뭉치게 만드는 것이다. 근대 선교 제3의 물결에서도 교파와 교단의 장벽을 깬 성도들이 세계 복음화에 앞장서는 현상이 나타났다.

이런 성령님의 역사는 다양한 형태로 드러났는데 그중 하나가 1910년 에든버러에서 열린 세계 선교 대회였다. 가장 최근에 열린 로잔 대회는 2010년 10월 남아프리카공화국 케이프타운에서 개최되었다. 그곳에 대표 자격으로 참석한 인원은 총 1,500명이었으며 그중 70%는 제3세계 성도들이었다.[20]

'예수 행진'(March for Jesus)도 자신의 동족에게 예수님의 사랑을 전하는 유익한 행사였다. 1980년대 중반에는 그래함 켄드릭(Graham Kendrick)과 린 그린(Lynn Green)의 주도 하에 많은 그리스도인들이 예수 행진에 참가했다. 그렇게 모인 대규모 인파는 자신의 마을과 도시, 국가를 위해 기도할 뿐 아니라 살아계신 하나님을 경배하고 찬양하는 대장관을 연출했다.

이와 더불어 지난 30년간 선교 단체들은 교회를 선교에 동원하는 일에도 박차를 가했다. AD2000 운동의 주역인 루이스 부시는 1990년대에 여러 개의 국제 대회를 연속으로 개최했는데 그들이 내건 슬로건은 "모든 사람을 교회로, 모든 사람에게 복음을"이었다.[21] "AD2000 운동은 전 세계 여러 국가에서 개별적으로 일어

났다. 이는 앞으로 우리가 무엇을 해야 하는지 알려 주는 지시등이다."라고 루이스 부시는 말했다.[22]

협력과 동역자 관계로 세계를 복음화하자는 시대적 외침에 부응하여 최근에 결성된 것이 Call2All이다. 이 운동은 CCC의 총재였던 고(故) 빌 브라이트(Bill Bright) 박사의 비전으로 탄생했다. 그는 십억 명을 주께 돌아오게 하고 500만 개의 교회를 세운다는 원대한 포부를 갖고 있었다. 2004년 8월 19일, 전 세계 기독교 지도자들이 그 꿈을 이루기 위해 한 곳에 모여 특별 집회를 열었다. 2004년 12월 7-8일에는 65개국 지도자들이 플로리다 올란도에 모여서 빌 브라이트 박사가 제시한 비전을 그들의 목표로 채택했다. 그 이후에도 이어진 Call2All 집회들의 초점은 마지막 남은 639개 미전도 종족 오억 오천사백만 인구의 복음화다. 이 운동은 여전히 진행 중이다.[23]

요한복음 17장에서 예수님이 하셨던 기도가 실현되고 있다. 21세기로 갈수록 그리스도인들의 연합이 점차 세계로 확산되는 것이 그 증거다.

하나님의 섭리 : 이민, 정치 변혁, 청년들, 백 투 예루살렘(BTJ)운동
21세기에는 세계 선교의 파고를 높여주는 다양한 범세계적 발전이 이루어졌다. 산업 혁명과 지식 혁명은 수많은 국가의 중산층을 확대시켰다. 또한 도시 집중 현상을 가속화시켜 많은 사람들에게

복음을 접할 기회를 제공했다. 이민의 증가도 빼놓을 수 없다. 아프리카인들은 유럽으로, 남미인들은 미국으로, 아시아인들은 세계 여러 국가로 이민을 갔다. 그 결과 복음의 사각지대에 살던 사람들이 기독교를 알게 되었다. 1989년 철의 장막 붕괴 또한 광범위한 지역에 선교와 전도 활동의 길을 트는 데 일조했다.

미성년자들의 선교 참여

제3의 물결이 보여준 독특한 변화는 어린이와 청소년의 세계 선교 동참이다. 초대 교회 시대부터 근대 선교 제2의 물결이 일렁일 때까지는 대학생 혹은 성인만 선교 사역에 참여했다. 더욱이 그때는 자녀를 고국에 남겨두거나 기숙사 학교에 보내고 부모만 해외 선교지로 떠나는 경우가 다반사였다. 선교지에서의 삶이 어린아이들에게는 너무 위험하고 질병에 걸릴 확률이 높았기 때문이었다.

그러나 지금은 달라졌다. 어린아이들과 청소년들도 단기선교나 1년 단위 자비량 선교는 물론 미전도 종족을 위한 금식과 중보 기도에 적극 참여하고 있다. 국제 YWAM이 운영하는 가장 큰 사역 중 하나가 킹스키즈(King's Kids)다. 1976년에 시작된 킹스키즈는 20세 미만의 미성년자들을 훈련시켜 전 세계 수많은 국가로 단기선교를 다녀오게 했다.[24] 이를 목격한 다른 선교 단체들과 교회들도 비슷한 프로그램을 도입하고 있다.

20세기 전문 선교의 발전은 젊은이들에게 또 다른 선교의 문을 활짝 열어 주었다. 처음에는 학생 자원 운동을 통해 대학생들이 기회를 얻었지만 이제 모든 연령대의 아이와 청소년들에게로 그 기회가 확대되었다. 이런 경향은 21세기에 들어서도 지속되고 있다.

제3세계 선교사들

제3의 물결의 가장 큰 변화는 제3세계 선교사들의 급부상이다. 아프리카, 남미, 중동, 아시아 국가의 선교사들이 선교 현장에서 두각을 나타내고 있다. 마치 선교의 성화가 서양인에게서 남반구와 동양인에게로 넘어간 듯한 모양새다. 하지만 이런 현상이 세계 복음화를 급진전시키는 중이다.

2006년 3월호 '크리스채너티 투데이'(Christianity Today)지에는 '미션 임파서블'이라는 제목으로 아주 흥미로운 기사 하나가 실렸다. 이 기사를 작성한 롭 몰(Rob Moll)은 한국인들의 선교 활동을 면밀히 분석한 뒤, 제3세계 선교가 마지막 세기에 제자리를 찾았다고 평가했다. 1973년에는 전 세계적으로 비서구권 선교사들이 3,411명이었으나 현재는 그 수가 십만 명을 훌쩍 넘어서 정확한 통계를 내기도 어려울 정도이다. 미국과 캐나다의 개신교 선교사들을 전부 합친 십일만 이천 명과 맞먹는 숫자라고 보면 된다.[25]

바야흐로 제3세계 선교사들의 시대가 활짝 열렸다! 하지만 이것이 다가 아니다. 중국인들이 '백 투 예루살렘' 운동을 전개하고 있다면 다음 세기에는 아마도 천만 이상의 중국인 성도들이 선교 현장으로 몰려올 것이다.[26] 세상의 조물주인 하나님 자신이 복음 전파 방향을 서쪽으로 설정하셨다. 이제는 중앙아시아와 서부 아시아를 최전방으로 삼으실 것이고, 언젠가는 이천 년 전 모든 것이 시작된 바로 그곳으로 되돌아가게 하실 것이다.

모든 국가와 모든 연령대의 사람들이 세계 선교에서 자신의 자리를 차지하기까지 이천 년이 걸렸다. 예수님은 '모든' 제자들에게 열방으로 가라고 말씀하셨다(막 16:15). 21세기에는 비로소 그 말씀이 실현될 것이다.

기술 문명의 발달 : 라디오, 비행기, 예방 백신, 텔레비전, 도시화, 세계화, 디지털 시대

앞서 인구 대이동이 세계 복음화를 앞당겼다고 언급했다. 마이클 포코크(Michael Pocock)는 이렇게 말했다.

> "역사적으로 이민을 통한 종교 전파는 첫 5세기 동안 기독교의 팽창을 가져왔다. 2000년에는 모든 교파의 그리스도인이 세계 60억 인구의 3분의 1을 차지하게 되었다. 1900년대 후반 동안 그리스도인들의 이동 인구는 전 세계적으로 한 해 육천 육백 사십 만 명에 달했다. 그러면서 중력의 중심이 비서구권 국가들로 이전하는 현상이 발생했다.…그리스도인의 대다수가 서구권에 살던 시대는 가고 그 추가 비서구권으로 기울어지고 있다."[27]

이제는 비서구권이 세계 선교의 중심 무대가 되었다. 하지만 그들이 물려받은 선교 현실은 녹록치 않다. 어쩌면 그렇기에 더 많은 가능성이 열려 있는지도 모른다.

초대 교회 시대에 로마의 광범위한 도로망과 헬라어 사용이 하나님 나라를 확장하는 데 큰 역할을 했다는 것을 이야기한 바 있다. 18세기와 19세기에는 대형 선박이 선교사들을 세계의 해안으로 실어 날랐고, 인쇄 기술의 발전으로 성경과 기독교 서적의 대량 생산이 가능해졌다. 산업 혁명으로 야기된 기계화와 생활수준의 향상 역시 기독교 선교의 약진에 한몫을 했다.

20세기에는 과학 기술과 부의 축적, 대량 이민으로 유례 없는 영적 추수를 이루었다. 여기서는 제3의 물결의 파고를 높인 시대적 동향과 수단들을 자세히 들여다보자.

먼저 자유로운 여행을 들 수 있다. 비행기, 자동차, 헬리콥터, 철도, 선박 등의 교통수단이 눈부시게 발전함으로써 몇 달씩 걸리던 곳을 이제는 단 몇 시간 만에 갈 수 있는 시대가 되었다. 그중에서도 비행기는 단기선교를 가능하게 한 일등공신이었다. 1965년 540명에 불과했던 단기선교 참여자는 2004년에 사백만 명으로 늘어났다.[28] 특히 젊은이들이 해외 여러 국가로 들어가 활발하게 단기선교 활동을 벌였으며, 그중 상당수가 성인이 된 뒤에 장기 선교사로 헌신했다.[29]

예전에는 풍력으로 가는 배를 타거나 로마의 도로를 걸어야 했기에 수개월이 걸려야 목적지에 당도할 수 있었다. 그러나 지금은 비행기로 단 몇 시간 만에도 지구 반대편에 도착할 수 있다. 데이비드 리빙스턴이 평생 여행한 거리가 약 47,000km였는데,[30] 요즘 선교사들 중에는 일 년 만에, 심지어 한 달 만에 그만한 거리를 오고가는 일이 흔하다!

지난 1900년 동안 사람들은 자유롭고 안전한 세계 여행을 엄두도 내지 못했다. 하지만 오늘날은 어린아이들까지도 "온 천하에 다니며 만민에게 복음을 전파"(막 16:15)할 수 있게 되었다.

둘째로, 현대 의학과 백신의 발전을 들 수 있다. 이는 개발도상국과 오지로 향하는 선교사들의 발병 위험을 대폭 낮추었다. 의약품은 말라리아 퇴치에 기여했고, 정수기는 깨끗한 물을 만들어냈다. 항생제는 여러 질병의 치료책이 되었고, 예방접종은 소아마비, 결핵, 장티푸스, 천연두와 같은 치명적인 질병을 막았다. 심지어 홍역, 볼거리, 백일해 같은 병에도 효험이 있었다. 예전에는 생명을 위협하던 전염병들이 지금은 거의 자취를 감춘 상태다.[31] 현대 의학의 발달로 선교사들은 자녀들을 데리고 선교지로 갈 수 있게 되었다. 또한 부모들도 걱정 없이 자신의 자녀들을 단기선교 여행에 보낼 수 있게 되었다.

셋째로 통신과 대중매체의 발달을 꼽을 수 있다. 라디오, 텔레비전, 휴대 전화, 인터넷의 발달로 이제는 수많은 사람들에게 동시에 복음을 전하는 일이 가능해졌다. 디지털 시대의 특별 혜택이라면 누구나 손가락 몇 번 까딱여서 www(World Wide Web)로 전 세계인들을 만날 수 있게 되었다는 점이다. 그로 인해 선교 사역도 수월해졌고 전략도 다양해졌다.

광케이블, 광섬유, 컴퓨터, 반도체 등이 활용되는 정보시대는 세계를 하나의 거대한 지구촌으로 만들었다. 영화 〈예수〉를 관람한 사람만도 수십억 명에 달한다.[32] 젊은이들은 인터넷으로 예수님에 대해 이야기하고 수천 킬로미터 떨어진 친구와 문자를 주고받는다. 최첨단 컴퓨터는 인간의 언어를 순식간에 통역한다. 발달된 통신 기술만 있으면 이제는 지구상 누구에게나 복음을 전할 수 있는 시대가 되었다.

넷째로, 도시화로 인해 수많은 사람들이 도시로 이주했고 이를 통해 복음 전파가 용이해졌다. 대표적인 예가 몽골이다. 예로부터 몽골은 유목민들이 주를 이룬 국가였기에 정부가 통치하는 데 어려움이 많았다. 공산주의가 정권을 잡은 1920년부터 신도시 다섯 곳이 개발되었다. 오늘날에는 국민의 절반이 몽골의 수도인 울란바토르에 모여 살고, 3분의 1이 다른 신도시들에 거주한다. 1980년대만 해도 몽골에는 그리스도인이 한 명도 없었다. 그러나 지금은 오만 명의 그리스도인이 있고 사백 개가 넘는 교회가 세워져 있다. 몽골의 기독교 지도자들은 도시에서의 전도 활동이 그 같은 결과를 낳았다고 말한다.[33]

도시화로 인해 생겨난 문제점도 많지만 복음을 다수에게 전할 수 있다는 면에서는 분명한 이점이라고 할 수 있다.[34] 어쩌면 그런 이유 때문에 요한계시록이 미래 왕국을 천국의 '도시', 새 예루살렘 '도성'으로 묘사했는지도 모를 일이다.

마지막으로 세계화로 인해 전 세계 사람들이 경제적, 사회적, 정치적, 문화적, 기술적으로 교류할 수 있다는 점을 꼽을 수 있다. 물론 세계화에는 커다란 위험 요소들(예를 들면 독재적인 세계정부 설립 같은)도 도사리고 있지만, 지구상의 모든 사람들이 비슷한 문화를 공유함으로써 기독교 진리를 더 쉽게 받아들이게 된 것도 사실이다.

전 세계 각지의 영적 각성과 부흥, 고조되는 기도의 열기, 단단해지는 성도들의 연합, 제3세계 선교사들을 동원하시는 하나님의 섭리, 획기적인 기술 문명의 발달 등의 요소들이 한데 어우러져 제3의 물결이 출렁이는 동안 세계 선교에 대규모의 수확이 이루어졌다.

Chapter 8
묵상과 토론을 위한 질문

01. 근대 선교에서 일어난 세 차례의 물결들을 하나씩 요약해서 정리해 보라. 이 물결들은 제4의 물결이 일어날 수 있는 길을 닦아 주었다. 어떤 면에서 그런가?

02. 20세기에 일어난 부흥들의 특징은 무엇인가? 지난 70년간 대규모의 영적 대각성이 일어난 국가들은 어디인가? 그러한 현상이 21세기에 어떤 변화를 몰고 왔는가?

03. 지난 40년간 당신이 직접 참여했거나 혹은 영향을 받은 기도 운동이 있는가? 그리스도인의 연합이 세계적인 중보 기도 운동의 원동력이 된 이유는 무엇인가?

04. 제3의 물결이 끝날 무렵에 새롭게 선교 현장에 등장한 선교사들은 주로 어떤 사람들이었는가? 이런 변화가 당신에게도 영향을 미친 면이 있는가?

05. 지난 100년간 선교 사역에 큰 공헌을 했던 첨단기기는 무엇이었는가? 그 중에서 당신에게 가장 중요한 것은 무엇인가?

CHAPTER·9

경이로운 변화

근대 선교 제3의 물결을 묘사할 때 가슴 벅차고 두렵기까지 한 단어를 사용하지 않을 수 없다. 바로 '변화'다.

누구나 살면서 많은 변화를 경험한다. 가족 안에서, 직장 내에서, 혹은 사회와 첨단 기기의 정신없는 변혁으로 인해 우리는 날마다 많은 것들을 겪어야 한다. 요즘 시대에 변하지 않는 사람은 도태되거나 뒤처질 수밖에 없다.

변화가 필수적인 이유는 세계화가 급속히 이루어지고 있기 때문이다. 첨단 기기의 등장으로 싫든 좋든 예전에는 상상도 못했던 상호 교류가 가능해졌다. 하나님의 웅대한 계획 속에서 이런 변화는 복음 전파에 요긴한 요소로 작용한다. 따라서 세계 선교의 측면에서 우리는 이것을 '경이로운 변화'라고 부를 만 하다.

앞서 7장과 8장에서는 제3의 물결에 관련된 인물들과 요소들을 살펴보았다. 이제는 조금 더 깊이 들어가서 제3의 물결이 일으킨 선교상의 변화들을 다각적으로 분석해 보자. 변화의 추이를 정확히 파악하려면 도표와 통계 자료들을 참고할 필요가 있다. 독자들도 시간을 들여 여기에 실린 자료들을 찬찬히 살펴보기 바란다. 무려 10억 명이 예수 그리스도의 초대에 응했다는 기쁜 소식이 그 안에 들어있기 때문이다.

선교 운동이 세계로 뻗어나가다

첫째로, 지난 이천 년간의 부흥과 기도와 연합을 통해 다양한 선교 운동이 일어났다는 사실을 기억하자. 도표1에 그중 일부가 정리되어 있다. 각 선교 운동이 세계 복음화에 어떤 영향을 주었을지 상상해 보라.

도표1 기원후 100년부터 2000년까지의 주요 선교 운동

1. 초대 교회	30-100	지중해에서 인도까지
2. 켈트족 교회	500-900	서양에서 중앙 유럽까지
3. 네스토리우스파 교회	450-1120	아시아
4. 동방 정교회	800-1100	유럽 동부/러시아
5. 가톨릭 교회	1100-1400	유럽 북부
6. 가톨릭 교회	1500-2000	아메리카 대륙, 아시아
7. 러시아 정교회	1520-1680	시베리아, 알래스카

8. 모라비안 교도	1730-1860	아메리카 대륙, 아프리카
9. 개신교/복음주의 교단	1792-2000	전 세계
10. 세계복음주의 교단		전 세계

출처: 패트릭 존스톤(Patrick Johnstone), 『교회는 당신의 생각보다 큽니다』(WEC 역간, 1999).

지중해 지역에서 시작된 복음 전파가 어떻게 확대되었는지 주의 깊게 들여다보라. 10개의 선교 운동이 각기 다른 물결을 이루며 계속해서 주의 복음을 전 세계로 실어 날랐다는 사실에 주목하기 바란다. 그러는 동안에 더 많은 국가에서, 더 많은 사람들이 참여하여 세계 선교의 다양성이 증폭되었다.

특히 9번과 10번의 선교 운동에 유의하라. 이때 역사상 처음으로 본격적인 세계화가 이루어졌다.

복음주의 교단들이 중심 무대에 서다

20세기 후반부터 지금까지 진행된 세계 선교에는 또 하나의 특이사항이 있다. 성경의 권위를 믿고 개인전도에 힘쓰는 복음주의 교단들이 주류를 이루었다는 점이다. 이것은 중대한 방향의 전환이라고 할 수 있다. 물론 기독교의 다른 교단들도 성장하고 있지만 가장 선봉에 서 있는 것은 아래 도표2에서도 보듯이 복음주의 교단들이다. 도표2에는 세계 인구당 복음주의 성도들의 비율을 보여 주고 있다(AD 100년에는 360:1, AD 1000년에는 270:1, AD 2000년에는 9.3:1로 성장했다.).

도표2 복음주의 그리스도인들의 증가

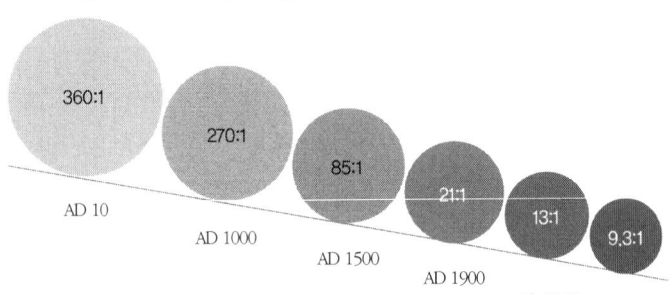

출처: Rick Wood, *Christianity: Waning or Growing?*(기독교: 쇠퇴하는가, 성장하는가?) Mission Frontiers, January/February 2003, 12.

    복음주의가 세계인구의 0%였던 때부터 1900년의 4.5%로 성장하기까지 천팔백 년이 걸렸다. 그러나 1970년의 7.1%가 되기까지는 단 70년이 걸렸고, 다시 7.1%에서 2000년의 9.7%가 되기까지는 그보다도 짧은 30년이 걸렸다. 그렇다면 이제 세계적으로 볼 때 9명의 비기독교인당 복음주의 기독교인 한 명이 있는 셈이다.

    랄프 윈터는 "세계인구가 급속히 증가하고 있지만 성경을 믿는 신실한 그리스도인들의 수는 그것을 능가해 어느 종교나 운동보다 빠르게 늘어나고 있다. 15년마다 배로 늘어나는 중이다"라고 말했다.[1]

141개의 복음화 된 국가들

이제는 국가들의 위상이 달라졌다는 사실에 하나님께 찬양을 올리자! 최초의 '선교 통계가'였던 윌리엄 캐리는 1792년에 출판한 자신의 연구(Enquiry) 논문에서 복음이 전해지지 않은 국가가 백 개가 넘는다고 말했다.[2] 하지만 현대의 선교 연구가 토드 존슨은 2010년에 완전히 복음화 된 국가가 141개국, 절반 정도 복음화가 진행된 국가가 59개국이며 복음화 진행 정도가 50% 이하인 곳은 38개국 뿐이라고 발표했다.[3]

1792년에는 미전도 국가가 100개 이상이었는데 2010년에는 그 수가 38개로 줄어들었다. 불과 250년도 안 되는 시기에 이토록 놀라운 일이 벌어진 것이다!

남아 있는 미전도 종족들

다른 한편으로는 195-267개국에 사는 미전도 종족들에게도 눈에 띄는 변화가 나타났다(종족들의 국적과 거주영역이 다양하기 때문에 국가 수를 한정할 수 없다.). 패트릭 존스톤은 『교회는 당신의 생각보다 큽니다』라는 책에서 이 세상에 사는 종족들의 수가 대략 만 삼천이라고 밝힌 후, 도표3에서 보듯이 지난 세기 동안 그들에 대한 복음화가 빠르게 진행되었다고 말했다.

도표3 2000년에 걸친 미전도 종족 복음화 현황

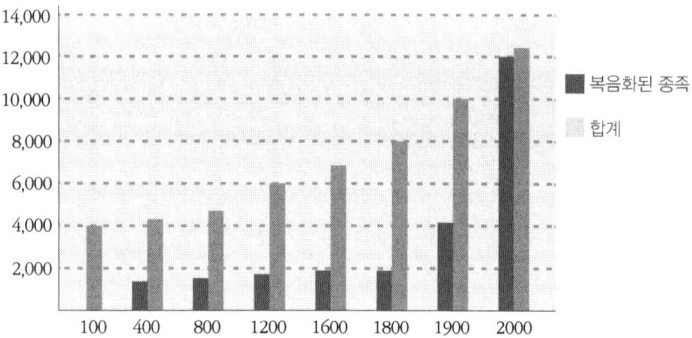

출처: 패트릭 존스톤(Patrick Johnstone), 『교회는 당신의 생각보다 큽니다』(WEC 역간, 1999).

복음화된 종족의 그래프 수치가 1900년부터 급상승한 점에 유의하기 바란다. 제3의 물결동안 미전도 종족 복음화에 초점을 맞춘 덕분에 수많은 종족과 방언과 민족과 국가들에 복음이 전해지는 결과를 낳았다. 바야흐로 우리는 사상 처음으로 지상 대위임령의 성취가 눈앞에 보이는 지점에 도달했다.

세상의 모든 종족들 안에 교회가 개척되기를 바라는 선교 단체와 교회들이 모여 FTT(Finishing the Task)라는 조직을 결성했다. FTT는 지난 몇 년간 Call2All 집회와 연합해서 남아 있는 미전도 종족의 복음화에 박차를 가하기로 했다. 2,700개의 미전도 종족은 인구가 10만 명이 채 안 되는 소수 민족이다. FTT 지도자들이 파악한 바에 따르면, 그중 639개의 종족들은 아직 어느 교회나 단체도 선교대

상으로 삼지 않았다. 하지만 이 책이 집필되는 동안 366개의 종족이 선택되었고, 234개의 종족들에 교회가 개척되고 있다는 반가운 소식이 전해졌다. 이 운동의 지도자들은 앞으로 수년 내에 남은 종족에게도 복음이 들어갈 것이라 예상하고 있다.[4] 이제 남은 과제는 개인과 교회, 단체들이 앞장서서 남아 있는 2,700개의 소수 민족을 복음화하는 일이다.

선교 무대의 새로운 얼굴들

제3의 물결의 핵심이라 할 수 있는 선교 인력 면에서 어떤 변화가 일어났는지 통계 수치로 확인해 보자. 간략히 말해서, 하나님 군대의 구성원이 서양의 백인들에서 제3세계(아프리카, 아시아, 남미, 태평양 제도에 있는 개발도상국들) 사람들로 바뀌고 있다는 뜻이다. 지난 50년간 기독교의 중심이 제3세계, 특히 지구의 남반구로 옮겨졌다. 릭 워렌(Rick Warren)은 이렇게 말한다.

"지난 50년간 사상 유례없는 종교의 재분포가 이루어졌다. 예를 들어 1900년에는 그리스도인의 71%가 유럽에 살았는데, 2000년에는 그 수가 28%로 줄었다. 반대로 1900년에는 아프리카 인구 중 그리스도인은 10%(천만 명)에 불과했으나, 오늘날에는 50%(삼억 육천만 명)에 이른다. 한 대륙에서 역사상 어디에서도 찾아볼 수 없는 대반전이 일어났다. 중국은 미국보다 그리스도인의 수가 더 많다. 가나의 장로교인들이 스코틀랜드의 장로교인 수보다 많다. 인도의 나갈랜드 주가 미국 남부보다 침례교인의 수가 더 많다. 우간다와 르완다, 나이지리아는 영국보다 성공회 신자 수가 더 많다. 정말로 놀랍고도 획기적인 변화가 아닐 수 없다. 기독교의 미래가 궁금하다면 개발도상국들을 보라. 아프리카와 라틴 아메리카, 아시아에 기독교의 미래가 있다."[5]

아프리카와 남미와 태평양 제도와 아시아에서는 믿기 힘들 정도로 교회들이 급성장을 하고 있어 이 지역에서 파송되는 선교사들의 수도 자연히 증가하고 있다. 도표4를 통해 세계 선교의 인적 자원이 어떻게 바뀌었는지 확인해 보라.

도표4 전 세계 파송 선교사 현황

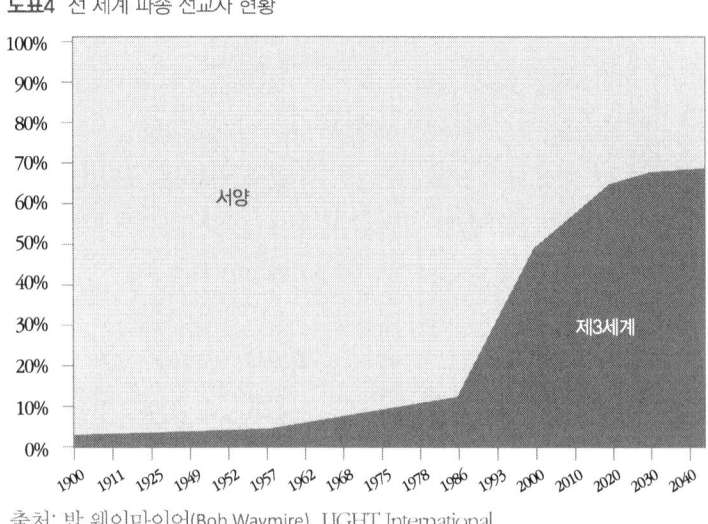

출처: 밥 웨이마이어(Bob Waymire), LIGHT International.

위의 도표는 제3세계 선교사들이 30년 만에 얼마나 큰 폭으로 증가했는지를 똑똑히 보여 주고 있다. 1900년만 해도 제3세계 국가에서 파송되는 선교사는 극히 적었다. 그러나 현재는 삼십만 육천 명의 제3세계 선교사들이 전통적으로 기독교 국가였던 곳에서 선교 사역을 하며, 만 삼천 명은 복음화 된 국가에서, 만 이백 명은 복음이 전해지지 않은 26개의 미전도 국가에서 복음을 전하고 있다.[6]

이런 현상을 보여 주는 대표적인 예가 국제 YWAM이다. 내가 처음 사역을 시작했던 1974년에는 전임 사역자 삼백 명 가운데 99%가 백인이었다. 지금은 전 세계 150여 국가에서 모인 16,000명의 전임 사역자 중 60%가 비서양인이다. 브라질은 제2의 선교사 파송국이고 한국이 3위로 빠르게 부상하는 중이다.[7]

선교지에서 선교 파송국으로 변화하는 국가들을 보면 이런 추세는 더욱 분명해 진다. 도표5는 가장 최신 통계 자료다.

도표5 세계 10위권 안에 드는 선교사 파송국

순위	국가	파송 선교사 수(대략)
1위	미국	127,000명
2위	브라질	34,000명
3위	프랑스	21,000명
4위	스페인	21,000명
5위	이탈리아	20,000명
6위	대한민국	20,000명

7위	영국	15,000명
8위	독일	14,000명
9위	인도	10,000명
10위	캐나다	8,500명

출처: Todd Johnson, *The Atlas of Global Christianity*(세계기독교총람)(Edinburgh: Edinburgh University Press, 2009), 310.

선교의 외양이 빠르게 변하고 있다. 유대인, 로마인, 유럽인, 미국인들이 풍미하던 시대는 가고 유색인들이 세계 선교를 주도하는 시대가 열렸다.

선교 단체와 선교사들의 수도 증가했다. 1980년에는 천팔백 개의 복음주의 선교 단체에서 7만여 명의 선교사들을 파송했지만, 현재는 복음주의 선교 단체 사천 곳에서 25만 명 이상의 선교사을 200여 개국에 파송하고 있다.[8]

놀라운 변화!

이천 년의 세월 동안 기독교 선교가 얼마나 성장했는지, 특히 최근 60년간 얼마나 달라졌는지를 살펴보면 놀라지 않을 수 없다. 그동안 선교의 물결이 여러 차례 있었고 많은 국가와 그리고 수천 개의 종족이 복음을 받아들였다. 그리하여 20억에 달하는 사람들이 예수님을 구주로 영접했다.

그러나 우리의 과업은 아직 끝나지 않았다. 여전히 복음을 듣고 거듭나야 할 사람들과 국가가 우리를 기다리고 있다.

나는 21세기에 제4의 선교 물결이 일어날 것을 확신한다. 부흥의 쓰나미가 몰려와서 그리스도의 축복이 각 국가와 종족과 가정에 임할 것이다(계 5:9).

그렇다면 제4의 물결은 과연 어떤 모습일까? 복음은 어디까지 다다라서 어떤 결실을 맺을까? 이어지는 장들에서는 하나님이 이제부터 무엇을 하실 지 생각해 보고자 한다. 부디 당신도 제4의 물결에서 자신의 자리를 발견하기를 바란다.

Chapter 9
묵상과 토론을 위한 질문

01. 도표1에 나오는 주요 선교 운동에 대해 토론하라. 이 중 어떤 운동이 당신의 국가에 영향을 미쳐서 당신을 구원으로 인도했는가?

02. 지난 250년간 기독교 인구는 얼마나 증가했는가? 윌리엄 캐리는 오늘날과 같은 세상을 예상했다고 보는가? 그 이유는 무엇인가?

03. 미전도 종족들이 지금도 복음화 되고 있다고 생각하는가? 당신과 당신의 교회는 어떻게 기여를 하고 있는가?

04. 최근 들어 어떤 국가들이 세계 선교에 앞장서고 있는가? 21세기 선교사들은 어떤 사람들인가? 앞으로 어느 국가가 가장 많은 선교사를 파송하게 될 거라고 생각하는가?

3부

제4의 물결

"근대 선교 제4의 물결에서는
모든 연령대와 국적의 성도들이 삶의 모든 영역에서
선교사가 되어 혁신적인 첨단 기술과 친밀한 인간관계를 통해
이 세상 모든 사람들에게 복음을 전하게 될 것이다."
— 론 베이미(Ron Boehme)

CHAPTER·10

모든 연령대

지난 선교의 물결들에 대한 분석을 토대로 3부에서는 21세기 선교가 어떤 모습을 하고 있는지 살펴보려고 한다. 왼쪽 페이지에 있는 문장이 그 요약이다.

이런 전망을 제시하는 게 나뿐만은 아니다. 국제 YWAM의 미대륙 현지 책임자이자 브라질 선교동원가 짐 스타이어는 제4의 물결이 가진 특성을 여덟 가지로 설명했다. 몇 가지 부분과 용어만 제외하면 내 생각과 거의 일치한다.[1] 성령님이 여기에 무언가를 보태거나 두드러지게 하신다면 그건 순전히 하나님의 섭리일 것이다. 미래를 알고 계시는 분은 오직 하나님뿐이니.

제4의 물결에 나타난 첫 번째 특징은 획기적이다. 사상 처음으로 모든 연령대의 사람들, 즉 어린이, 청소년, 성인, 노인들이 세계 선교의 현장에서 각자의 몫을 담당하게 될 것이다. 한 때 세계 선교는 성인 남성들의 독무대였다. 그러나 현대의 영적, 경제적, 기술적 발전으로 모든 연령층이 선교 사역에 동참할 수 있게 되었다. 하나님은 남녀노소 누구나 복음 전파에 참여하기를 바라신다.

인간은 자기 세대만을 살 수 있는 존재이기 때문에 세계를 보는 시야가 좁다. 모든 연령층의 사람들이 전 세계에서 선교 사역을 하게 될 것이라고 하면 요즘 사람들은 당연하지 않느냐고 묻는다. 하지만 앞에서도 보았듯이 이것은 최근에서야 가능해진 일이다.

1960년대까지만 해도 선교 현장에는 성인 남녀들만 가득했다. 개중에는 어린 사람들도 있었지만 어쨌든 그들도 20세 이상의 성인이었다. 식인종과 맹수가 우글거리고 약도 구할 수 없는 곳에서 어린이와 청소년이 사역을 하기란 불가능했다.

사실 세 번의 선교 물결에는 공통된 문제가 있었다. 선교사로 떠날 때 어린 자녀를 고국에 남겨두거나 영국, 유럽, 미국 등지의 기숙 학교에 보내야만 했다. 혹은 가족을 위한 부대시설을 따로 만들어 외부의 위험으로부터 어린 자녀들을 보호해야 했다. 어린 나이에 부모와 떨어졌던 아이들은 그것이 상처가 되어 훗날 부모와의 관계가 원만하지 못하거나 선교 사역에 등을 돌리고 심지어 하나님을 떠나는 경우도 있었다. 혹은 선교사 거주지에서 고립되고 외로운 삶을 살며 불신자들에 대한 연민을 잃어버리기도 했다.

이를 잘 아는 데일 커프만(Dale Kauffman)은 1976년에 국제 킹스키즈(KKI)를 창설하여 선교사 가족도 선교에 참여할 수 있도록 다리를 놓았다.[2] 데일은 중국 선교사의 아들로 태어났고 그의 부모는 공산주의 혁명이 일어나던 1948년 중국에서 빠져나왔다. 그 후 선교사 자녀(MK)로서 일본에서 성장한 데일은 부모의 사역지에서 멀리 떨어진 기숙 학교에 다녀야 했다. 이로 인해 그의 마음에는 분노와 선교에 대한 환멸이 자리잡았다. 부모와의 관계도 소원해졌다. 그러나 하나님의 은혜로 아버지를 용서할 수 있었고, 이후 가족이 함께 선교에 동참할 수 있도록 킹스키즈 사역을 설립했다.

현재 킹스키즈는 해마다 수많은 부모와 청소년, 어린이들을 훈련시켜 여름 단기선교를 보내거나 전 세계에 장기 사역자로 파송하고 있다. 우리 가족도 킹스키즈 사역에 오래 몸담았다. 1991년부터 2001년까지 20개국에 100-150명의 어른과 청소년, 어린아이들을 파송했다. 지상 대위임령을 완수하기 위해 어린아이와 청소년이 동원되는 시대에 우리 아이들이 태어나 얼마나 감사한지 모른다. 이런 시대를 살아간다는 것 자체가 대단한 특권이다. 만일 당신이 1세기 베드로 사도의 자녀였다면 결코 선교에 참여할 수 없었을 것이다. 제2와 제3의 선교 물결이 있던 19세기에 선교사의 자녀로 태어났다면 부모와 헤어져 지내야만 했을 것이다. 그러나 20세기 말이나 21세기에 태어났다면 이른 나이부터 선교에 참여하는 놀라운 특권을 누릴 수 있다. 참여하는 방법은 다양하다. 다음 내용을 보면서 한 번 생각해 보자.

힐러리는 일곱 살이 되던 해 중국 어린이들에게 담요가 필요하다는 이야기를 들었다. 그래서 자신이 아끼던 새끼 양 가죽 담요를 중국에 보내기로 결심하고, 친구들에게도 미전도 중국 소수 민족 아이들을 위해 돈을 모아 생필품을 사보내자고 제안했다. 비록 초등학생이었지만 하나님은 힐러리의 따뜻한 마음을 사용해서 교인들이 단기선교 팀을 조직해 중국에 들어가게 하셨다. 그곳의 많은 중국인 가족들은 옷과 생필품, 놀이터와 그네 등 구호용품을 받아 큰 기쁨을 누렸다.

선교사들의 전기를 읽고 미전도 종족이 있다는 것을 알게 된 아이들이 그들을 주님께 인도하기 위해 여러 가지 일들을 시도하고 있다. 힐러리가 그 대표적인 예다. 사실 초등학생이 선교지로 나갈 수는 없다. 그러나 확실한 목표와 굳은 의지만 있다면 21세기에 활용 가능한 방법으로 미전도 종족을 입양하거나 재정 모금에 일조하거나 단기선교 팀이 복음을 전하도록 도움을 줄 수 있다. 힐러리는 열 살이 되기도 전에 선교사의 삶을 살고 있는 것이다.

한나(가명)는 수줍음 많은 열네 살 소녀지만 1995년에 여름 단기선교 팀을 조직했다. 한나가 예수님과 사랑에 빠진 건 고등학교에 입학한 뒤였다. 세계 선교에 관심이 생긴 한나는 고등학교를 졸업하고 홍콩에 있는 어느 선교 팀에 들어갔다. 그리고 21살 때 중국과 인도의 수천 명과 서남아시아의 많은 국가들이 그리스도께로 나아오는 것을 목격하였다. 오늘날 한나는 세 자녀의 엄마가 되어 교회 개척 사역을 하는 남편과 함께 중국에서 살고 있다. 열네 살에 선교에 뛰어든 이후 한 번도 뒤를 돌아보지 않았다고 한다.

21세기에는 수많은 어린이들과 청소년들이 선교에 동참하게 될 것이다. 중보 기도, 재정 후원, 구제 사역, 단기선교를 비롯해 선교사 부모를 따라 현장을 섬기는 일도 하게 될 것이다. 그들에게는 정보와 자원, 기회와 첨단 기기가 있고 지상 대위임령을 완수하는 데 자신의 몫을 다하려는 열정이 있다.

'모든 연령층'에는 늦은 나이에 선교에 합류하는 사람들도 물론 포함된다. 국제 YWAM 사역자 중에는 자녀를 다 키우고 중년이나 노년의 나이에 선교사로 자원하거나 여생을 선교지에서 봉사하고 싶어 해외로 나가는 사람들이 많다. SOWERS(Servants on Wheels Ever Ready), 미션빌더(Mission Builders), MAPPERS와 같은 선교 지원 단체들은 숙련된 윗세대의 경력자를 선발해 선교 현장에 파송한다.

YWAM에서 가장 인기 있는 훈련 프로그램 중 하나는 CDTS(Crossroads Discipleship Training School)다. 이 프로그램은 중년 이상의 성도들도 선교 사역에 참여할 수 있도록 길을 열어준다. 기도와 재정 후원은 물론이고 선교지에서 엄마와 아빠 역할 혹은 할머니와 할아버지 역할로 기여할 수 있다. 나이 든 사람들도 선교사가 되기에 늦지 않았음을 보여 주는 예다.

나와 절친한 로이(Roy)라는 성도는 평생 선교 사역을 후원했는데 70대에 아내가 세상을 먼저 떠나자, 선교 여행을 다니며 주님을 위해 자신이 가진 전기 기술을 활용하고 있다. 2년 전에는 멕시코로 선교 여행을 떠났는데 그때 그의 나이가 95세였다.

제4의 물결에서는 연령의 장벽이 점점 더 낮아져 모든 사람이 선교적 삶을 살게 될 것이다. 당신도 나이에 상관없이 선교에 동참할 수 있다. 우리는 바로 그런 특권을 타고 난 세대다.

Chapter 10
묵상과 토론을 위한 질문

01. 앞선 3개의 선교 물결에서는 선교사 파송에 있어 어떤 장애와 제약들이 있었는가? 제4의 물결에서는 어떤 변화들이 일어나고 있는가?

02. 21세기의 어린이와 청소년은 어떻게 선교 활동에 참여할 수 있는가? 더 많은 어린이와 청소년이 선교 사역에 참여하도록 도울 방법은 무엇인가?

03. 은퇴자와 노년층은 이 시대에 어떻게 선교에 참여할 수 있는가? 최근에 선교 사역에 참여했던 청년들 혹은 실버세대의 사례를 들어보라.

CHAPTER·11

모든 국적

세상을 구원하려는 하나님의 계획 아래 신나는 배턴 터치가 이루어졌다.

- 이 경주의 첫 번째 주자는 유대인이었다. 고대에도 그랬고 초대 교회 시대에도 그랬다.
- 중세에 이르자 유대인들은 로마 제국의 이방인들에게 배턴을 넘겨 주었다. 그 후 수백 년간 이방인들은 선교 사역의 선두주자였다. 그로 인해 유럽인은 물론이고 아프리카에서도 많은 기독교 지도자가 탄생했다. 그들을 하나로 이어준 건 팍스 로마나(로마 지배에 의한 평화) 시대의 사회 기반 시설이었다.
- 유럽이 복음화 되고 종교 개혁으로 영적 쇄신이 일어난 뒤, 세계 선교의 배턴은 유럽인 개신교도들로 넘어갔다. 첫 번째 선교 물결이었다.

- 세계대전과 남북전쟁이 일어나는 사이 미국인들이 배턴을 이어받아 제2의 물결과 제3의 물결의 주역이 되었다.

그러나 앞에서 본 것처럼 20세기 중반부터 하나님은 남미, 사하라 사막 이남과 아시아 여러 국가에 당신의 영을 부어 주셨다. 세계 선교의 판도에는 변화가 일어나기 시작했다. 오늘날 그 배턴은 제3세계 성도들에게 넘어갔고, 이제 그들이 제4의 선교 물결을 이끌 차례이다.

제4의 물결에서는 모든 국적의 사람들이 총동원되어 선교 현장에서 함께 섬길 것이다. 이것이 하나님이 정해놓으신 세계 선교의 흐름이다. 제4의 물결은 어쩌면 세계 선교의 마지막 물결이 될지도 모른다. 하나님은 이때를 기다리셨다가 제3세계 성도들에게 배턴을 넘겨 주셨다. 이제 선교사라고 하면 선진국의 백인들이 아니라 아프리카, 남미, 태평양제도, 중동, 아시아 국가들 출신의 유색인들일 것이다. 그들의 시대가 열렸으니 주저 없이 전진해야 한다!

2010년 도쿄에서 열렸던 세계 선교 대회는 특히 이런 변화에 주안점을 두었다. 이 대회 강사로 나선 스웨덴 복음주의 연맹(SEA)의 지도자인 스테판 구스타브송(Stefan Gustavsson)이 유럽의 기독교 쇠퇴를 슬퍼하며 "와서 우리를 도와주십시오!"라고 호소했을 때 많은 이들이 깊이 공감했다. 그의 호소는 2,000년 전 바울이 보았던 마케도니아인의 환상을 떠올리게 했다. 그의 호소에 화답해서

GNMS(Global Network of Mission Structures)의 조용중 선교사가 울음을 머금고 단상에 오르자 그곳에 모인 모든 참석자들이 유럽인을 위해 한 목소리로 하나님께 부르짖었다.[1] 참으로 격세지감이 아닐 수 없다. 과거 400년간 유럽 선교사들은 제3세계 사람들에게 헌신적으로 복음을 전했다. 그러므로 21세기는 제3세계 선교사들이 보답할 차례다.

도쿄 선교 대회는 1910년에 열린 에딘버러 선교 대회의 후속으로 2010년에 네 차례 열렸던 국제 행사 중의 하나였다. 여느 대회와 마찬가지로 도쿄 대회도 세계 선교에서 일어나는 변화들을 놓치지 않았다. 데이비드 테일러(David Taylor)는 당시 상황을 이렇게 설명했다.

"2010 도쿄 대회에서 일본에서 사역하는 아프리카인 선교사가 많다는 사실에 서양인 참석자들이 놀라는 재미있는 광경을 목격했다.…아이러니하게도 오래된 선교 단체의 선교사들은 비싼 물가와 생활비 때문에 일본에서 철수하는 경우가 많았는데 하나님은 그 자리를 지구상에서 가장 가난한 국가의 선교사들로 대체시키고 계셨다!

일본의 아프리카 선교사들은 태풍과 같은 변화의 한줄기 바람일 뿐이다.… 전 세계 교회와 세계 선교 운동이 달라지고 있다. 조용중 선교사가 말하길…'심지어 서양에서 태동한 국제 선교 단체들의 사역자 대부분이 비서구권 선교사들로 채워질 날이 올 것입니다.'"[2]

2010 도쿄 대회는 비서구권 선교 지도자들이 조직, 운영, 재정 후원을 감당한 최초의 국제 선교 대회였다. 하지만 이것은 시작에 불과하다.

변화의 바람을 가장 확실히 체감할 수 있는 곳이 국제 YWAM이다. 창립 50주년이 되는 2010년에 전임 사역자들의 출신국이 무려 107개국이 되었다. 유색인들의 엄청난 도약이었다. 열정 넘치는 브라질 청년들의 헌신 덕에 YWAM 사역자를 두 번째로 많이 배출한 국가는 브라질이 되었다. 뿐만 아니라 한국, 인도, 나이지리아와 그 밖의 아시아, 아프리카 국가에서도 전임 사역자와 선교사들의 수가 늘어나고 있다. YWAM의 모든 지부가 완전히 국제적인 단체가 될지도 모른다. 지금 우리 눈앞에서 이 일이 실제로 일어나고 있다.

2010년 YWAM에는 16,000명의 해외 선교사들이 있었다. 앞으로 50년간 그 수를 20만 명까지 늘리는 게 목표이다. 그 목표를 달성하기 위한 184,000명의 새로운 선교 인력은 두말할 여지없이 제3세계에서 충원되어야 한다.

21세기의 선교사는 인구 대국인 두 나라에서 많이 나올 것으로 전망하고 있다. 바로 중국과 인도다. 지금 중국의 그리스도인들은 전 세계에 복음을 전하겠다는 사명감에 불타고 있다. 다만 정치적 상황으로 인해 자유로운 여행에 제약을 받고 있을 뿐이다. 때가 되면 하나님은 문을 활짝 열어서 구름 같은 중국 성도들을 타문화권 선교사로 보내실 것이다. 전 세계를 품에 안은 한국인들처럼 그들도 같은 비전을 품고 세상으로 나갈 것이다. 세계 선교는 그들을 두 팔 벌려 환영한다! 머지않아 세계 각지에서 차이나타운과 중국 식당뿐 아니라 중국 교회와 사역 단체도 보게 될 것이다. 중국인들이 다음 선교 물결에서 중요한 몫을 담당하리라고 믿는다. 그러므로 중국이 하루속히 자유국가가 되어 중국 선교사들이 예수 그리스도의 복음을 들고 전 세계로 나갈 수 있도록 간구해야 한다.

아울러 인도를 위해서도 기도해야 한다. 인도는 영국과 기독교의 영향을 받았지만 대다수의 국민이 빈곤층을 벗어나지 못하고 있다. 그러나 21세기에는 그들의 경제력과 선교력이 급부상할 것이다. 인도와 중국의 그리스도인들이 합력한다면 틀림없이 성령님이 강력하게 역사하실 것이다. 그러므로 아시아의 거인인 인도와 중국을 위해 하나님의 계획이 이루어지도록 열성적으로 기도하자.

아프리카, 남미, 중동, 다른 아시아 국가들의 그리스도인들이 세계 선교의 주인공이 될 것 의심치 않는다. 이미 아프리카 선교사들이 유럽 국가에 대단한 영향력을 발휘하고 있다.[3] 북미 지역에서는 남미 출신 성도들이 교회 부흥을 이끌고 있다.[4] 인도네시아와 이란, 다른 이슬람 국가의 무슬림들도 복음의 초대에 응하고 있다.[5]

다국적 교회를 세우기 위한 주요 전략은 토착화된 교회 개척 운동이다. 국제 선교부의 데이비드 개리슨(David Garrison)은 이 운동으로 교회가 폭발적으로 성장했다고 말했다.[6]

- 시간 단축 - 예전보다 빠른 시일 내에 교회를 개척할 수 있게 되었다.
- 기하급수적 성장 - 교회의 숫자가 더하기가 아니라 곱하기로 늘어나고 있다.
- 토착화 - 교회를 성장시키는 데 외부 원조에 의지하지 않고 현지 자원과 문화를 최대한 활용한다.
- 교회가 교회를 개척함 - 목회자가 아니라 일반 평신도들이 교회 개척에 앞장선다.

개리슨은 교회 개척 운동에 열 가지 요소들이 필요하다고 밝혔다. 기도, 헌신적인 복음의 씨뿌리기, 계획적인 교회 개척, 성경적이고 은혜로운 설교, 진실하고 모범적인 삶, 지역 사회 봉사, 평신도 지도자, 가정 교회, 교회가 교회를 개척함, 빠른 배가가 그것이다. 이런 요소들이 갖춰지면 예배와 전도, 제자 훈련과 봉사, 그리고 친교 중심의 건강한 교회를 세울 수 있다.[7]

전 세계의 많은 국가에서 교회 개척 운동이 일어나고 있다. 앞으로 제4의 물결은 사랑과 섬김의 물결이 될 것이며 그로 인해 땅끝까지 복음이 전파될 것이다. 이 물결의 구성원들은 사상 최초로 다국적, 다인종 성도일 것이다. 또한 이러한 연합은 예수 그리스도의 복음의 일부이다.

Chapter 11
묵상과 토론을 위한 질문

01. 초대 교회 시대의 선교사들은 주로 어떤 국가 혹은 지역의 성도들이었는가? 제1의 물결의 선교사들은 주로 어떤 대륙의 성도들이었는가?

02. 제3의 물결 동안 선교사들의 국적은 어떻게 다양해졌는가? 제4의 물결에서는 어떤 특이한 변화가 있을 것인가?

03. 21세기 선교에서 전략적으로 중요한 위치에 있는 두 국가는 어디인가? 그들이 세계 복음화에 기여하기 위해서는 어떤 일들이 선행되어야 하는가?

04. 교회 개척 운동이 중요한 이유는 무엇인가? 당신과 당신의 교회는 이 운동에 어떻게 참여할 계획인가?

CHAPTER·12
세상 모든 사람들에게

예수님은 제자들에게 "온 천하에 다니며 만민에게 복음을 전파하라"고 하셨다(막 16:15). 초대 교회 교인들은 이 말씀에 순종하여 구원의 메시지를 들고 로마 제국 전역을 돌아다녔다. 그 시기에 하나님의 역사가 얼마나 왕성했던지 사도 바울은 "이 복음이 이미 너희에게 이르매 너희가 듣고 참으로 하나님의 은혜를 깨달은 날부터 너희 중에서와 같이 또한 온 천하에서도 열매를 맺어 자라는도다"(골 1:6)라고 감탄해 마지않았다.

기독교는 수 세기 동안 성장을 거듭하다 중세 시대에 쇠퇴의 길로 접어들었다. 그러나 선교 활동은 오히려 로마 제국을 넘어 더 멀리까지 확장되었다. 윌리엄 캐리는 당시 세계인구 칠억 삼천백만 명 중에서 사억 이천 만 명이 어둠 속에 있는 이교도라고 개탄했다.[1] 캐리가 살던 시대에는 세계인구의 57.5%가 예수 그리스도의 복음을 한 번도 들어본 적이 없었다.

2010년이 되자 세계인구는 윌리엄 캐리가 추산했던 숫자의 10배가 넘는 67억 명이 되었다. 앞선 세 개의 선교 물결이 여러 대륙들을 휩쓸면서 40억 명에게 그리스도의 복음이 전해졌다. 이제는 40.7%에 달하는 27억 명이 복음의 사각지대에 살고 있다. 분명 좋은 소식이기는 하지만 여전히 갈 길이 멀다는 것도 부인할 수 없다.

앞으로 세계인구가 얼만큼 증가할지는 아무도 확실히 예측하지 못한다. UN은 2050년까지 최소 75억 명에서 최대 106억 명까지 늘어날 것으로 추산한다.[2] 향후 200년간 벌어질 상황에 대해 UN은 127쪽짜리 보고서를 통해 다각적인 관측을 내놓았다. 2300년에는 세계인구가 364억까지 팽창하거나 최대 23억까지 줄어들 수 있다고 한다.[3] 말하자면 세상에서 가장 똑똑한 사람들도 세계인구가 앞으로 어떻게 될지는 예상하지 못한다는 뜻이다. 그러나 하나님은 아신다. 또한 그분은 복음이 세상 모든 사람들에게 골고루 전해지기를 원하신다. 제4의 물결이 그 일을 가능하게 할 것이다.

현재 이 세상에는 20억이 넘는 사람들이 스스로를 그리스도인이라고 말한다. 기독교가 인류 역사상 가장 많은 신도수를 가진 최대의 종교가 된 것이다. 만일 이 많은 그리스도인들이 선교를 위해 기도하고 헌신하며 재정을 후원하면서 첨단 기기들을 활용해 선교에 참여한다면, 남은 수십억의 사람들이 복음을 듣게 되는 것은 시간문제일 것이다.

앞장에서도 말했듯이 미전도 종족을 입양하고 전도하려는 노력이 세계적으로 활성화되고 있다. 한 예로, 최근에 열린 어느 국제 선교 대회에서는 인구 오만 명이 넘는 639개의 미전도 종족이 선교 지도자들에게 소개되었다. 선교 단체 지도자들은 그중 171개 종족들을 선택해서 앞으로 3-5년 사이에 선교 팀을 파송하기로 했다.[4] 제3세계 선교사들이 제4의 물결에 합류하면서 이런 일들은 더욱 보편화되고 있다.

전 세계 주요 선교 단체와 교단들의 연합 기구인 Call2All은 수많은 국제 대회를 통해서 미전도 종족들에 대한 구체적인 복음화 전략을 실행하는 곳으로 유명하다.[5] Call2All이 갖고 있는 주요 전략 중 하나는 데이비드 해밀턴(David Hamilton)이라는 전략가가 개발한 '프로젝트 4K'다.[6] 이것은 세계 지도를 4,000스퀘어 단위로 나누어서 그 안에 있는 마을과 도시, 국가를 위해 집중적으로 기도하고 그곳을 복음화하는 전략을 말한다.

프로젝트 4K에는 다음과 같은 원리가 숨어있다. 첫째, 지상 대위임령을 완수하는 게 우리의 임무라는 성경적 세계관을 갖고 있어야 한다. 둘째, 전 세계 모든 그리스도인들이 복음을 모든 종족, 모든 지역, 모든 영역에 전하는 데 적극적으로 참여한다(프로젝트 4K는 '모든 사람들'에 초점을 맞춘다). 셋째, 그리스도인들이 없는 곳을 찾아낸다. 예수님은 이렇게 말씀하셨다. "너희 중에 어떤 사람이 양 백 마리가 있는데 그중의 하나를 잃으면 아흔아홉 마리를 들에 두고 그 잃은 것을 찾아내기까지 찾아다니지 아니하겠느냐"(눅 15:4). 실제로 프로젝트 4K에서는 디지털 세계 지도(구글의 기독교 버전쯤 되는)를 사용해서 교회가 없는 곳을 파악하고 있다.

마지막으로 프로젝트 4K는 새로운 관점으로 지리학에 접근한다. 현존하는 지역 경계선을 재조정해서 정해진 인구수만큼 새로운 지역을 설정하는데, 이를 '오메가 존'(Omega Zone)이라 부른다. 이것은 복음화의 진행 상황을 토대로 인구와 관련된 다양한 경계를 정하여 가장 시급하게 선교 사역이 필요한 곳을 알아보기 위함이다. 오메가 존에는 세 가지 형태가 있는데 기본적으로 이곳은 하나님의 사랑이 절실한 지구상의 '최후의 지역들'이다.

1. 복음이 전혀 전해지지 않은 곳(World A). 오메가 존당 인구는 300만 명으로 제한함.
2. 복음이 부분적으로 전해진 곳(World B). 오메가 존당 인구는 600만 명으로 제한함.
3. 복음이 전체적으로 전해진 곳(World C). 오메가 존당 인구는 900만 명으로 제한함.

프로젝트 4K의 목표는 전 세계 그리스도인들이 오메가 존 하나를 입양하여 집중적으로 기도하고, 이곳에 개인적으로 방문하거나 선교 팀을 파송하며, 재정을 후원하거나 장기 선교를 하는 것이다. 만일 교인이 사천 명인 교회에서 교인 한 명당 오메가 존 하나를 입양한다면 전 교인이 세계 복음화에 동참하는 셈이다. 그보다 작은 교회들은 오메가 존 몇 곳을 입양해서 중보 기도와 선교 여행에 집중하면 된다. 중고등부와 청년부, 혹은 구역이나 소그룹에서도 얼마든지 할 수 있다. 평신도들은 개별적으로 오메가 존 하나에 마치 레이저를 쏘듯이 평생 그곳에 관심을 기울이는 것으로 복음화에 기여할 수 있다.

나는 몽골에 있는 오메가 존 하나를 입양해 지금까지 13년간 기도하며 일 년에 한두 차례씩 그곳에서의 전도와 구호 활동에 참여하고 있다. 또 정부 보조금을 신청해서 과거 소련의 위성 도시였던 이 지역의 빈민들이 창업을 할 수 있게 도와주었다. 더불어 현지 목사와 청년 지도자들을 위한 훈련 프로그램을 만들고 스포츠 선교 팀을 초청해 불교 국가인 이곳에 복음이 전해지도록 애쓰고 있다.

내가 몽골을 위해 일하는 동안 하나님은 다른 성도들을 일깨워 이 사역에 합류하게 하셨다. 처음 몽골에 갔을 때만 해도 전국에서 그리스도인이 몇 천 명밖에 되지 않았지만 지금은 오백 개의 교회에 오만 명이 넘는 그리스도인들이 있다. 그들에게는 2020년까지 국민의 10%를 복음화 하겠다는 원대한 포부가 있다. 현재 몽골의 그리스도인들도 오메가 존을 입양하여 최선을 다해 복음 전파에 힘쓰고 있다.

나는 나의 오메가 존을 골랐다. 당신은 어떻게 하겠는가?

인류 역사상 지금처럼 세계 복음화를 위한 인력과 자원, 노하우가 골고루 갖추어진 적이 없다. 역사(his story)의 물결들이 흐르고 있다. 예루살렘에서 해안으로, 해안에서 내지로, 내지에서 미전도 종족으로, 그리고 이웃의 모든 사람들에게로…

Chapter 12
묵상과 토론을 위한 질문

01. 오늘날 세계에는 자신을 그리스도인이라고 고백하는 사람들이 얼마나 있는가? 복음을 전해 들은 사람들은 몇 명인가? 아직 복음을 전해 듣지 못한 사람들은 몇 명인가?

02. 당신은 21세기 그리스도인들이 예수님의 지상 대위임령을 성취할 것이라고 보는가? 그 이유는 무엇인가?

03. Call2All과 프로젝트 4K는 어떤 면에서 효과적인 선교라고 생각하는가? 당신이 입양하고 싶은 오메가 존이나 미전도 종족이 있는가?

04. 어떤 종족과 국가를 입양해야 할지 알려달라고 하나님께 기도하라. 하나님이 알려주신 종족이나 국가가 있다면 그들을 위해 어떻게 기도하고 어떤 도움을 주어야 하는지를 찾아보라.

CHAPTER·13
혁신적인 첨단 기술의 사용

산업 혁명이 그랬듯 최근에 일어난 정보 혁명도 세계 복음화의 훌륭한 촉매제가 되었다. 지난 150년간의 기술력 향상과 커뮤니케이션의 발달이 주요 요인이라 할 수 있다. 이것은 모두 역사를 지휘하시는 하나님의 섭리였다.

하지만 과거로 거슬러 올라가면 이야기가 달라진다. 카이사르 시대부터 조지 워싱턴 시대까지 1800년이 넘는 기간 동안 세계의 기술력은 별다른 진전을 이루지 못했다. 군대의 전투 무기도 그랬고 농업 기술도 마찬가지였다. 그런데 1760-1850년 사이에 발생한 산업 혁명으로 농업, 섬유 산업, 제철 공업, 교통과 통신, 경제 정책, 사회 구조에서 혁신적인 변화가 일어났다. 이는 세계 선교에도 지대한 영향을 끼쳤다. 여러 분야의 혁신으로 이동이 수월해졌고 선교 후원금 모금과 선교지와의 활발한 소통이 가능해졌다.

20세기에는 자동차, 전화, 라디오, 텔레비전, 비행기, 예방 접종 등의 신문명이 등장함으로써 세계 곳곳을 다니며 복음을 전하기가 한결 수월하고 안전해졌다. 1844년 5월 24일, 볼티모어와 워싱턴 DC를 잇는 전신선이 개통되었을 때 사무엘 모스(Samuel Morse)가 한 유명한 말이 있다. "하나님이 행하신 놀라운 일을 보라!" 지금은 우리가 그 탄성을 내지를 지경이다. 현재 과학 기술의 발달은 세상을 변화시킬 뿐 아니라 세상이 움직이는 방식 또한 바꾸어 놓았다. 더불어 마음만 먹으면 어디든 갈 수 있도록 지구를 축소시켰다. 따라서 21세기 그리스도인들은 모든 이들에게 그리스도의 복음이 전파될 수 있도록 이러한 기술들을 최대한 활용해야 한다. 그렇다면 이제 첨단 발명품들이 선교의 유용한 도구로 사용된 예를 알아보도록 하자.

라디오

오래 전에 발명된 통신 매체이긴 해도 라디오는 여전히 전 세계에서 가장 요긴하게 사용되는 선교 도구이다. 160개국에서 200여 언어로 방송되는 극동방송(FEBC)은 1952년부터 아시아와 태평양 제도에 그리스도의 사랑을 전해왔다.[1] 트랜스월드 라디오(TWR) 역시 전 세계 32개 송출소에서 150개 언어로 방송하는 초교파 기독교 단체다.

    TWR에서 최고 정보 책임자로 일하는 스티브 샨츠(Steve Santz)는 이렇게 말했다. "평생 단 한 번도 인터넷 기사를 검색하거나 트위터 메시지를 보내거나 이메일을 열어볼 일이 없는 수십억 명의 사람들을 늘 생각합니다. 세계인구의 대다수를 차지하는 이런 사람들이 가끔 저희 방송을 듣기 때문에 라디오 방송은 전도에 가장 효과적인 방법이라고 할 수 있지요." 맞는 말이다. 아프리카에서는 인터넷 사용자가 160명 중 1명, 컴퓨터 소유자는 130명 중 1명, 텔레비전 소유자는 35명 중 한 명이다. 하지만 라디오는 3명 중 1명이 소유하고 있다.[2]

개발도상국에는 여전히 라디오가 주효하다. 유럽 연합의 대표인 렉스 거츠(Lex Gerts)는 "아직도 기술 문명의 발달이 요원한 국가에서는 라디오가 제일 경제적이고 멀리까지 미칠 수 있는 통신 수단이다."라고 말했다.[3] 그러므로 21세기에도 라디오의 영향력은 더욱 확장될 것이다.

텔레비전

우리 집에 처음으로 컬러 텔레비전이 놓였던 1960년의 어느 날이 어제처럼 생생하다. 그때 나는 '오즈의 마법사'를 신기한 눈으로 시청했다. 당시만 해도 상업용 TV는 10년 남짓밖에 안된 신문물이었다. 지금은 전 세계에 14억 개의 텔레비전이 보급되어 있어서 50억 명의 사람들이 뉴스, 드라마, 예능을 마음대로 감상할 수 있다.[4]

기독교 방송의 개척가였던 팻 로버트슨(Pat Robertson)의 CBN

(Christian Broadcasting Network)은 1961년에 TV를 매개로 복음을 전파하기 시작했는데 1977년에는 미국 최초의 케이블 방송이 되었고, 지금은 인공위성을 통해 218개 국가에 방송을 송출한다. 중국어를 비롯해 터키어, 스페인어, 웨일스어 등 언어도 다양하다. 현재까지 CBN 방송과 전도 여행을 통해 수많은 사람들이 예수님을 영접했다.[5]

TBN(Trinity Broadcasting Network)은 1973년에 폴 크라우치(Paul Crouch)가 설립했다. "전 세계를 아우르는 기독교 방송망을 세우고 싶었다"는 게 그의 포부였다.[6] 현재 TBN은 33개의 국제 위성과 오천 개의 방송국을 소유한 세계 최대 기독교 방송국으로 성장했다. 또한 기독교 영화의 주요 제작사이자 미국 3대 도시에 가상 현실 극장을 갖고 있을 만큼 최첨단 기술을 유용하게 사용하는 것으로도 정평이 나 있다.

그밖에도 전파를 통해 복음을 전하려는 텔레비전 방송국과 방송 사역이 많아졌다. 영국에서 로리와 웬디 알렉(Rory & Wendy Alec)이 1995년에 설립한 GOD TV는 현재 이스라엘에 본거지를 두고 기독교 방송의 새 경지를 개척하고 있다. 그들의 목표는 '전 세계 불신자들에게 복음을 전하고 그리스도인들을 훈련하는 것'이다.

2004년 스리랑카의 쓰나미 사태를 보도하던 GOD TV 특파원이 북동 해안의 임시 거처에 살고 있던 여성 한 명을 취재하게 되었다. 샤라와티라는 이름의 이 여성은 쓰나미로 가족과 모든 것을 잃은 상태였다. GOD TV에서는 모아 놓은 구호 기금으로 작은 평수의 땅을 사서 전기와 수도 시설을 갖춘 집을 지어주었다. 침실 2개와 주방, 화장실과 샤워실이 구비되어 있었다. 게다가 텔레비전도 있어 이슬람교, 힌두교 이웃들과 GOD TV를 시청할 수 있는 집이었다. 텔레비전 사역을 통해 사람들이 주님께 돌아오고 있다.[7]

현대인들은 텔레비전 없이는 못 사는 사람들이다(큰 화면뿐 아니라 손 안의 스마트폰까지). 이 세대는 이런 기기들을 통해 예수님의 구원 소식을 온누리에 전하게 될 것이다.

영화

요즘 같은 정보 통신 시대에 존재감을 과시하는 또 다른 도구는 바로 영화와 드라마다. 특히 예수님을 모르는 사람들에게 복음의 진리를 감동적으로 전해 준 영화가 하나 있다.

『목적이 이끄는 삶』의 저자 릭 워렌(Rick Warren)목사는 "영화 〈예수〉야말로 이 시대에 가장 효과적인 전도 수단"이라고 평했다. 지금도 지구촌에서는 대학생선교회(CCC)에서 제작한 영화 〈예수〉를 보고 주님을 구주로 영접하는 일이 4초마다 일어나고 있다. 하루에 이만 천 명, 한 달에 63만 명, 일 년이면 750만 명 이상이 그리스도인이 된다는 얘기다.

선교 전문가들은 영화 〈예수〉가 '기독교 선교의 최고 비밀병기 중 하나'라고 불릴 만큼 전무후무한 전도 수단이라고 입을 모은다.

1979년부터 이억 이천 오백만의 사람들이 이 영화로 인해 예수님을 믿겠다고 결심했다. 누가복음을 바탕으로 만들어진 〈예수〉는 1,000개 이상의 언어로 번역되었으며 지금도 계속해서 새로운 언어로 번역되고 있다. 말하자면 이백 개가 넘은 국가의 사람들이 각자 자기 언어로 이 영화를 감상할 수 있다는 뜻이다. 이런 유례없는 추수가 이루어진 것이야말로 하나님의 은혜가 아닐 수 없다.

〈예수〉는 개인 전도뿐 아니라 교회 개척에도 유용한 도구로 활용되고 있다. DAWN 사역의 전 CEO였던 스티븐 스틸(Stephen Steele)은 "지난 10년간 전 세계에 세워진 모든 교회의 4분의 3은 교회 개척 과정에 영화 〈예수〉를 상영했다"고 말했다.[8]

다른 영화 제작자들도 영화의 힘을 이용해 왕의 왕이신 예수님을 필름에 담았다. 크리에잇(Create International)이라는 사역 단체는 현지의 문화와 언어로 선교용 시청각 자료를 만들어 보급하는 커뮤니케이션 선교의 선구자이다. 이 자료들로 훈련을 받은 사역자들이 방글라데시의 벵골, 중국의 장성, 세네갈의 울로프, 감비아 같은 미전도 지역에서 복음을 전하고 있다.[9] 이들은 미전도 지역의 선교를 위한 비디오 자료들을 집중적으로 제작한다.

인도의 힌두어권 영화 회사이자 세계 2위의 영화 제작사인 발리우드(Bollywood)도 이 방면에 진출해 있다. 예수님의 생애를 그린 '다야사가'라는 영화는 비자야 채다르가 제작과 주연을 맡았다. 이 영화는 인도의 대다수를 차지하고 있는 힌두어권 사람들에게 기독교를 알리는 강력한 전도 수단이다. AICC(All India Christian Council)의 총재인 조셉 드수자는 이렇게 말했다. "다종교 문화를 가진 인도에서는 예수님의 생애를 선전하는 것이 사람들을 교회로 인도하는 현명한 방법입니다. 그렇기에 인도의 영화 사역자들이 믿음의 첫걸음을 뗄 수 있는 기반을 만들어 주고 있는 것이죠."[10]

OM(Operation Mobilization) 출신 선교사들로 이루어진 140개 팀이 인구 세계 2위의 인도에 들어가서 전도지와 영화를 현지 교회에게 배포하고 있다. "영화를 본 뒤 관람객의 5-10%가 예수님을 구주로 영접하겠다고 결심한다."라고 OM의 인도 서부 책임자인 쿠마르 스와미는 전했다. "우리는 그들의 비기독교적 이름을 개명하라거나 신전 참배를 그만두라고 강요하지 않습니다. 시간이 지나면 그들 스스로 그렇게 하니까요." 쿠마르 스와미는 영화 사역을 통해 인도 남부에 천 개의 교회를 개척한다는 목표를 세웠다.[11]

요즘 영혼 구원을 위해 비디오 제작과 편집 기술을 연마하는 젊은이들이 많다. 하나님은 역사상 가장 위대한 스토리인 복음을 구상하고 연출과 각본, 감독까지 맡은 분이시다. 그렇기에 복음의 스토리를 담은 필름이 진리의 매개체로 각광받고 있는지도 모른다.

스토리텔링과 예술

21세기 선교라고 해서 언제나 최첨단 기술력만 사용되는 것은 아니다. 오늘날 전 세계 선교 사역에서 혁신적 전략으로 떠오르는 방법은 미전도 종족을 위한 구두(口頭) 선교이다. 기본적인 '스토리텔링'에 현대 기술력을 더해 그 효과를 극대화하는 것이 제4의 물결에 빠질 수 없는 선교기법 중 하나다.

영화 〈예수〉를 제작했던 'Finishing the Task'의 책임자 폴 에슐만(Paul Eshleman)은 이 기법의 중요성을 다음과 같이 설명했다.

> "구두 기법을 통한 전도는 이제 막 진가를 발휘하는 신선한 아이디어라고 생각한다. 구두 문화권의 사람들은 속담과 음악, 시를 좋아하고 특히 이야기를 좋아한다. 따라서 선교 지도자들은 우리가 사용하는 전도, 제자 훈련, 교회 개척 전략의 효율성을 다시 생각해 보아야 한다."[12]

세계 최대 선교 단체인 남침례협의회(SBC)의 국제 선교부에서는 활자보다 말로 복음을 전하는 것을 21세기 선교의 주요 전략 중 하나로 채택했다. 중요한 진리와 정보들을 쉽게 기억할 수 있는 형태로 전달하겠다는 것이다. 속담이나 격언은 짧지만 강렬한 인상을 줄 수 있고, 진리와 사실들을 건조하게 열거하는 것보다 시와 노래로 전달하면 사람들의 기억에 오래 남기 때문이다.

구두 문화권에서는 속담과 시, 이야기를 구성하는 기본 틀이 잘 발달되어 있다. 이런 문화권에서 복음을 전하려면 그들에게 익숙한 방식을 사용해야 한다. 그들이 성경 내용을 이해하고 나아가 다른 사람들에게 전하게 할 가장 효율적인 방법이기 때문이다.[13] 수

단에 사는 소몰이꾼이나 콩고의 반군, 인도에 사는 민속 화가들이 구두 문화권의 대표적인 사람들이다.[14]

요즘 젊은 세대들의 예술 감각과 취향이 이전과 다르다는 것을 눈여겨본 적 있는가? 그들은 음악, 춤, 드라마, 영화, 마임, 사진, 미술, 공예 등에 재주가 있을 뿐더러 독창적인 방식으로 스토리를 담아내는 능력이 탁월하다. 혹시 하나님은 최고의 이야기꾼을 배출하기 위해 요즘의 젊은 세대를 준비시키고 계신 것은 아닐까? 준비된 그들은 세상에 '인류 역사상 가장 위대하고 감동적인 이야기'를 들려주게 될 것이다.

디지털 시대 : 컴퓨터, 인터넷, 모바일 기기

내가 첫 책을 낸 1976년에는 모든 원고를 타자기로 작성해야 했다. 작성 과정도 힘들었지만 편집이나 수정은 더 힘들었다. 그래도 몇 달 혹은 몇 년에 걸쳐 일일이 손으로 원고를 써야했던 10세기 수도승들에 비하면 아무것도 아닐 것이다.

내가 처음으로 가정용 컴퓨터를 집안에 들여놓은 것은 1983년이었다. 당시 가격은 삼천 달러였는데 지금의 가치로 따지면 거의 팔천 달러(한화 약 구백만 원)에 육박하는 거금이었다. 그럼에도 부피는 크고 메모리 용량은 작고 속도는 엄청 느렸다. 지금은 단돈 오백 달러에 구입한 노트북을 사용한다. 그럼에도 속도와 메모리는 백 배나 좋아졌고 인터넷이라는 디지털 고속도로를 통해 전 세계 자료들을 손쉽게 찾아볼 수 있다.

현 시대 최고의 발명을 꼽자면 컴퓨터와 인터넷을 들 수 있다. 휴대 전화의 대중화도 빼놓을 수 없다. 디지털 시대를 대표하는 첨단 기기들이 세상의 각 분야를 변화시켰고 사람들을 하나로 이어 좋든 싫든 지구를 하나의 마을로 만들었다. 디지털 미디어는 지난 15년간 눈부신 발전을 거듭했다. 그 결과 '디지털 커뮤니케이션 문화'도 생겨났다.

휴대 전화의 예를 들어보자. 현재 전 세계에서 사용되고 있는 휴대 전화는 약 30억 개에 달한다. 세계인구의 절반이 사용하고 있는 셈이다. 심지어 아프리카의 휴대 전화 사용자 수는 미국을 앞지르고 있으며, 일본과 한국은 최고의 모바일 시스템을 자랑하는 IT 강국이다. 컴퓨터와 달리 휴대 전화는 항상 소지할 수 있기 때문에 이제는 삶의 일부라고 해도 과언이 아니다.[15]

모바일 기기의 성능도 한층 업그레이드되었다. 기본적인 기능만 가진 휴대 전화도 여전히 사용되고 있지만 대부분은 전화와 문자 메시지 송수신 외에도 온갖 기능들이 장착되어 있다. 이메일, 인터넷 검색, 동영상 녹화, 사진 촬영, MP3, 텔레비전 시청, 지도, 위치 추적, 게임, 독서, 음성 인식, 워드 프로세서, 바코드 인식, 티켓 예약, 다이어리/플래너, 약속 알림, 와이파이 접속, 블루투스 무선 연결 등 그 가짓수를 셀 수 없을 정도다.

전문가들은 2020년이 되면 대부분 모바일 기기로 인터넷에 접속하게 될 것이라고 말한다. 이 분야의 기술 발전은 그야말로 빛의 속도로 이루어지고 있다. 개인용 컴퓨터와 노트북은 5년 전이나 지금이나 크게 달라진 것이 없다(메모리 용량만 늘어난 정도다). 그러나 모바일 기기와 앱은 하루가 다르게 무서운 속도로 발전하고 있다. 2020년에는 어떤 기기가 등장할지 아무도 모른다. 퓨 인터넷(Pew Internet)이라는 기관의 보고에 의하면 앞으로 휴대 전화는 전화라기보다 컴퓨터에 가까울 것으로 보인다.[16] 이런 기술 혁명은 세상 모든 사람들에게 구원의 메시지를 전할 기회를 만들 것이다.

위클리프성경번역선교회(WBT)의 경우, 컴퓨터 덕분에 성경을 번역하는 속도가 굉장히 빨라졌다. 세상에는 총 6,909개의 언어가 있는데, 위클리프는 '한 팀이, 한 평생, 한 언어를'이라는 모토를 가지고 사역을 하고 있다. 그들은 2150년이 되면 성경이 모든 언어로 번역이 될 것으로 예상했다.

그런데 휴대 가능한 컴퓨터와 인공 안테나의 등장으로 그 기간이 125년이나 앞당겨졌다. 예전에는 위클리프 선교사들이 가족이나 팀을 데리고 오지로 들어가서 수십 년간 언어를 배우며 성경 번역에 매달렸다. 그러나 지금은 첨단 기기를 이용해 2025년이면 세상 모든 언어로 성경 번역(일부분이라도)이 끝날 것이라고 한다. 위클리프의 지도자인 폴 에드워즈(Paul Edwards)는 "우리는 유사 이래 가장 가속도가 붙은 시대를 살고 있다."고 말했다.[17] 이것이 디지털 시대가 주는 축복이다.

첨단 기기의 등장으로 우리의 일상마저 바뀌었다. 나의 일상적인 한 주를 예로 들어보겠다. 나는 베이비부머 세대로 평균적인 전자 기기 사용자이다. 이번 주에 노트북으로 원고 50쪽을 작성해서 블로그 두 곳에 올려 전 세계에 있는 수천 명의 사람들이 볼 수 있도록 했다. 집 밖에서 아들과 농구를 하던 중 라이베리아에 있는 아프리카 청년 사역자에게 향후 사역 논의에 관한 문자 메시지를 받았다. 어느 날 저녁에는 스카이프(Skype)로 몽골 성도와 화상 통화를 하며 그를 격려해 주었다(얼마나 영상이 또렷하던지…!) 휴대 전화에 들어있는 GPS앱을 활용해 지구 반대편에 있는 사람들과 선교 사역 일정을 정했다. 동시에 로스앤젤레스 할리우드 근처에서 영상 촬영 중인 아들과 메시지를 주고받았다.

베이비붐 세대가 디지털의 바다를 이 정도 항해할 수 있다면 앞으로 젊은 세대들은 주님을 위해 얼마나 더 대단한 일을 성취할까? 수년 내에 디지털 기술을 통해 수십억 명이 복음을 듣고 역사상 전무후무한 전도 폭발이 일어날 것이다.

플로리다 올랜도의 노스랜드 교회에서 목회하는 조엘 헌터(Joel Hunter) 목사는 이렇게 말했다. "40년간 목회를 하면서 지금처럼 신나고 흥분되는 때도 드물었던 것 같습니다. 하나님은 정말로 놀라운 일에 우리를 초대하고 계십니다."[18] 그는 디지털 시대의 복음전파의 가능성에 대해 언급하고 있었다.

CCC 사역의 하나인 GMO(Global Media Outreach)에서는 복음화를

위해 백 개가 넘는 홈페이지를 개설했다. 인터넷을 소통의 터전으로 삼아 수천 킬로미터 밖의 사람들과 예수님에 대해 이야기하고 기도하며 소통한다. GMO 사역을 통해 2009년 한 해에만 천만 명이 주님을 영접했다.[19] 이것이 바로 전형적인 미래형 선교 물결이다.

디지털 기기들은 세계 복음화의 최전방을 지도로 기록하는 데에도 크게 기여한다. LMC(Last Mile Calling)는 '글로벌 교회 개척 데이터베이스'를 구축하는 선교 단체이다. 이들이 개발한 데이터베이스를 이용하면 선교지의 웹사이트를 현지 언어로 제작할 수 있고, 지도 서비스를 통해 각각의 마을과 도시에서 교회 개척 진행 상황을 알 수 있다. 이 소프트웨어를 개발한 사역자는 기독교 지도자들에게 "필요한 것을 알려주시면 무엇이든 만들어드리겠습니다."라고 말한다.[20]

성막을 지을 때 하나님은 건축자들이 일을 잘 할 수 있도록 "지혜와 총명과 지식과 여러 가지 재주"(출 31:3)를 허락하셨다. 그렇다면 오늘날의 기독교 컴퓨터 프로그래머들과 엔지니어들에게도 전 세계인이 접속할 수 있는 인터넷 가상 공간을 건축하는 데 필요한 은혜를 베풀어 주시지 않겠는가?

요즘 세대는 첨단 기기에 정통하기 때문에 그 어떤 세대보다도 현대 문명을 사용해 효율적으로 복음을 전할 만반의 준비가 되어 있다. 구원의 새로운 물결에 걸맞은 새로운 도구가 필요하다. 2010년 5월 도쿄 선언에는 다음 내용이 포함되어 있다. "하나님은 세계 복음화의 과업을 위해서 앞선 세대보다 훨씬 더 많은 기회와 자원들을 이 세대에 허락하셨다. 이전 세대보다 선교 사명에 더욱 열정적인 교회들, 선교사와 파송 단체의 수, 물질적 자원과 후원금이 늘어났다. 기술력 향상과 정보 및 데이터의 증가와 더불어 선교 과업에 대한 우리의 책임 의식과 목표 의식이 더욱 분명해졌다. 그렇기에 하나님은 우리 세대에게 더 많은 것을 요구하신다."[21]

주님을 경배하는 각 분야의 전문가들이 일어나고 있다. 예나 지금이나 전도와 가르침은 복음 전파에서 빠질 수 없는 요소지만, 그 어느 때보다 커뮤니케이션에 능숙하고 예술 감각이 풍부한 세대가 다양한 방법과 도구들을 동원해서 "여호와의 영광을 인정하는 것이 세상에 가득"(합 2:14)하도록 만들 것이다.

그렇지만 그들도 관계라는 통로를 사용할 것이다. 불안하고 상처 입은 사람들에게 가장 절실하게 필요한 것은 인간관계의 친밀함이기 때문이다.

Chapter 13
묵상과 토론을 위한 질문

01. 라디오와 텔레비전의 발명이 세계 선교의 역량을 확장시킨 이유는 무엇인가? 혹시 당신도 그런 기기들을 통해 예수님을 믿었거나 영성 훈련을 받았는가?

02. 세상에서 가장 많이 상영된 영화는 무엇인가? 영화가 스토리텔링의 주요 수단이 되는 이유는 무엇인가?

03. 문맹이거나 문자 사용을 선호하지 않는 사람들이 세계인구의 몇 %나 되는가? 어떤 구어적 선교 방법들이 효과적이라고 보는가?

CHAPTER·14
친밀한 인간관계

첨단 기기와 일대일 관계를 통한 관계 사역은 제4의 물결의 핵심 요소가 될 것이다. 개인적으로 친밀한 관계를 맺어 복음을 전하는 소위 '우정 전도'(friendship evangelism)는 현재도 중요하지만 앞으로는 더욱 그럴 것이다.

이처럼 친밀한 관계가 부각되는 이유는 선교 인력의 양상이 변했기 때문이다. 과거의 선교사는 주로 성인 남성이었기 때문에 정형화된 사역이 많았다. 그러나 지금은 인간관계에 능숙한 여성 선교사들의 수가 압도적으로 증가했고 청소년과 어린이들까지 선교에 가세했다. 따라서 전도와 선교 방식도 전통적인 틀에서 벗어나 관계 중심적이고 자율적인 방식으로 변모했다. 또 다른 요인으로는 남반구와 아시아 출신의 제3세계 선교사들이 많아진 점을 들 수 있다. 이들의 문화권은 대부분 관계 중심적이다. 특히 북미 및 유럽 문화와 비교할 때 그 특징은 더욱 뚜렷하다. 그들이 나고 자란 문화의 강점이 선교 현장에서 빛을 발하고 있는 것이다.

둘째로, 텔레비전을 보며 자란 세대는 경직된 이전 세대보다 격식을 따지지 않고 개방적이며 친근한 접촉을 좋아한다. 전도와 선교는 문화적 변화와 시대의 조류에 민감하다. 가령 18세기와 19세기 서구 문화는 청교도주의와 빅토리아 시대 가치관의 영향으로 매사에 규범과 전통, 격식을 중요시했다. 당시의 선교사들도 그런 시류를 벗어나지 못했다. 1865년에 창설된 구세군(The Salvation Army)은 원래 이름이 동런던 기독교 선교회(East London Christian Mission)였다. 당시 사람들은 일사분란하게 행진하는 군인들을 선망의 대상으로 삼았다. 그런 시대의 흐름에 맞춰 윌리엄과 캐서린 부스(William & Catherine Booth) 부부는 선교사들에게 군복 형태의 제복을 입게 했고 단체이름도 아예 구세군으로 바꾸어 버렸다. 19세기 사람들이 군대를 좋아했기에 하나님의 일꾼들도 그런 추세를 따랐던 것이다.

그 뒤 백년이 지나자 텔레비전이라는 신제품이 등장했고, 현실을 생생하게 반영한 드라마를 비롯해 개개인의 소소한 일상이 전파를 타고 가정에 흘러들기 시작했다. 초창기 텔레비전 쇼는 다소 딱딱하고 부자연스러웠지만 이후에는 출연자들이 편안한 의자에 앉아 거실 같은 분위기에서 자연스럽게 대담하는 형식으로 점차 바뀌었다. 심지어 아무런 설정 없이 있는 그대로의 상황을 비춰주는 리얼리티 쇼까지 등장해 인간관계를 적나라하게 보여 주기도 했다. 가족과 현실에 밀착한 텔레비전 문화 속에서 두 세대가 자라났다. 그들이 사는 세상과 그들이 지켜보는 프로그램, 그들이 즐기는 음악은 모두 텔레비전 안에 있었다.

현대 교회는 이렇듯 격식이 파괴되는 세상에 적응하려 안간힘을 쓰고 있다. 딱딱한 예배당 의자에 부드러운 쿠션을 덧대는가 하면 위치를 바꿀 수 있는 이동 의자를 예배당에 놓기도 한다. 예전에는 예배당을 거룩한 장소라고 해서 침묵과 엄숙만을 강조했었다. 그러나 지금은 교회 안에 농구대도 설치하고, 재미있는 놀이와 게임을 즐기기도 한다. 커피를 제공하는 것은 흔한 일이고 목사들도 강대상만 고집하지 않고 교실과 거실처럼 꾸민 공간에서 가르치고 말씀을 선포한다(요즘은 '이야기하고 나눈다'는 표현이 유행이다). 때로는 강단에서 짧은 드라마나 춤, 공연을 선보이기도 한다. 창의적이고 관계 중심적이며 꾸밈 없는 자연스러움이 21세기의 대표적인 흐름이다. 그렇다면 마땅히 교회도 제도와 형식에서 벗어나려는 노력을 기울여야 한다. 시간이 갈수록 교단과 제도의 구분은 설 자리를 잃고 협력 사역과 네트워크가 대세로 떠오른다. 교회는 이미 전통적 관례를 탈피해 과감한 시도들을 하고 있으며, SNS 세상에서 살아남기 위한 소통의 현대화를 모색 중이다.

요즘 어린 세대들은 다른 문화를 알지 못한다. 그들은 '프렌즈'(Friends)와 '오프라 윈프리 쇼'(The Oprah Winfrey Show)를 보고 자랐으며 마이 스페이스(My Space)와 페이스북을 사용하며 자랐다. 이제는 그들의 부모와 조부모 세대까지 그 대열에 합류하고 있다. 지난 20년간 젊은 층이 사랑하던 구호는 '어울려 놀아라'(hanging out)였다. 어린이와 청년들은 함께 어울려 놀면서 우정을 쌓는다. 그런데 요즘에는 문자 메시지와 휴대폰 통화, SNS 등 인터넷 커뮤니티를 통해 어울려 논다. 사실 이것들도 모두 관계 중심적인 행동이다.

전 세계 네티즌들을 연결해서 함께 기도하고 믿음을 키우도록 고안된 'GodRev.com'이라는 사이트가 있다. 제4의 물결에서는 이런 매개체들이 주류가 되고, 그에 따라 신앙 생활의 양상에도 큰 변화가 일어날 것이다. 이제는 인터넷을 통해 먼 곳에 있는 사람들과도 실시간으로 대화를 나누고 기도하며 예배드리는 일이 얼마든지 가능하다.[1]

고도의 기술력과 친밀성을 추구하는 사이버 선교 시대가 열린 것이다.

매트의 이야기

매트 리치(Matt Rich)는 영국 컴브리아 주에서 인터넷 선교회(The Internet Mission)를 이끌고 있는 선교 지도자이다. 그는 자원봉사자들을 훈련시켜 인터넷을 통한 전도 활동을 펼치는데 주로 채팅과 블로그를 이용한다.

"저는 학생 선교를 하다가 인터넷 전도에 발을 들여놓게 되었습니다. 친구들의 간섭이나 압력 없이 혼자 있는 아이들에게 쉽게 다가갈 수 있는 수단이 인터넷이었지요. 언젠가 이 사역을 계속할 것인지 그만둘 것인지를 기도하는데 하나님이 제게 새로운 선교 비전을 주셨습니다. 인터넷을 통해 복음을 전하라는 것이었지요. 그래서 4년 전에 인터넷 선교회를 설립해서 지금까지 전임 인터넷 선교사로 일하고 있습니다.

현재 몇 명의 사역자들과 함께 웹사이트, 이메일, 토론 게시판 등의 다양한 형식을 사용해 인터넷 전도를 펼치고 있습니다. 우리가 하는 주된 사역은 채팅방에서 예수님에 대해 나누거나 우리가 운영하는 '왜 믿는가'(Why Believe)라는 홈페이지에 올라오는 질문에 대답해 주는 것입니다. 선교회로서 갖고 있는 목표는 더 많은 사람들에게 복음을 전할 수 있도록 사역을 확대하는 것입니다. 최근에 우리가 했던 사역은 '당신에게 온 편지'라는 제목의 짧은 전도 동영상을 제작한 것입니다. 마치 예수님이 편지를 보내신 것 같은 형식의 동영상인데, 마지막에는 예수님께 답장을 보내고 싶은 사람은 우리에게 편지를 쓰도록 권면하고 있습니다. 지금까지 많은 사람들에게 좋은 반응을 얻고 있습니다.

우리가 발견한 사실 한 가지는 얼굴을 맞대고 하는 대화에 소극적인 사람들도 사이버 공간에서는 자유롭게 자신의 의견과 감정을 이야기한다는 것입니다. 개인적으로 이집트, 이란, 중국, 인도, 미국 등지에 살고 있는 사람들과 길고 깊이 있는 신앙 이야기를 나눈 적이 있습니다. 하나님이 역사하셔서 사람들이 계속 질문하고 대화하고 싶어하는 모습은 언제 봐도 기쁘고 보람찬 일입니다."[2]

나탈리의 이야기

나탈리(Nathalie)는 프랑스에서 'Top Chrétien's'라는 멘토링 사이트를 운영하고 있다.

"저는 파리에 살면서 주변 사람들이 예수님을 모른 채 살아가는 게 너무도 안타까웠습니다. 그러다 선교사들의 전기를 읽고 저 자신도 선교사로 헌신하고 싶은 소망이 생겼지요. 어느 날, 교회에서 저녁 예배를 드리고 있는데 우리 목사님이 하시는 설교가 제게는 마치 예수님의 부드러운 속삭임처럼 들렸습니다. '이곳 파리에는 모든 국적의 외국인들이 다 모여 있으니 꼭 해외로 가서 선교사가 될 필요는 없단다.'

그리고 8년 뒤에 그 말씀은 정말로 현실이 되었습니다. 저는 지금 인터넷 전도회(Internet Evangelism)에서 전임 사역자로 섬기며 세계 곳곳에서 매 분마다 사람들이 예수님을 영접하는 것을 보고 있습니다.

우리 인터넷 전도회에서는 '하나님 알기'(Knowing God)라는 전도 전략을 사용합니다. 이는 현재 7개 국어로 번역되어 있으며, 2020년까지 방문객 수를 이억 오천 만 명으로 늘리기 위해 앞으로 6년간 28개 언어로 사이트를 개설하는 게 목표입니다. 우리 팀에서 저는 프랑스에서 사역하는 103명의 상담 사역자들을 지도하고 돌보는 일을 하고 있습니다. 그들이 하나님과 신앙에 대한 질문들에 대답해 주고 도움이 필요한 사람들을 도와주고 있으니까요.

상담 사역에 많은 시간을 할애하고 있는 신실한 상담 사역자들을 격려하고 섬기는 것이 저의 책임입니다. 가끔은 제가 직접 질문에 답할 때도 있습니다. 현재까지는 주로 일대일 상담을 하고 있습니다. 저는 컴퓨터 전문가도 아니고 그 방면에 특별한 기술이나 재능이 있는 것도 아니지만, 온라인에서 사람들과 대화를 나누고 사람들이 보내온 감동적인 간증을 읽는 것이 무척이나 즐겁습니다. 그래서 '한 번에 한 사람씩 복음을 듣고 변화되는 걸 보니 프랑스에 살기를 정말 잘했다.'는 생각이 듭니다."[3]

앞으로는 매트와 나탈리처럼 현대식 인간관계 테크놀로지를 이용해서 복음을 전하는 사람들이 많아질 것이다. 하나님은 미디어로 좁혀진 사람들 간의 관계를 통해 우정 전도가 가능하게 하셨다.

친밀한 인간관계가 중요한 이유는 지금의 세대가 이혼, 전쟁, 자연재해 등으로 상처와 아픔이 많은 시대를 살고 있기 때문이다. 가족이 해체되고, AIDS로 부모를 잃는 아이들이 있다(주로 아프리카 지역에서 이런 일이 많이 발생하지만 그 밖의 다른 지역들에서도 마찬가지이다). 안타깝게도 지난 40년간 세계적으로 낙태 수술이 10억 건 가량 이루어졌다.[4] 이렇게 암울한 세상, 특히 가정 파탄으로 고통받는 세상에서 가깝고 친밀한 관계를 갈구하는 것은 어쩌면 당연한 일이다. 인간은 사랑의 관계 속에서 자신의 가치와 안정감을 찾는다.

이런 시대적 갈망은 두 가지 소망으로 표출되고 있다. 하나는 버림받고 착취당하고 억압받는 사람들에게 정의가 실현되는 것이고, 다른 하나는 상처입은 사람들에게 자비와 은혜가 임하는 것이다. 21세기 교회는 그런 사람들에게 실제적이고도 구체적으로 하나님의 마음을 보여줄 수 있어야 한다. 현재 수많은 대학들이 사회 정의 실현을 주요 과제로 다루고 있으며, 교회는 국내외 빈민 구제 사역에 몰두하고 있다. 불의에 희생된 사람들에게 도움의 손길을 내미는 것보다 하나님의 사랑과 은혜를 선명하게 보여주는 것은 없다.

21세기의 외롭고 상처입은 사람들에게는 자비와 정의를 기반으로 한 친근하고도 진실한 인간관계가 가장 효율적인 전도 방법이 될 것이다. 하나님께서 특별히 이 시대의 어린이와 청소년들을 준비시켜 그 막중한 과업을 맡기실 것이라고 믿는다.

Chapter 14
묵상과 토론을 위한 질문

01. 디지털 시대는 현대 선교를 어떻게 바꾸어 놓았는가? 컴퓨터, 인터넷, 휴대폰의 보급이 어떤 면에서 복음 전파를 수월하게 만들었는가? 당신은 어떤 매개체들을 어떤 식으로 사용해서 복음을 전파하고 싶은가?

02. 텔레비전의 보급으로 인간관계의 중요성이 더 부각된 까닭은 무엇인가? 미래 선교에서는 소셜네트워크(SNS)가 핵심 자원이 될 것이다. 그 이유는 무엇인가?

03. 친밀한 인간관계와 첨단 기기를 통해 누군가를 전도했던 경험이 있다면 이야기해 보라. 당신 주변에 주님의 사랑과 긍휼을 꼭 알아야 할 사람들이 있는가? 그들을 어떻게 전도할 생각인가?

CHAPTER·15

삶의 모든 영역에서

지난 시절 내가 전한 복음은 불완전했다. 예수님을 그분의 자리에 모시지도 못했고 열방을 향한 하나님의 마음을 알려주지도 않았기 때문이다. 그런데 1977년에 만난 두 여성이 이 모든 것을 확 바꿔놓았다. 다음의 이야기는 1989년에 펴낸 나의 저서 『21세기 지도자: 열방을 변화시키는 섬김의 파워』(예수전도단 역간)에 담긴 내용이다.

1977년 여름, 비행기를 타고 샌프란시스코로 가서 역사가인 중년 여성 두 명과 이야기를 나눌 기회가 있었다. 공항에 내려 시내로 들어가는 택시를 잡는 동안 내리는 비에 흠뻑 젖고 말았다. 비맞은 생쥐 꼴을 하고 마침내 그들이 사는 아름다운 도시로 향했다. 고풍스런 집 앞에 도착하자 그 집의 안주인인 베르나 홀(Berna Hall) 여사와 로잘리 슬래터(Rosalie Slater)[1] 여사가 나를 반갑게 집안으로 안내해 주었고, 젖은 몸을 닦을 수 있게 마른 수건도 내주었다. 얼마 후 그분들이 차려준 근사한 저녁식사와 함께 우리는 정겨운 대화를 나누었다. 식사가 끝나자 나에게 집안을 구경시켜 주었는데 진귀한 고가구들과 아름다운 장식, 멋진 그림들과 산더미 같은 책이 두 집주인의 고상한 취미를 말해주고 있었다. 두 사람은 각 방에 들어설 때마다 힘들여 수집한 미술품과 서적, 기념품들에 서려 있는 미국 역사와 사연을 자세히 설명해 주었다. 나는 두 사람의 설명에 빨려들었고 해박한 지식에 감탄했다. 그렇게 약 45분에 걸쳐 집 구경이 끝나자 베르나 여사는 나를 쳐다보며 뜻밖의 질문들을 던지기 시작했다. 그중 하나는 내 평생 잊을 수 없는 질문이었다.

베르나 여사는 아무런 허세도 없이 단순 명료하게 나에게 물었다. "론 선교사님, 기독교는 아프리카에서 광범위하게 선교를 해왔는데 왜 아직도 대다수의 아프리카 사람들이 가난에서 벗어나지 못하고 독재 정권의 압제 밑에서 살고 있는 걸까요?"

갑작스런 질문에 나는 마땅한 대답을 찾지 못했다. 사실 아프리카에서 광범위한 선교 활동이 이루어진 것은 사실이다. 실제로 아프리카 대륙의 상당 부분이 유럽보다 더 복음화 되어 있다. 그럼에도 아프리카 국가 대부분은 경제적으로 낙후되어 있고 정치적으로도 불안정하다.

왜 그들은 여전히 가난할까? 왜 그들의 정부는 독재적이고 무자비할까? 아무리 생각해 봐도 그럴듯한 대답이 떠오르지 않았다.

아프리카 사람들의 기독교 신앙이 물질적 축복과 정치적 자유를 선물해야 맞는 게 아닐까? 그들의 믿음으로 삶이 나아져야 하지 않았을까?

나는 멋쩍게 웃으며 잘 모르겠다고 대답했다. 베르나 여사는 더 질문하지 않았다. 대신에 부드럽지만 확고한 음성으로 (마치 모든 걸 예상했다는 듯이) 내게 그 해답을 말해 주었다. "아프리카의 그리스도인들은 물론이고 복음이 전해진 다른 국가 사람들이 여전히 가난과 압제 속에 살아가는 이유는 선교사들이 불완전한 복음을 전했기 때문입니다. 그들의 영혼은 구원을 받았지만 그 믿음을 삶의 모든 영역에 적용하도록 가르치지 않았던 거죠. 예수님이 인생 전체의 주관자가 되시도록 가르쳐야 했는데, 그걸 생략하고 떠나 버렸기 때문에 그들은 여전히 불행과 압제 속에서 살아가고 있는 겁니다."

나는 깜짝 놀랐다. 불완전한 복음이라고? 그 집의 다른 방들을 둘러보는 동안에도 베르나 부인과 로잘리 부인은 어머니처럼 다정한 태도로 계속해서 자신들의 견해를 이야기해 주었다. 마침내 집 구경을 마치고 거실에서 마지막 담소를 나눈 뒤, 두 분에게 호의와 대접에 감사를 표하고 다음 목적지를 향해 떠났다.

하지만 머릿속에서는 여전히 많은 생각들이 오가고 있었다. 기독교 선교의 책임과 의무는 무엇일까? 예수님은 우리에게 땅 끝까지 가서 복음을 전하라고 하지 않으셨나? 베르나 여사와 로잘리 여사의 이야기를 듣고 나니 그동안의 내 선교 철학에 깊이와 통찰력이 부족했다는 생각이 들었다. 복음에 한 영혼 한 영혼을 구원하는 것 이상의 더 넓은 의미가 있단 말인가? 그럼 열방으로 파송 받은 우리는 정확히 어떤 사명을 받은 걸까?

주님이 예비하신 듯한 그날의 대화 이후 나는 그 질문의 답을 찾기로 했다. 반드시 찾아야만 했다. 나는 선교사니까.[2]

예수님과 하나님 나라

지난 수십 년간 예수님의 주권과 하나님 나라에 관한 새로운 사실들을 깨닫게 되자 자연스레 그 답도 분명해졌다. 나이가 들고 하나님의 말씀을 묵상할수록 예수님의 주권의 의미를 더 깊이 이해할 수 있었다. 예수님의 구원이 개인의 영혼 구원에 국한된다고 생각하는 그리스도인들이 많다. 즉 예수님의 가르침으로 도시와 국가가 변할 수 있다는 사실을 진심으로 믿는 사람이 많지 않다.

역사적 기록들을 살펴보면 복음 전파는 유럽을 단박에 바꾸고 현대 과학의 발전에도 일조했으며, 인권과 자유에 대한 개념 확립에도 큰 역할을 했다. 또한 유럽 및 다른 국가의 중산층 확대와 자유 무역 증진에도 지대한 영향을 미쳤다.[3] 기독교를 근간으로 세워진 미국은 세계 정상의 수출 무역국으로서 역시 같은 결과를 이끌어 냈다. 존 미클스웨이트(John Micklethwait)와 에이드리언 울드리지(Ardrian Wooldridge)(한 명은 그리스도인이고, 다른 한 명은 무신론자이다)

는 『God is Back: How the Global Revival of Faith Is Changing the world』(돌아온 신: 전 세계적 신앙의 부흥이 어떻게 세상을 바꾸었는가?)라는 책에서, 21세기 가장 중요한 경향 중 하나는 기독교의 부흥과 세계적인 자유의 확대라고 말했다.

"종교(기독교)와 현대화는 나란히 간다. 중국만이 아니라 아시아, 아프리카, 아라비아, 남미의 많은 지역이 그렇다. 종교가 국가를 발전시키는 면도 있지만, 종교의 메시지를 선전하기 위해 현대화의 도구들을 적절히 이용하기 때문이기도 하다. 종교를 말살하기 위해 나온 민주주의라든가, 시장 경제, 과학 문명, 논리와 같은 것들이 오히려 종교를 더 강화시키고 있다. 신이 돌아온 것이다."[4]

사실 하나님은 결코 떠난 적이 없으시다. 하나님의 통치와 권능을 믿는 그리스도인들은 일상의 모든 면에서 그분의 뜻에 순종하며 살아왔다. 초대 교회는 로마 문화를 상당 부분 변화시켰고 병원을 세우며 긍휼 사역을 시작했다. 중세에는 기독교 학자들이 최초로 대학을 설립했고, 16세기 존 칼뱅과 스위스 종교 혁명가들은 제네바를 기독교 중심 도시로 변모시켰다.[5] 로렌 커닝햄은 『열방을 변화시키는 하나님의 책』(예수전도단 역간)에서 노르웨이, 한국, 피지와 그 밖의 많은 국가들이 영적, 사회적, 경제적으로 달라진 이유는 그리스도인들의 삶의 모든 영역에 복음이 심겨졌기 때문

이라고 말했다.[6]

예수님 자신이 제자들에게 그렇게 말씀하셨다. "하늘과 땅의 모든 권세를 내게 주셨으니 그러므로 너희는 가서 모든 민족을 제자로 삼아 아버지와 아들과 성령의 이름으로 세계를 베풀고 내가 너희에게 분부한 모든 것을 가르쳐 지키게 하라 볼지어다 내가 세상 끝 날까지 너희와 항상 함께 있으리라"(마 28:18-20). 또한 이런 기도도 하셨다. "뜻이 하늘에서 이루어진 것 같이 땅에서도 이루어지이다"(마 6:10).

이 말씀들을 보면 하나님 나라는 단순히 미래의 장소만을 의미하는 게 아니다. 예수님은 현재 그 나라의 왕이시며 하늘과 땅의 모든 권세를 갖고 계신다. 그래서 그분의 선한 뜻이 하늘에서만이 아니라 이 땅에서도 이루어지길 바라신다(사람들을 축복하고 돕기를 원하신다). 그래서 우리에게 모든 민족과 국가를 제자로 삼아 잘 가르치라고 당부하셨다.

열방을 제자 삼으라

17세기 말에서 18세기 초의 저명한 성경 주석가이자 장로교 목사였던 매튜 헨리(Matthew Henry)는 지상 대위임령에 대해 다음과 같은 고견을 제시했다.

"위임 명령의 주요 의도는 무엇인가? 모든 국가를 제자 삼아 최선을 다해 기독교 국가로 만들라는 것은… 가서 그들을 제자 삼으라는 것이다. 우리의 중재자이신 그리스도는 세상에 왕국을 건설하시고 모든 국가를 자신의 신하로 삼으신다. 하나의 학교를 설립해서 열방을 자신의 학자로 삼으신다. 어둠의 세력에 대적하는 군대로 키우신다. 열방을 그분의 깃발 아래 군사로 모집하신다. 사도들이 해야 할 일은 모든 지역에 기독교 신앙을 심는 것이며 이야말로 참으로 영예로운 일이다. 세상의 걸출한 영웅들이 한 일에 비할 바가 아니다. 그들은 자신을 위해 국가를 정복하고 사람들을 불행하게 만들었지만, 사도들은 그리스도를 위해 국가를 정복하고 사람들을 행복하게 만든다."[7]

열방을 제자로 삼아 가르친다니 이 얼마나 멋지고 대단한 일인가! 복음의 능력으로 모든 국가들이 변화된다니 이 얼마나 신나고 좋은 일인가! 이사야 선지자도 그 사실을 예견하고 이렇게 예언했다. "일어나라 빛을 발하라 이는 네 빛이 이르렀고 여호와의 영광이 네 위에 임하였음이니라 보라 어둠이 땅을 덮을 것이며 캄캄함이 만민을 가리려니와 오직 여호와께서 네 위에 임하실 것이며 그의 영광이 네 위에 나타나리니 국가들은 네 빛으로, 왕들은 비치는 네 광명으로 나아오리라"(사 60:1-3).

교회가 짊어진 사명이 얼마나 막중한가를 뚜렷이 보여 주는 말씀이다. 하나님은 예수님의 가르침으로 이웃과 도시, 국가가 변화하길 바라신다. 주님은 제자들에게 열방을 제자로 삼아 자신이 분부한 모든 것을 가르쳐 지키게 하라고 명령하셨다. 다시 말해, 모든 국가를 그분의 영향력과 자유케 하는 능력 아래 거하게 하시려는 것이다. 그래서 개개인만 구원받는 게 아니라 전 세계 모든 국가들이 빛 되신 성령의 능력으로 자유케 되고 축복을 누리라는 것이다.

예수님의 주권, 하나님 왕국, 열방의 제자화에 대한 강조는 요즘 다시 회복되고 있는 진리라고 할 수 있다. 대로우 밀러(Darrow Miller)는 그와 같은 주제로 두 권의 책을 썼다. 『생각은 결과를 낳는다: 열방을 제자 삼으라』(예수전도단 역간)는 기독교 국가의 변화에 관한 신학이고, 『라이프워크: 직업과 신앙이 하나 되는 삶의 능력』(예수전도단 역간)은 모든 성도들이 하나님이 주신 자신의 은사와 재능을 활용해 국가를 변화시키고 선교 역량을 강화하자는 내용이다.[8] 인도 태생의 비샬 망갈와디는 『*Truth and Transformation: A Manifesto for Ailing Nations*』(진리와 변화: 병든 열방을 위한 선언문)라는 책에서 지금은 교회가 복음의 능력을 되찾아 시대의 절망을 치유해야 한다고 역설했다.[9]

1980년대 후반과 1990년대 초반 도미니언 출판사에서는 총 10권으로 구성된 『*Biblical Blueprint Series*』(성경적 청사진 시리즈)를 발간했다. 인간의 삶을 구성하는 각 영역에 기독교 세계관을 적용시킨 책이었다. 가장 최근에 출간된 책으로는 국제 YWAM의 『하나님 나라 임하소서』(예수전도단 역간)를 들 수 있다. 이 역시 동일한 주제를 종합적으로 다루고 있다.[10] DAWN 미니스트리와 Call2All 같은 선교 단체들도 성도들이 동일한 원리를 삶에 적용하도록 돕는다.[11]

지난 2,000년간 예수님의 생애와 가르침은 역사상 그 누구의 업적보다 강력하게 세상을 바꾸는 원동력이 되었다. 미클스웨이트와 울드리지가 말한 것처럼 기독교의 영향력이 21세기에도 지속되기 위해서는, 교회가 예수님의 주권과 하나님 나라라는 중심성을 바탕으로 목회 및 선교 역량을 발휘해야 한다.[12]

사회를 구성하는 영역들

1975년 여름 국제 YWAM의 창설자인 로렌 커닝햄 목사는 콜로라도의 어느 별장에서 가족과 함께 휴가를 보내며 앞으로의 사역 방향을 위해 기도했다. 그러던 어느 날, 모든 그리스도인들을 선교 사역에 동참시킬 좋은 아이디어 하나가 떠올랐다. 후에 '사회의 일곱 가지 영역'이라고 이름 붙인 내용들이 떠오른 것이다. 그는 하나님이 교회에게 열방을 변화시키기 위해 필요한 열쇠를 주셨다는 확신이 들었다. 얼른 메모지를 꺼내 생각난 것들을 적은 뒤 호주머니에 집어넣었다.

이튿날에 로렌 목사와 달린 사모는 CCC 창설자인 빌 브라이트 목사 부부를 만났다. 그 자리에서 빌 목사는 기도 중에 떠오른 생각이라며 국가를 변화시킬 방법들을 이야기했다. 그가 한 국가에 영향을 미치는 사회의 각 영역들을 거론할 때 로렌 목사는 너무 놀라 할 말을 잃은 채 얼른 자신의 호주머니에서 바로 전날 적었던 메모지를 꺼내 빌 목사에게 보여 주었다. 그가 말한 것과 거의 일치하는 내용이 그 안에 적혀있었다.[13] 그 후 사회 영역에 대한 전반적인 이해가 깊어지면서 다음 내용이 확정되었다.

- 가정
- 종교
- 교육
- 대중매체(공적 커뮤니케이션)
- 예술과 운동
- 경제(상업, 과학, 기술)
- 정부

지금까지는 교회가 이런 사회 영역을 깊이 고려하지 않았다. 그러나 21세기에 접어들면서 이 영역들이 현대 전도와 선교에 있어 가장 중요한 기둥으로 인식되고 있다.

그렇다면 어떻게 해야 한 국가가 변화할까? 인간 사회에는 여러 가지 영역이 존재하는데 이는 독립적으로 혹은 종합적으로 어떤 작용을 하는가? 그럼, 이제부터 '영역 주권'(sphere sovereignty)이라고 이름 붙인 이 영역들을 하나씩 살펴보자.

영역 주권

로마서 13장 1-2절에서 사도 바울은 다음과 같은 사실을 명시했다. "각 사람은 위에 있는 권세들에게 복종하라 권세는 하나님으로부터 나지 않음이 없나니 모든 권세는 다 하나님께서 정하신 바라 그러므로 권세를 거스르는 자는 하나님의 명을 거스름이니 거스르는 자들은 심판을 자취하리라."

하나님이 인간 사회에 권세자 혹은 지도자를 세우시는 게 세상의 기본 이치라고 바울은 말했다. 우리 사회에는 권세자가 한 명이 아니라 여러 명 있다. 그들 모두 하나님의 임명을 받아 그 자리에 오른 것이며 명령을 내리고 사람을 다스린다. 로마서 13장은 국가와 정부의 권세에 관해 이야기하지만 모든 권세의 주관자가 하나님이라는 전제하에서 기술하고 있는 것이다.

성경 말씀은 물론이고 우리의 일상을 봐도 권세에는 다양한 종류가 있다. 우선 하나님이 갖고 계신 최고의 권세를 들 수 있고, 그 다음으로는 천사들이 갖고 있는 천국의 권세를 들 수 있다. 인간들도 각자의 재능과 은사에 따라 나름의 권위를 인정받는다. 또한 이 세상을 살아가면서 부모, 교회, 정부 관료, 학교 이사 등 수많은 권위자와 권세자들을 만나게 된다. 대중매체, 예술계, 경제계, 교육계 등의 사회 분야에도 막강한 권위와 권세가 있다.

이런 권위와 권세들은 단독적으로 행사되기도 하지만 서로 어우러져 종합적으로 행사될 때 다양한 문화를 창출해내기도 한다.

이 모든 것 위에 하나님이 군림하신다. 그러나 어쨌든 우리는 이 세상의 권세자들을 존중하면서 우리의 의무를 다해야 한다. 인생을 올바로 이해하기 위해서는 하나님의 통치 아래 다양한 권세가 존재한다는 것과 그들의 상호관계를 파악하고 있어야 한다. 우리가 하나님의 뜻에 따라 권세에 순종하면서 살면, 그 권세가 우리의 질서와 자유, 축복의 버팀목이 된다.

19세기 네덜란드의 기독교 사상가이자 정치가였던 기욤 그룬 반 프린스테레르(Guillaume Groen van Prinsterer)는 '자체 영역 안에서의 절대적 주권'이라는 말을 처음으로 사용했다. 살아가며 만나게 되는 다양한 권세자들을 존중하자는 뜻이다. 그의 견해는 기본적으로 교회와 정부의 관계를 의미했다.[14]

프린스테레르는 교육을 중시했고 정부의 요직을 두루 거쳤지만 자신의 신념을 관철시키고자 평생을 장군처럼 싸운 인물이었다. 그의 영적 유산은 아브라함 카이퍼에게 계승되어 더 깊고 폭넓은 사상체계로 발전되었다.

카이퍼는 위대한 사상가였을 뿐 아니라 1901년부터 1905년까지 네덜란드의 수상을 지낸 정치가였고, '슈탄다트'(De Standaard)라는 일간지 신문사에서 40년간 편집장을 지낸 언론인이기도 했다. 1880년에는 암스테르담에 자유대학을 설립했으며 그해 10월 20일 창립 연설에서 "삶의 각 영역에서의 절대적 주권"이라는 말을 처음으로 사용했다. 아울러 그는 네덜란드 개혁 교회의 목사이자 신학자로 50년의 생애 동안 수많은 책을 집필하기도 했다.

카이퍼가 그 많은 일들을 할 수 있었던 힘은 무엇이었을까? 그 자신의 설명을 들어보자.

> "내 생애를 지배해 온 한 가지 열망은… 이것이었다. 세상의 모든 반대와 저항에도 불구하고 사람들의 유익을 위해 가정과 학교와 국가에 하나님의 거룩한 명령들을 다시 확립하는 것이다. 성경과 피조물이 증거하는 하나님의 명령들을 국민의 양심에 새겨 넣어 온 국민이 하나님께 경의를 표하도록 하는 것이다."[15]

카이퍼는 모든 사람이 하나님의 권위와 예수님의 주권 아래 있다고 믿었다. 그는 예수님은 타락한 세상의 모든 영역들(사회와 문화의 모든 요소들을 포함해서)을 구속하기 위해 이 땅에 오셨다고 가르쳤다. "성경은 믿음으로 의롭게 되는 길뿐 아니라, 인간 삶의 기반이 되는 하나님의 명령들도 알려준다는 것을 깨달았다. 그러므로 거룩한 명령인 성경이 사회와 국가, 모든 인간을 다스려야 한다."[16]

'개인과 사회 영역들 안에서의 주권'이라는 개념을 확대하고 체계화하여 일곱 가지 구체적인 영역으로 구분한 사람이 아브라함 카이퍼였다. 국가는 그 영역들에 국가법을 강요할 수 없고 그 안에 내재되어 있는 자체적 법을 존중해야 한다. 이 영역들을 다스리고 주관하는 분은 물론 하나님이시다. 국가도 결국은 그분의 통치 아래 있는 것이다. 다만 하나님은 지도자들을 선택하시고 그들을 통해 통치하신다.

우리가 명심해야 할 것은 하나님이 최고의 절대 주권자라는 사실과 이 땅의 권세자들은 모두 하나님께 권한을 위임받은 자들이라는 사실이다. 세상에는 수많은 재판관과 지도자, 권세자들이 있다. 이들은 모두 하나님 앞에 직접적인 책임이 있다. 또한 단독으로 위임받은 권한을 행사하기도 하고, 연합해서 상호보완적으로 권한을 행사하기도 한다. 국가의 관료와 통치자들은 하나님의 정의를(롬 13장) 기반으로 국가를 다스려야 한다. 개중에는 정부의 통제나 간섭 없이 오로지 하나님의 다스림만 받아야 하는 영역들도 있다.

사회의 일곱 가지 영역

사회의 일곱 가지 영역에서 하나님 나라가 확대되고 주의 뜻이 이루어지는 것이 제4의 물결이 추구하는 강렬한 열망이다. 이제 선교지도자들과 동원가들은 영혼 구원에만 제한되지 말고 예수님의 복음을 인간사의 모든 영역에 전하고자 노력해야 한다. 아래 도표가 그들이 활약할 일곱 가지 영역을 보여준다.

출처: 스튜어트 심슨(Stuart Simpson), www.thefourthwave.org

스위스 로잔에 있는 열방대학에서 템플릿 인스티튜트(Template Institute)의 책임자로 있는 란다 콥(Landa Cope)은 열방을 제자화하는 것이 하나님의 강력한 소망임을 재인식하면서[17] 일곱 가지 사회 영역의 목적들을 다음과 같이 설명했다.[18]

가정의 목적은 다음 세대의 성장과 가치관 형성에 필요한 안전한 양육환경 조성이다. 사회를 구성하는 가장 작은 단위로서 가정이 내포해야 할 요소들은 사랑, 훈육, 하나님의 뜻에 합당한 삶, 자녀의 소명을 위한 준비, 가정을 화목하게 하는 남편의 사랑 등이다.

교회는 하나님이 어떤 분인지를 세상에 보여 주며, 성도들을 제자로 훈련시켜 하나님의 성품과 성경 말씀이 그들의 일상과 일터에 적용되도록 돕는다. 또한 성도들이 예배를 통해 자유롭게 믿음을 표현하고 하나님의 절대적 진리의 본보기로 세워지게 한다.

교육은 모든 아이들이 하나님이 주신 천부적 재능과 은사를 개발하기 위해 사회의 구성원들로부터 학문과 지식을 배우도록 해야 한다. 모든 아이들은 하나님으로부터 고유한 재능을 받았기에 그 재능을 갈고 닦아 잠재력을 최대한 발휘할 권한이 있다. 가족의 관심과 지원 아래 통합적 교육을 받게 해야 한다.

예술과 엔터테인먼트, 스포츠는 아름다움과 기쁨을 통해 영혼에 안식과 휴식, 회복을 제공해야 한다. 대중매체 역시 일반 대중에게 객관적이고도 정확한 정보를 제공하여 이를 토대로 결정을 내릴 수 있게 해야 한다.

경제(상업) 영역은 지역 사회 안에서 공정 거래가 일어나고 적절한 고용이 이루어지며, 필요한 물품과 서비스가 원활하게 공급될 수 있도록 발전되어야 한다. 기본적으로 정직한 소득, 빈곤층 지원, 투명한 경영, 효율적인 자원 활용, 양심적 상업 활동이 요구된다.

경제(과학과 기술) 영역은 모두에게 축복이 되는 하나님의 원칙을 실천하고, 삶의 질 향상 및 건강 증대를 추구하며 하나님이 주신 천연 자원들을 잘 관리해야 한다. 질병 예방과 발명, 청지기 정신에 힘쓸 필요가 있다.

정부는 국민 모두를 위한 정의와 평등 실현에 앞장서야 한다. 행정부, 입법부, 사법부, 군대, 지방 자치 단체 등이 모두 이에 해당된다. 기본적으로 어린이, 여성, 노인, 이민자와 같은 사회 약자를 위한 정의 구현에 힘써야 한다.

제4의 물결에서는 수많은 성도들이 자신의 재능과 은사를 가지고 이상의 일곱개의 영역에서 주님을 높이면서 열방에 하나님 나라를 확장하게 될 것이다. 모든 직장이 선교지가 되어 전문 선교사, 일반 평신도와 같은 용어도 의미를 잃게 될 것이다. 이런 추세 속에서 성령님이 다음과 같은 일들을 행하실 것이다.

- 선교 사명에 불타는 성도들은 가정에서 그리스도의 가르침을 실천하고 가정의 화목이 중요한 사명임을 인식하며, 국가와 지역 사회의 불우이웃을 돕기 위해 노력한다. 그리스도는 가정의 주님이시다.
- 교회 안에서 성도들은 모두가 제사장이라는 사실을 재인식하고 다섯 가지 역할의 교회 지도자들(사도, 선지자, 전도자, 목사, 교사)이 성도들을 훈련시켜 각 직장과 단체에서 빛과 소금이 되도록 한다(엡 4:11-13, 마 5:13-16). 교회는 중요한 시대적 사안들을 예언자적 입장에서 이야기하고 사회가 약자와 빈민을 도울 수 있게 이끌어야 한다. 그리스도는 교회의 주님이시다.
- 선교 사명에 불타는 교사들은 교육을 통해 학생들이 하나님이 주신 사명대로 살도록 도와주고 하나님의 지혜와 뜻을 가르쳐야 한다. 부모가 아이의 학식과 도덕성을 키워주는 가정 교육의 중요성도 다시 주목 받게 될 것이다. 그리스도는 교육계의 주님이시다.
- 선교 사명에 불타는 화가와 댄서, 사진작가와 영화 제작자, 운동 선수들은 자신의 분야에서 최고의 기량을 발휘해 하나님의 위대함과 아름다움을 세상에 보여 주고 사람들의 시선을 주께로 돌려야 한다. 모든 형태의

예술 작품과 뛰어난 운동 기량은 사람들을 고무시키는 선교적 재능으로 인식될 것이다. 그리스도는 예술계의 주님이시다.

- 선교 사명에 불타는 경영주와 고용인들은 자신의 직업을 하나님이 주신 사명으로 보고 주께 영광을 돌리기 위해 최선을 다할 것이다. 과학자들은 지식과 기술을 활용하여 창조주를 영화롭게 하고 사람들의 유익을 위해 하나님의 비밀들을 드러낸다. 의사와 간호사들 역시 자신들의 직업을 소명으로 삼아 병든 몸과 정신을 치료해 준다. 국가의 경제 정책에는 하나님의 원칙이 반영될 것이다. 그리스도는 경제계의 주님이시다.

- 선교 사명에 불타는 정부 관료들은 스스로를 하나님의 대사로 인식하며 공평하게 법과 공무를 집행한다. 재난대책 기관들은 최전선에서 사람들의 천부적 권리를 보호하는 일에 사명감을 갖고 임한다. 군인들은 적군에 맞서 국민의 안전과 자유를 수호한다. 그리스도는 정부의 주님이시다.

제4의 물결에 속한 선교사들은 성속의 이분화를 거부하고, 하나님의 권위 아래 있는 모든 생명이 주님을 따르고 그에 동반되는 사랑과 은혜, 지혜와 축복을 받아야 한다고 믿는다. 그들의 동기는 주님이 그러셨던 것처럼 사람들을 섬기는 것이다. 성전이나 교회라는 제한된 구역 안에서만 아니라, 모든 거리와 도시에서 사람들을 섬겨야 한다.

그럼으로써 국가와 문화권 전체가 성령님의 능력으로 변화될 수 있다. 물론 모든 사람들이 구원을 받지는 않을 것이다. 구원은 개인적인 선택의 결과이기 때문에 스스로 멸망의 넓은 길을 선택하는 사람들도 많을 것이다(마 7:13). 그러나 모든 민족과 국가는 선교 사명에 불타는 교회가 빛과 소금의 역할을 감당하는 것을 목격하게 될 것이다.

Chapter 15
묵상과 토론을 위한 질문

01. '불완전한 복음'이 있다고 생각하는가? 불완전한 복음을 전해서 전도에 실패했던 경험이 있다면 이야기해 보라

02. 열방을 제자 삼는다는 것은 무슨 의미인가? 하늘과 땅의 모든 권세를 가졌다는 예수님의 말씀을 인간의 다양한 문화와 사회에 어떻게 적용할 수 있는가?

03. 사회의 일곱 가지 영역들을 떠올려 보라. 이 영역들이 중요한 이유는 무엇인가? 일곱 가지 영역들이 하나님의 뜻대로 변화되지 않으면 국가에 어떤 일이 일어나는가?

04. 당신은 일곱 가지 영역 중 어떤 영역에서 일할 사명을 받았는가? 그 영역을 예수님의 말씀대로 변화시키려면 어떤 일을 해야 하는가?

CHAPTER·16
모든 성도들이 선교사가 되어

앞선 장들에서 선교 역사를 간략하게 소개한 바 있다. 구약에 나타난 하나님의 구원 물결, 초대 교회의 선교 물결, 중세 시대 교회의 팽창, 해안과 내지, 미전도 종족들로 향했던 근대 선교의 세 가지 물결을 살펴보았다.

이제 막 시작된 제4의 물결은 이전의 물결들과 비교가 되지 않을 정도로 크고 막강하다. 마땅히 그래야 한다. 지금은 앞선 시대보다 인구가 수십억 명이나 많아졌다. 할 일도 산더미이고 기회도 지천이다. 타락한 세상은 오직 예수님 안에서만 발견할 수 있는 진정한 소망과 사랑을 알고 싶어 한다.

제4의 물결에서 하나님은 21세기의 모든 성도들을 선교사로 부르실 것이다. 제3세계의 그리스도인들이 앞장서고, 모든 그리스도인 한 사람 한 사람이 선교 사역의 한 축임을 자각하게 될 것이다.

이렇게 세계를 품은 그리스도인들은 다음의 일을 기쁨으로 감당할 것이다.

- 특정한 국가나 지역들을 위해 열성적으로 기도할 것이다.
- 개인적으로 미전도 종족을 입양해서 그들을 위해 기도하고 선교 활동을 지원할 것이다.
- 자신이 선택한 종족 내 교회와 근로자들을 후원할 것이다.
- 입양한 종족이나 국가, 혹은 자신이 사는 도시의 복음화를 위해 방학이나 휴가 기간 동안 전도와 선교에 힘쓸 것이다.
- 하나님이 마음에 품게 하신 국가나 종족에게 가서 수 년, 혹은 여생 동안 섬길 것이다.

만일 백만 명의 그리스도인들이 저마다 미전도 종족을 하나씩 입양하거나, 사천 개의 오메가 존 중의 한 곳을 품고 기도한다면 지상 대위임령의 완수는 크게 앞당겨질 것이다. 제4의 물결이 가진 쓰나미 효과가 나타나기 위해서는 이 세상 모든 성도들이 하나님 나라의 확장을 위해 각자의 선교 영역을 갖고 있어야 한다.

우리는 세상 모든 국가, 모든 사람들에게 복음을 전할 수 있는 정보와 장비, 수단과 전략을 모두 갖춘 최초의 세대이다. 그럼 과거에는 어땠을까?

- 그리스도인들은 미전도 종족들의 존재를 알지 못했고 그들을 전도할 문명의 이기도 없었다.
- 극소수의 그리스도인들에게만 세계 선교에 참여할 수 있는 기회가 주어졌다.
- 외국을 오고 가기가 매우 어렵고 위험했다.
- 풍토병과 질병이 만연하여 죽거나 선교지로 나가는 것을 단념하는 선교사가 많았다.
- 세계 많은 국가들이 가난에 시달렸고 열악한 환경으로 선교가 어려웠다.
- 여성과 어린이, 노인들이 사역할 수 있는 곳이 극히 제한적이었다.
- 선교 사역은 주로 전임 선교사들의 몫이었다.

제4의 물결에서는 이런 제약과 장애물들이 거의 사라진다. 물론 아직도 많은 국가들이 가난하고 복음에 적대적이며, 여전히 타문화권에 들어가 선교 사역에만 매진할 전임 선교사도 필요하다. 그러나 하나님께서 모든 성도들이 선교사가 될 길을 열어주실 것이라고 확신한다. 선교 사역에 참여할 수 있는 온갖 다양한 방법들이 개발된 시대이니 결국은 마음먹기에 달렸다. 선교에 대한 열정만 있으면 하나님의 능력을 힘입어 누구든지 제4의 물결에 올라탈 수 있다. 당신의 마음에 용기를 불어넣을 수 있는 몇 가지 실례를 소개하겠다.[1]

농구선수인 래리는 푸에르토리코 태생이라는 정체성으로 인해 고민이 많았다. 하나님은 그런 래리를 긍휼히 여기셨다. 그를 필리핀으로 단기선교 여행을 가게 하시고 그곳에서 지금의 아내인 리첼을 만나게 하셨다. 현재 그들은 다른 아시아 국가에서 선교사로 섬기고 있다. 래리는 농구 선교단을 조직하여 청소년과 청년을 대상으로 스포츠 선교를 하고 있다. 그는 그곳에서 장기적으로 스포츠 사역과 사업을 시작하려고 계획하고 있다. 래리의 삶 자체가 선교이다.

낸시는 우울증에 시달리던 미국인 노인이었다. 하나님은 그런 낸시에게 유럽, 특히 루마니아에 사는 집시들의 불우한 처지를 알고 기도하게 하셨다. 그 뒤 그녀는 루마니아로 몇 차례 단기선교 여행을 떠나 자신이 기도하던 사람들을 만났고, 도움이 되는 기술도 가르치며 신앙 이야기를 나누게 되었다. 현재 그녀는 집시들의 복음화를 위한 사이트를 운영 중이다. 낸시의 삶 자체가 선교이다.

인도에서 나고 자란 분두와 푸자(가명) 부부는 아프리카로 건너가 무슬림 어린이들을 가르치며 그들에게 더 많은 교육의 기회를 제공해 주기로 했다. 그들은 한 가난한 마을에 들어가 학교를 열었고, 주님을 모르는 무슬림 주민들 속에서 다양한 구제 사역과 교육 사역을 펼쳤다. 그들의 두 자녀는 아프리카에서 성장했다. 분두와 푸자 부부의 삶 자체가 선교이다.

컴퓨터 전문가이자 사업가였던 크리스는 자신의 기술을 활용하여 선교에 동참하길 소망하다가 다른 동업자들과 함께 회사를 설립했다. 이 회사는 아시아 남동해안에 해조류 농장을 만들어 바이오 연료를 생산해 지역 주민들에게 일자리를 제공했다. 하지만 더 큰 목표는 이 사업을 통해 지역 주민들과 가까워지고, 회사의 이익을 통해 자신이 새롭게 입양한 국가에 주님을 증거하는 것이다. 크리스의 삶 자체가 선교이다.

엥슈렌은 몽골의 가난한 가정에서 태어나 알코올 중독에 걸린 부모에게 학대 받으며 불우한 어린 시절을 보냈다. 집에서 쫓겨나 추위에 떨며 바깥에서 밤을 새운 날도 많았다. 14살이 되는 해에 어린이 공연 전도단을 통해 복음을 듣게 된 그녀는 곧바로 예수님을 구주로 영접했다. 그리고 몽골의 한 대학을 졸업한 뒤 미국으로 건너가 타문화권 선교사로 섬기며 다른 국가들에서도 자신의 믿음을 증거하였다. 현재 스물여섯 살이 된 엥슈렌은 자신의 민족에게 복음을 전하고 조국을 제자화하려는 비전을 품고 있다. 엥슈렌의 삶 자체가 선교이다.

중년의 빌은 자녀를 키워 독립시킨 뒤에 다른 할 일을 찾고 있었다. 예전부터 정치에 관심이 많았던 빌은 이에 관한 책을 내기도 했다. 딸이 여름 동안 코소보를 여행하고 돌아오자 빌에게도 그곳에 가서 기독교 관점의 정치학을 가르칠 기회가 생겼다. 현재 빌은 코소보의 한 대학에서 천 명의 대학생들에게 정치학을 강의하고 있다. 빌의 삶 자체가 선교이다.

제4의 물결에서는 수많은 그리스도인이 하나 혹은 그 이상의 미전도 종족을 입양하여 그들을 위해 기도하고 교회 개척을 후원할 것이다. 또한 자신의 재능과 은사를 활용해 다양한 방법으로 선교에 동참하게 될 것이다.

우선은 각자의 예루살렘(집과 이웃)에서 시작될 것이다. 그런 뒤에 인근의 유대와 사마리아(자신이 사는 도시와 국가)로 영역을 확대할 것이다. 또한 열방을 제자 삼으라는 예수님의 명령에 따라 '땅끝'에 대한 마음도 잃지 않을 것이다.

그들은 앞서간 사람들의 발자취를 따라 기도하고 자원하며 나아갈 것이다. 그들은 현재의 첨단 기기를 마음껏 활용하며 사명을 감당하는 최후의 세대일지도 모른다.

강 건너 불구경하듯 가만히 있을 때가 아니다. 역사의 흐름을 의식하고 재빨리 이 물결에 올라타야 한다. 각자의 서핑보드(재능, 은사, 열정)를 잡고 해변(당신의 이웃, 도시, 국가, 세계)을 향해 힘차게 파도를 타고 나아가라! 이 물결은 마지막 해변을 향해 밀려들고 있다.

"이 천국 복음이 모든 민족에게 증언되기 위하여 온 세상에 전파되리니 그제야 끝이 오리라"(마 24:14).

세계를 품은 그리스도인들이 오고 있다. 제4의 물결에서는 모든 사람이 선교사이다. 당신도 이 물결에 합류할 것인가?

Chapter 16
묵상과 토론을 위한 질문

01. 제4의 물결에서 '세계를 품은 그리스도인'으로 살려면 무엇을 해야 하는지 다섯 가지만 이야기해 보라. 가장 우선적으로 해야 할 일은 무엇인가?

02. 당신이 선교하고 싶은 국가나 지역은 어디인가? 그곳을 복음화하기 위해 어떤 일부터 시작할 생각인가?

03. 이 장에 소개된 선교 사례들 중에서 가장 인상 깊었던 사례는 무엇인가? 당신은 어떤 일을 하고 싶은가?

04. 4의 물결에서는 모든 그리스도인들이 선교사가 되어야 한다. 어떻게 하면 그렇게 될 수 있다고 생각하는가?

4부

영적 쓰나미

"하나님은 오늘날의 세상에 어마어마한 계획을 갖고 계신다!
각각의 언어권과 종족들, 국가에
교회 몇 개 세우는 것으로는 절대 만족하지 않으신다.
바로 이 시간에도 하나님은 교회를 준비시키고 능력을 부여하셔서
땅 끝까지 부흥의 씨를 퍼뜨리게 하신다."
– 데이비드 스미더스(David Smithers)

"'사명을 받은 적이 없습니다.'라고 말했는가?
'부르심을 듣지 못 했습니다.'라고 했는가?
그래선 안 된다.
성경에 귀를 대고 죄인들을 죄의 불구덩이에서 건져내라는
주님의 호소를 들어보라.
삶의 무게에 짓눌려 헉헉대는 사람들 마음에 귀를 대고
도와달라는 애처로운 호소를 들어보라.
지옥 문 앞에서 자신들의 집에 가서
형제와 자매, 종과 주인들은 여기에 오지 않게 해 달라고
간절히 탄원하는 소리를 들어보라.
그런 다음 당신을 은혜로 구원하신 그리스도의 얼굴을 바라보며
그분의 은혜를 세계에 전하는 일에
혼신의 힘을 기울일 것인지 아닌지 말씀드리라."
– 윌리엄 부스(William Booth)

CHAPTER·17

어떻게 물결에 올라타야 하는가?

역사의 흐름을 예측한다는 건 어려운 일이다. 갑작스런 재난이나 전쟁, 사회 혼란, 경제 불황 등이 이 책에서 말한 예측의 변수가 될 수 있다. 또한 새로운 선교 물결에서 어떤 국가나 민족이 선두에 서게 될지도 단언할 수 없다. 여기에 인간의 자유 의지는 얼마나 영향을 미치는 것일까? 하나님의 계획은 어느 정도 선에서 결정적 요인으로 작용하는 것일까?

우리가 아는 것은, 제4의 물결은 이미 시작되었다는 사실뿐이다. 그리스도를 위하여 복음을 전하는 데 새로운 인물과 국가, 방법이 동원되고 있다. 사이들과 루이스가 말한 대로 성령님의 이 새로운 역사에는 강력하고도 포괄적인 무엇인가가 내포되어 있다.

"서양 교회가 선교사들을 타국에 파송하는 것을 선교라고 일컫던 시대는 지나갔다. 지금의 선교는 세계화된 지역 교회가 세상으로 나가 하나님이 하시는 일에 참여하는 것을 의미한다. 세계화된 지역 교회의 선교는 전도, 구제 사역, 사회 정의 구현 등을 포함한 전인적인 활동이어야 한다."[1]

선교하는 교회

전 세계 각 국가에 세워진 모든 지역 교회는 스스로를 해외로 나가는 선교사를 뒤에서 후원하는 기관으로 생각하면 안 된다. 오늘날의 선교는 가능한 방법을 총동원하여 세계 모든 곳의 모든 사람들에게 복음을 전할 방도를 강구하는 선교 지향적 자세를 뜻한다. 따라서 지역 교회는 이웃 주민, 도시와 국가, 전 세계를 선교 지향적 자세로 대해야 한다. 선교는 우리가 하는 행위가 아니라 예수님의 명령이 바탕이 된 우리 자신의 일부여야 한다. 하나님과 함께, 하나님을 통해, 하나님의 능력으로 선교 사역을 수행하는 곳이 바로 교회다. 따라서 우리는 그리스도의 마음을 품어야 하며 하나님이 교회에게 하시는 말씀을 들을 수 있어야 한다.[2]

그러므로 지역 교회의 모든 소그룹, 구역, 주일학교, 대예배, 훈련 과정에도 반드시 이와 같은 선교적 자세가 담겨 있어야 한다. 자국은 물론 해외로까지 생명을 전하는 살아있는 '세포들'이 되어야 한다. 이러한 세계화 정신과 사명감으로 전 세계 하나님의 교회에 엄청난 성장과 쇄신을 몰고 와야 한다.

교육 혁신

기독교 대학과 신학교, 신학대학원들은 탄약을 재장전하고 제4의 물결에서 자신들의 자리를 차지해야 한다. 학생들은 세계를 넓게 바라볼 수 있어야 하고, 삶의 모든 영역에서 하나님 나라가 확장되도록 자신이 가진 재능을 아낌없이 사용해야 한다. 이제 그들은 사진 작가, 교사, 과학자, 컴퓨터 프로그래머, 영화 제작자, 자동차 정비사, 주부, 변호사, 의사, 국회의원 등 직종에 관계 없이 충분히 선교할 수 있다는 점을 명심해야 한다. 전 세계 238개 국가와 수천 개의 종족들 중 과연 어떤 곳을 위해 자신의 재능을 활용할 것인지 일찍부터 기도하며 준비해야 한다. 그것이 이 시대에 태어난 사람들의 사명이다.

교육자들은 학생들이 그런 준비를 할 수 있게 동기를 부여해야 한다. 자신들의 삶을 포괄적인 기독교 세계관으로 이해하고 이를 각자의 삶과 소명으로 연결할 수 있도록 독려해야 한다. 하나님 나라의 확장을 위해 다양한 재능을 활용하는 선교사들의 이야기도 교육 과정 곳곳에 넣어야 한다. 물론 학생들을 위해 기도하고 그들이 전 세계로 나아가 지상 대위임령을 완수하도록 권면하는 일도 빠질 수 없다.

전 세계 부흥을 위해 기도하라

하나님의 백성이 깨어나 기도 운동이 활발해지고 연합이 이루어지며 현대의 기술력과 현명한 전략들을 사용할 때 선교는 자연히 진보하게 되어 있다. 그리스도를 따르는 모든 성도들은 그 어느 때보다 열심히 이 모든 일에 지혜와 힘을 모아야 한다. 교파나 단체 간의 장벽이나 앙금이 있다면 이를 신속히 제거하여 그리스도의 몸이 하나 되길 모색해야 한다. 더불어 모든 그리스도인이 선교사 정신으로 무장하고 하나님의 영광을 위해 일하는 분위기가 조성되어야 한다.

배턴을 넘기다

지금은 서양의 그리스도인들이 제3세계의 형제자매들에게 세계 선교의 배턴을 넘겨주어야 할 때다. 물론 그들의 역할이 다 끝난 것은 아니다. 다만 이제는 세계 선교의 배턴이 아프리카인, 남미인, 아시아인, 섬나라 사람들에게 넘어갔다는 것을 인식하고, 그들이 하나님의 거룩한 계획을 수행하도록 도와야 한다는 뜻이다. 서양의 그리스도인들은 그들을 위해 기도하고 후원하며, 그들에게 배우고 함께 마지막 추수에 참여해야 한다. 인도와 중국에서 수백, 수천 만의 일꾼들이 파송되는 날이 속히 오기를 소망한다. 아프리카인과 남미인들이 지구를 둘러싸는 날이 어서 오기를 바란다. 지금은 그들의 때다. 하나님이 예정하신 그들의 시간이다. 서양의 그리스도인들은 그들을 응원하며 감사한 마음으로 동역해야 한다.

나는 무엇을 해야 하나?

그리스도인들이 개인적으로 제4의 물결에 합류할 수 있는 방법은 다양하다. 먼저는 세계 선교의 남은 과제들이 무엇인지 알아보기 바란다. 여기에 도움이 될 만한 몇 개의 인터넷 사이트들을 소개하겠다.

- www.joshuaproject.net
- www.finishthetask.com
- www.call2all.org
- www.wycliffe.org
- www.imb.org
- www.operationworld.org
- www.uscwm.org

혹시 인터넷을 사용할 수 없는 환경이라면 『세계기도정보』(죠이선교회 역간)를 참조하라.[3] 나는 국가의 정보를 자세히 알고 싶어 수년 간 이 책을 날마다 읽고 정기적으로 기도했다. 21세기에는 정보와 지식이 곧 힘이다(잠 8:14).

당신이 사는 지역에 '세계 선교 운동에 관한 미션 퍼스펙티브' 과정이 있다면 참여하라.[4] 이 과정은 미국 세계 선교 센터가 1974년에 시작한 15주 과정의 훈련이다. 현재까지 수많은 그리스도인들이 이 과정을 통해 세계 선교에 대한 열정을 키우고 진로를 모색했다.

개인적으로는 하나의 미전도 종족이나 국가를 입양하라. 장기 사역은 못하더라도, 그들의 영혼 구원을 위해 기도하면서 이따금 단기선교에 참여하거나 그곳의 장기 사역자들을 후원할 수 있다. 이것이 제4의 물결에서의 핵심이다. 모든 그리스도인들은 미전도 종족이나 도시, 또는 한 국가에 기도와 시간, 물질과 관심을 집중해야 한다. 그러면 그곳의 복음화에 도움이 될 만한 적절한 방법을 하나님이 알려주실 것이다.

당신이 다니는 교회의 중고등부, 소그룹이나 구역 식구들, 전교인에게 미전도 종족 입양을 권해보자. 이런 권고 하나만으로도 많은 교회들에 생명과 활력을 불어넣을 수 있다. 나는 몇 년 전에 우리 지역의 한 교회 교인들에게 아프리카에 있는 미전도 종족을 입양해달라고 부탁했다. 그들은 그 종족을 입양한 뒤에 10년에 걸쳐 선교팀들을 보내고 선교사들을 파송해 그곳의 교회 설립과 복음 전파를 도왔고, 재정과 물질로도 후원했다. 이러한 열정과 헌신은 교회에 활력을 불어넣어 교회 밖으로 눈을 돌리도록 만들었다. 중고등부 학생들이나 구역도 해외의 미전도 종족을 입양해서 기도하고 주의 사랑을 나누면 동일한 은혜를 체험하게 될 것이다.

중국이 자유민주주의 국가가 되도록 기도하라. 21세기에는 중국을 위한 기도가 최고의 전략이 될 것이다. 중국은 세계 선교에서 큰 몫을 담당해야 할 국가이다. 지금도 지하 교회는 예루살렘에 복음을 전하겠다는 포부를 안고 있다(백투예루살렘 운동을 통해서)! 미클스웨이트와 울드리지는 만약 중국이 자유민주주의 국가가 된다면 역사상 기독교에 가장 큰 상승 효과가 일어날 것이라고 전망했다.[5] 민주주의는 자신의 '목소리'를 낼 수 있는 체제인 만큼, 중국인들이 "하나님에 대해 말하고 싶어질 것"이라는 얘기다.[6] 중국 사회 전반에 자유가 보장되고 중국인들이 제4의 물결을 이끄는 하나님의 도구로 쓰임 받도록 간구하자.

중국과 인도가 합력하여 선교에 동참하게 해 달라고 기도하자. 인구 대국인 두 곳이 미래의 중심 세력으로 부상하고 있다. 두 국가의 교회가 힘을 합하여 전 세계에 선교사를 파송한다면 우리 시대에 엄청난 결실이 맺어질 것이다.

당신의 재능과 직업을 선교에 활용하라. 당신은 오랜 기간 공부하고 준비해서 교사, 의사, 간호사, 엔지니어, 목수, 컴퓨터 프로그래머, 변호사, 사업가 등의 직업을 갖게 되었을 것이다. 그렇다면 당신이 갈고닦은 전문성을 십분 활용해 선교지 사람들을 돕고 복음을 전하면 어떨까? 전문 기술과 상업 활동은 선교의 문을 활짝 열 수 있다. 과거에는 해외 여행 자체가 어려웠지만 지금은 비자와 비행기 표만 있으면 언제든 선교 사역을 할 수 있는 국가가 많아졌다.

국내 혹은 국제 선교 단체를 후원하라. 발전한 도시에서는 어떤 형태의 선교 활동도 가능하다. 서양의 도시나 자국 내 외국인 거주지 같은 곳은 타문화 선교를 경험해 볼 수 있는 최적의 장소이다. 또는 수입의 일부를 떼어서 구제 사역이나 복음 전파에 힘쓰는 국내외 선교 단체를 후원해도 좋다. 후하게 베풀라! 돈이 있는 곳에 마음이 따라가게 되어 있다(마 6:21).

나의 이야기

우리는 각자 21세기 선교사의 사명을 받아들이고 하나님이 연결해 주시는 미전도 종족이나 국가를 위해 헌신해야 한다. 이 세상의 모든 그리스도인은 적어도 하나의 종족이나 국가를 입양해 기도와 사랑, 관심을 집중해야 한다.

나는 앞서 몽골을 입양했다고 밝힌 바 있다. 그들을 복음화 하기 위해 무엇을 할까 고심하다가 먼저 몽골의 역사와 문화를 공부했다. 그 다음으로 몽골 국민들을 위해 정기적으로 기도하며 단기 선교 또한 몇 차례 다녀왔다. 5년 동안 나와 함께 이 일에 동참했던 사람들은 100명 정도였다. 우리는 원형 천막에서 살아가는 유목민들을 대상으로 구제와 선교 활동을 하기도 했고, 몽골 인구의 절반이 모여 사는 수도에서 복음을 전하기도 했다. 청년들에게 선교 비전을 심어주기 위해 몽골 청년 부흥 집회를 후원한 적도 있었다. 어려움도 많았지만 그만큼 기쁨과 보람도 적지 않았다.

처음 몽골을 입양할 때만 해도 교회가 얼마 없었고 국민 모두

가 가난했다. 그러나 오늘날 몽골의 경제는 눈에 띄게 발전하고 있으며 교인 수가 오만 명에 이를 만큼 교회도 성장했다. 1980년에는 그리스도인이 한 명도 없었던 국가가 지금은 '그리스도인 수 대비 선교사를 가장 많이 파송한' 국가가 되었다. 몽골은 그리스도인 222명당 1명의 선교사를 파송했다. 미국은 그리스도인 2,148명당 1명의 선교사를 파송해 30위를 차지했다.[7] 하나님의 선교 계획에 한 번도 참여한 적 없던 몽골이었지만, 제4의 물결에서는 어엿하게 한자리를 차지하고 있다. 다른 개발도상국들도 마찬가지다.

결국 제4의 물결의 핵심은, 수천 수만 명의 21세기 그리스도인들이 이 세상에 존재하는 미전도 종족이나 국가를 입양하고 기도하며 하나님의 마음을 나누는 것이다. 우리는 유사 이래 처음으로 모든 국적과 연령대의 그리스도인들이 삶의 모든 영역에서 선교사가 되어, 혁신적인 첨단 기술과 친밀한 인간관계를 통해 이 세상 모든 사람들에게 복음을 전하는 경이로운 광경을 목격하게 될 것이다.

16세기 종교 혁명은 우리에게 모든 성도가 제사장이라는 사실을 상기시켜 주었다. 제4의 물결은 모든 성도가 선교사라는 사실을 일깨워 줄 것이다. 앞으로 복음은 태평양 제도에서 출발해 중앙아시아와 서부 아시아를 거쳐 다시 예루살렘으로 돌아가게 될 것이다. 이 장대한 띠가 세계 복음화 성취를 위한 최종 무대이다.

우리가 이 막중한 과제에 담대하게 도전한다면 제4의 물결은 인류 역사의 가장 경이로운 순간, 즉 지상 대위임령이 성취되고 예수님이 재림하셔서 영원한 왕국을 건설하시는 그 영광스러운 순간으로 이어질 것이다(마 24:14). 우리는 만왕의 왕을 다시 이 땅으로 돌아오시게 하는 세대가 될 것이다.

이것이 세계 복음화의 마지막 단계일지 아니면 세계 선교를 크게 전진시키는 단계일지 아직 확실히 알지 못하지만, 한 가지는 확실하다. 당신에게는 당신이 짊어져야 할 사명이 있다. 세상의 믿지 않는 영혼들이 당신을 기다리고 있다. 그러니 일어나서 앞으로 나아가라!

"일어나라 빛을 발하라 이는 네 빛이 이르렀고 여호와의 영광이 네 위에 임하였음이니라 보라 어둠이 땅을 덮을 것이며 캄캄함이 만민을 가리려니와 오직 여호와께서 네 위에 임하실 것이며 그의 영광이 네 위에 나타나리니 국가들은 네 빛으로, 왕들은 비치는 네 광명으로 나아오리라"(사 60:1-3).

Chapter 17
묵상과 토론을 위한 질문

01. 당신과 주변 사람들이 선교사적 마음가짐으로 살아가려면 어떻게 해야 하겠는가?

02. 학생들이 제4의 물결에 참여하려면 기독교 교육이 어떻게 개혁되어야 한다고 생각하는가? 그 일을 위해 당신과 당신의 교회, 학교는 무슨 일을 할 수 있겠는가?

03. 세계 복음화의 남은 과제는 무엇인가? 부록에 나와 있는 선교 단체 홈페이지들을 방문해서 당신이 참여할 수 있는 일들을 알아보라.

04. 기도하면서 구체적인 정보를 알아본 뒤 하나님이 인도하시는 미전도 종족을 입양하여 그들의 복음화에 힘쓰라. 그들을 위해 기도하고 선교 사역을 후원하며 휴가나 방학이 되면 그곳을 방문하라. 당신은 주님의 재림을 앞당겨야 할 세대임을 잊지 말라.

| 에필로그 | 박해와 고난에 대한 한마디

이 책은 앞으로 하나님이 행하실 놀라운 선교 부흥과 세계 복음화에 초점을 맞추고 있다. 그분이 하시는 일은 우리의 기도와 시간, 열정이 아깝지 않을 만큼 성공적이고 탁월하다. 예수님은 교회를 승리로 이끄시어 세계 복음화의 과업을 완수하도록 하실 것이다. 당신도 이 역사적 순간에 동참하게 되리라 믿는다. 그러나 이 과업이 수월하게 거저 이루어진다고 생각하면 오산이다. 선교는 항상 암흑기에 더 왕성해졌다. 실제로 가장 핍박이 극심할 때 "순교자들의 피가 교회의 씨앗이 되었다."[1]

이 시대 그리스도인들의 숙명도 과거와 다를 바가 없다. 물론 제4의 물결에서 폭발적 부흥이 일어날 것을 생각하면 신나고 흥분되지만, 머지 않아 이 세상에 혼돈과 시련이 찾아올 것 또한 자명한 일이다.

- 점차 증폭되는 세계 경제의 불안정과 불확실성
- 현재의 안정된 삶을 위협할 세계적인 경제 불황
- 중동 지역에서 확산되고 있는 전쟁과 3차세계대전의 발발 가능성
- 세속주의 이데올로기 및 이슬람 교리와 정면으로 대치되는 기독교 복음
- 악화되는 개발도상국들의 식량과 물자 부족 사태
- 전체주의 국가들의 등장

오직 하나님만이 우리 앞에 펼쳐질 재앙과 심판의 상황을 알고 계신

다. 이 모든 것은 역사를 움직이시는 하나님의 섭리 아래 있다. 역사를 통해 보았듯 우리는 앞으로의 승리와 더불어 핍박과 시련도 증가할 것임을 충분히 예상할 수 있다. 그 둘은 언제나 나란히 가기 때문이다.

혹시 아직도 『폭스의 순교사』(말씀보존학회 역간)[2]를 읽어보지 않았다면 지금이라도 읽어보기를 권한다. 이 책을 보면 기도와 고난, 죽음을 통해 어둠의 권세를 정복하는 것이 곧 믿음임을 알게 될 것이다. 시대를 막론하고 그 사실은 변함 없다. 로마의 그리스도인들은 산 채로 사자들의 먹이가 되었고, 죽의 장막 뒤에서 수많은 성도들이 수용소의 고난을 감내했다.[3]

20세기 제3의 물결에서 기독교가 폭발적으로 성장한 것이 사실이지만, 사상 유례없는 참혹한 핍박과 순교가 동반되었다는 점도 명심해야 한다. 예수님이 승천하신 이후 신앙을 지키다가 목숨을 잃은 그리스도인이 대략 칠천만 명이었다.[4]

지금 이 시대에도 인도네시아의 말루쿠 제도, 방글라데시, 인도, 나이지리아, 동티모르, 쿠바, 전 소비에트 연방국들, 사우디아라비아 등의 이슬람 국가들과 베트남, 중국 등지에서 그리스도인에 대한 박해와 차별이 심해지고 있다. 이 장을 쓰고 있는 동안에도 아프가니스탄에서 섬기던 기독교 의료 선교사 10명이 탈레반에게 살해당했다는 소식을 들었다. 이유가 무엇인지 아는가? 탈레반의 대변인 자불라 모자히드에 따르면 그들이 미국의 스파이 노릇을 했고 기독교를 전파했기 때문이라고 했다.[5]

제4의 물결은 제3의 물결보다도 거대하고 강력할 것이다. 그만큼 엄청난 추수 가운데 박해와 순교의 물결도 더욱 거세질 것은 자명하다.

하지만 예수님의 위로는 어느 시대에나 동일하게 울려 퍼진다.

"너희는 마음에 근심하지 말라 하나님을 믿으니 또 나를 믿으라 내 아버지 집에 거할 곳이 많도다…내가 너희를 위하여 거처를 예비하러 가노니"(요 14:1-2).

"적은 무리여 무서워 말라 너희 아버지께서 그 나라를 너희에게 주시기를 기뻐하시느니라"(눅 12:32).

"이는 너희가 나를 사랑하고 또 내가 하나님께로부터 온 줄 믿었으므로 아버지께서 친히 너희를 사랑하심이라…너희가 다 각각 제 곳으로 흩어지고…이것을 너희에게 이르는 것은 너희로 내 안에서 평안을 누리게 하려 함이라 세상에서는 너희가 환난을 당하나 담대하라 내가 세상을 이기었노라"(요 16:27, 32-33).

내가 일하는 사무실에는 특별한 선반이 하나 있다. 그 위에는 십대 시절에 조부모님이 주셨던, 내 생애 최초의 성경책이 고이 모셔져 있다. 이 성경책에는 딱 한 구절에 밑줄이 그어져 있다. 조부모님이 사랑하는 손자에게 주셨던 말씀은 바로 요한계시록 2장 10절이다. "네가 죽도록 충성하라 그리하면 내가 생명의 관을 네게 주리라."

볼 때마다 가슴이 뭉클해진다. 제4의 물결이 일렁이는 말세에도 잡초와 밀은 서로 악착같이 자라날 것이다. 그러나 걱정하거나 위축될 필요가 없다. 밀려오는 선교의 물결에 과감히 몸을 맡기고 사랑하는 주님을 의지하라.

"누가 우리를 그리스도의 사랑에서 끊으리요 환난이나 곤고나 박해나 기근이나 적신이나 위험이나 칼이랴…이 모든 일에 우리를 사랑하시는 이로 말미암아 우리가 넉넉히 이기느니라 내가 확신하노니 사망이나 생명이나 천사들이나 권세자들이나 현재 일이나 장래 일이나 능력이나 높음이나 깊음이나 다른 어떤 피조물이라도 우리를 우리 주 그리스도 예수 안에 있는 하나님의 사랑에서 끊을 수 없으리라."
(롬 8:35, 37-39).

부록 : 기독교 선교 단체 정보

현재 전 세계적으로 수천 개에 달하는 기독교 선교 단체들이 활동하고 있다. 그럼에도 그 수는 계속 늘어나는 중이다. 여기서 소개하는 선교 단체들은 비교적 규모가 크고 잘 알려진 단체들이다. 더 많은 정보를 알고 싶다면 제이슨 맨드릭(Jason Mandryk)의『세계기도정보 (Operation World)』를 참고하기 바란다. 인터넷 홈페이지 주소는 www.operationworld. org 이다.

국제 선교 단체들
Assemblies of God World Missions (www.worldmissions.ag.org)

Campus Crusade for Christ (www.campuscrusade.com)

Evangelical Missiological Society (www.emsweb.org)

Gospel for Asia (www.gfa.org)

Indian Evangelical Team (www.ietmissions.org)

International Fellowship of Evangelical Students (www.ifesworld.org)

Navigators (www.navigators.org/us)

New Tribes Mission (www.ntm.org)

Operation Mobilization (www.om.org)

OMF International (www.omf.org)

SBC-International Mission Board (www.imb.org)

SIM-Serving in Mission (www.sim.org)

U.S. Center for World Mission (www.uscwm.org)

WEC International (www.wec-int.org)

World Vision (www.worldvision.org)

Wycliffe Bible Translators (www.wycliffe.org)

Youth With A Mission (www.ywam.org)

미전도 종족 입양을 추진하는 선교 단체들

Call2All (www.call2all.org)

Finishing the Task (www.finishingthetask.com)

Joshua Project (www.joshuaproject.net)

Operation World (www.operationworld.org)

세계 선교 협의체

Asia Missions Association (www.asiamissions.net)

COMIBAM International (라틴 아메리카) (www.comibam.org)

CrossGlobal Link (북 아메리카) (www.crossgloballink.org)

Evangelical Association of the Caribbean (www.caribbeanevangelical.org)

Global Network of Mission Structures (www.gnms.net)

Lausanne Movement (www.lausanne.org)

Movement of African National Initiatives (www.maniafrica.com)

World Evangelical Alliance (www.worldevangelicals.org)

주

프롤로그

1. 별도의 표기가 없는 한 이 책에 나오는 성경 말씀은 New Living Translation (NLT)에서 인용했다. (번역서는 개역개정 성경에서 인용했음-역주).
2. 남침례 교단이나 하나님의 성회 본부총회 같은 개신교의 주요 선교 단체들은 이런 표현들을 사용한다.
3. 다음의 책을 참고하라. Roxburgh and Romanuk, *The Missional Leader: Equipping Your Church to Reach a Changing World* (San Francisco: Jossey-Bass, 2006).
4. Ralph Winter, "Four Men, Three Eras," *Mission Frontiers*, November/December 1997, 11.
5. 같은 책, 12.
6. 같은 책, 13.
7. 여호수아 프로젝트(Joshua Project), http://www.joshuaproject.net/

1장

1. 나의 저서 『21세기의 지도자: 기독교인의 강력하고 경건한 지도력』(예수전도단, 1996)은 철의 장막이 무너지던 해에 출간되었다. 나는 리 그래디(Lee Grady)에게 1장의 집필을 도와달라고 부탁했는데 그는 공산주의 몰락을 예언하는 내용을 첨가했다. 마치 미래를 다녀온 것 마냥 정확한 예측이었으며 심지어 국가들이 독립하는 순서까지 들어맞았다. 리 그래디는 그 글을 1986년에 썼다고 한다.

2. 더 자세한 내용은 다음을 참고하라. http://www.ywam.org/.
3. 한국의 역사와 초기 선교를 자세히 알고 싶다면 다음의 책을 참고하라. Djun Kil Kim's *The History of Korea*(Westport, Conn.: Greenwood Press, 2005).
4. Andrei Lankov, "North Korea's Missionary Position," *Asian Times*, March 16, 2005.
5. 여의도순복음교회, http://www.ambassador4christ.org/yoido_church.html.
6. 양화진 선교사묘역에 대한 자세한 기사를 보고 싶다면 다음을 참고하라. http://trifter.com/asia-pacific/seoul-foreigners-cemetery-a-quiet-stroll-through-history/.
7. 이 사건들에 대한 연대기는 다음의 책을 참고하라. Gavin Menzie, *1421: The Year China Discovered America*(New York: HarperCollins, 2003).
8. John Micklethwait and Adrian Wooldridge, *God Is Back: How the Global Revival of Faith is Changing the World*(New York: Penguin Press, 2009), 5.
9. Christian Zibreg, "China Is Now the World's Second-Largest Economy, Will Pass the U.S. by 2025," http://www.geek.com/articles/news/china-is-now-the-worlds-second-largest-economy-will-pas-the-us-by-2025-2010082/.
10. Rodney Stark, "The Sin of Slavery," in *For the Glory of God: How Monotheism Led to Reformations, Science, Witch-Hunts, and the End of Slavery*(Princeton, N.J.: Princeton University Press, 2003), 291-366.
11. Todd Johnson, *The Atlas of Global Christianity 1910-2010*(Edinburgh: Edinburgh University Press, 2009), 311.
12. 같은 책, 310.
13. '세계 기도의 날'에 대한 자세한 정보는 다음을 참고하라. http://www.globaldayofprayer.com/.
14. 모삽 하싼 유세프의 이야기는 다음의 책에서 인용했다. *Son of Hamas: A Gripping Account of Terror, Betrayal, Political Intrigue, and Unthinkable Choice*(Carol Stream, Ill.: SaltRiver, 2010).
15. Sarah Stegall, "Evangelists Say Muslims Coming to Christ at Historic Rate," Charisma News Online, August 20, 2010, http://www.charismamag.com/index.php/news/29125-evangelists-say-muslims-coming-to-christ-at-historic-rate.
16. "Dreams and Visions of Jesus," The 30-Days Prayer Network, http://www.30-days.net/muslims/muslims-in/mid-near-east/dreams-visions/.
17. 패트릭 존스톤 & 제이슨 맨드릭, 『세계기도정보』(죠이선교회출판부, 2011).

18. 이것이 진 에드워드의 고전 속 그의 결론이다. 진 에드워드, 『세 왕 이야기』(예수전도단, 2001).

2장
1. 로렌 커닝햄 & 제니스 로저스, 『하나님 정말 당신이십니까?』(예수전도단, 2015).
2. 로렌 커닝햄, 『열방을 변화시키는 하나님의 책』(예수전도단, 2007).

3장
1. Leslie T. Lyall, A World to Win(London: InterVarsity Press, 1972), 6.
2. 로렌 커닝햄 & 제니스 로저스, 『하나님 정말 당신이십니까?』(예수전도단, 2015).
3. J. 허버트 케인, 선교 신학의 성서적 기초(나단, 1990).
4. 케네스 스코트 라토렛, 기독교의 역사(대한기독교서회, 1986).
5. 데니스 베넷 & 리타 베넷, 성령님과 당신 (서로사랑, 2005).
6. 같은 책. 데니스 베넷 신부는 성 누가 성공회 교회의 신부로서 수년 간 많은 책들을 집필했으며 1960년대와 70년대에 세계 여러 국가에서 성령의 갱신운동을 주도했다. 그의 첫 번째 저서인 『오전 9시, 성령이 임하는 시간』(서로사랑 역간)은 초기 은사주의 운동의 최고 논문으로 꼽힌다.
7. E. Glenn Hinson, The Evangelization of the Roman Empire: Identity and Adaptability(Macon, Ga.: Mercer University Press, 1981), 57.
8. 같은 책, 58.
9. Harold R. Cook, Highlights of Christian Missions(Chicago: Moody Press, 1967), 16.
10. Michael Pocock, Gailyn Van Rheenen, and Douglas McConnell, The Changing Face of Missions: Engaging Contemporary Issues and Trends(Grand Rapids: Baker Academic, 2005), 49.
11. Rodney Stark, Discovering God(New York: Harper Collins, 2007), 310.
12. 같은 책, 313. 로드니 스타크(Rodney Stark)가 소개한 "기독교인 증가 도표"를 보면 AD 40년 초대 교회 시대에 약 1,000명이던 기독교인이 350년에는 3,500만으로 증가해서 로마 식민지 사람들의 53%가 예수님을 믿었다는 걸 알 수 있다.
13. Kane, Christian Missions in Biblical Perspective, 258.
14. 내가 이 시기에 즐겨 읽었던 책의 하나는 토마스 카힐(Thomas Cahill)이 쓴 다음의 현대 고전이었다. Thomas Cahill, How the Irish Saved Civilization(New York: Doubleday, 1995). 중세시대 용감한 수도승 선교사들의 문장력이 없었다면 성경만이 아니라 서구문명의

훌륭한 저서들까지 잃어버렸을지 모른다.

4장

1. Moon Tides, http://home.hiwaay.net/-krcool/Astro/moon/moontides/.
2. 나는 예수혁명으로 불리는 영적 쇄신이 한창 진행되던 1968년에 예수님을 영접했다. 그리고 하나님이 아프리카와 미국에서 놀랍게 역사하시는 것을 목격했다. 1974년부터 이듬해까지 우리 고향마을에 불었던 청년들의 부흥운동 덕에 지금의 아내를 만났고 많은 청년들이 선교에 헌신했다. 1980년 4월 29일에 워싱턴 D.C.에서 열렸던 예수대회에서는 내가 행사 주관자였고 약 70만 명의 미국인들이 워싱턴 D.C.로 몰려와 영적 부흥을 위해 기도했다. 그리고 6개월 뒤에 로널드 리건이 '미국의 여명이 밝았다'는 슬로건을 내세워 미국 대통령으로 선출되었다. 미국의 영적 부흥의 필요성을 매우 적절하게 표현한 슬로건이라고 생각한다.
3. 이 정의는 다음의 책에서 인용했다. *An Urgent Appeal: To Christian Leaders in America for Consensus and Collaboration on the Biblical Nature and Hope of Corporate Revival* (Westminister, Colo.: National Revival Network, 2001).
4. Charles Finney, *Revival Lectures*(Grand Rapids: Fleming Revell, 1993), 7.
5. 기도 기간을 열흘이라고 한 이유는 예수님이 부활하신 후 40일째 되는 날에 승천하셨고 50일째 되는 날에 성령님이 강림하셨기 때문이다.
6. Ralph Winter, "The Finishable Task!" *Mission Frontiers*, March 1989, 14.
7. Thomas Cahill, *How the Irish Saved Civilization: The Untold Story of Ireland's Heroic Role from the Fall of Rome to the Rise of Medieval Europe*(New York: Doubleday, 1995).
8. Winter, "The Finishable Task!" 15.
9. 모라비안 교도들에 대한 자세한 사항은 다음을 참고하라. "A Short Introduction to the History, Customs, and Practices of the Moravian Church" by Herbert Spaugh, http://everydaycounselor.net/?p=105.
10. Robert Tuttle, *John Wesley: His Life and Theology*(Grand Rapids: Zondervan, 1978), 181-192.
11. Robert K. Greenleaf, *Servant Leadership: A Journey into the Nature of Legitimate Power and Greatness*(New York: Paulist Press, 1977), 62-66.
12. Verna M. Hall, *The Christian History of the Constitution of the United States of America*(San Francisco: Foundation for American Christian Education, 1966), Ia.

13. Arnold Guyot, *Physical Geography*(Princeton, N. J.: Princeton Press, 1873), 5.
14. Todd Johnson, *The Atlas of Global Christianity 1910–2010*(Edinburgh: Edinburgh University Press, 2009), 310.
15. 텍사스 대학의 로드니 스타크(Rodney Stark)교수는 자신이 집필한 *For the Glory of God*(하나님의 영광을 위하여)라는 책의 1장에서 성경적 믿음과 현대 과학의 발전간의 상관관계를 밝히고 있다. 그는 창조주 하나님을 믿었던 과학자들 100여 명의 명단을 공개하며 그들은 하나님이 창조한 질서정연한 세계를 인간이 이해하고 발전시켜야 한다고 믿었다고 말했다.

5장

1. 루스 터커, 『선교사열전』(복있는사람, 2015).
2. Bruce L. Shelley, *Church History in Plain Language*(Waco, Tex.: Word, 1982), 274-275.
3. 루스 터커, 『선교사열전』, 159.
4. 케네스 스코트 라토렛, 『기독교의 역사』(대한기독교서회, 1986).
5. 루스 터커, 『선교사열전』.
6. 같은 책, 191.
7. 같은 책.
8. 같은 책, 194.
9. William Carey, *An Enquiry into the Obligations of Christians to Use Means for the Conversion of the Heathens*(Leicester, England: Ann Richards printer, 1792), 37.
10. 같은 책, 62.
11. 같은 책, 87.
12. 케네스 스코트 라토렛, 『기독교의 역사』(대한기독교서회, 1986). 라토렛이 말한 '위대한 세기'는 1815년부터 1914년까지를 의미하며 이때는 주로 개신교 선교 활동이 활발하게 펼쳐졌다.
13. 루스 터커, 선교사열전, 198.
14. 같은 책, 205.
15. Shelley, *Church History in Plain Language*, 374.
16. Edward B. Cole, *The Baptist Heritage*(Elgin, Ill.: David C. Cook, 1976), 47-52.
17. 케네스 스코트 라토렛, 『기독교의 역사』.
18. John Wesley, *The Journal of John Wesley*(Chicago: Moody Press, 1972), 56.

19. 같은 책, 419.
20. R. C. Sproul and Archie Parrish, *The Spirit of Revival: Discovering the Wisdom of Jonathan Edwards*(Wheaton, Ill.: Crossway Books, 2000), 22-24.
21. *America's Great Revivals*(Minneapolis: Bethany Fellowship, 1976), 12.
22. J. Edwin Orr, *The Eager Feet*(Chicago: Moody Press, 1975), 89.
23. 코트니 앤더슨, 『아도니람 저드슨의 생애』(좋은씨앗, 2009).
24. 토마스 카힐(Thomas Cahill)에 따르면, 초기 몇 세기 동안의 선교 활동에 대한 기록이 중세시대에 많이 없어진 이유는 로마의 약탈과 로마 제국의 몰락 때문이라고 한다.
25. A. E. Medlycott, *India and the Apostle Thomas*(London: Cambridge Publishers, 1905), 221-225.
26. Thomas Cahill, *How the Irish Saved Civilization: The Untold Story of Ireland's Heroic Role from the Fall of Rome to the Rise of Medieval Europe*(New York: Doubleday, 1995), 107.
27. 같은 책, 206.
28. Paul Gray, "Johann Gutenberg (c. 1395-1468)," *Time*, December 26, 1999, 23.
29. David M. Howard, ed., *Jesus Christ: Lord of the Universe, Hope of the World*(Downers Grove, Ill.: InterVarsity Press, 1974).
30. Gavin Menzies, *1421: The Year China Discovered America*(New York: Perennial, 2004), 이 책에는 명나라 영락제 시절에 대신 정화(鄭和)가 함대를 이끌고 미국으로 원정을 갔다는 기록이 나와 있음.
31. Howard, *Jesus Christ*, 115.

6장

1. 미개척 아프리카의 신비로움을 표현하는 '검은 대륙'이라는 용어는 헨리 M. 스탠리(Henry M. Stanley)가 1878년에 출간한 『검은 대륙을 지나서』(Through the Dark Continent)라는 책으로 인해 세간에 널리 사용되기 시작했다. 데이비드 리빙스턴의 생사를 확인하러 아프리카로 갔던 헨리 스탠리가 그를 만나자, "리빙스턴 박사님 맞죠?"라고 물었다는 일화는 유명하다.
2. J. H. Worcester, Jr., *David Livingstone: First to Cross Africa with the Gospel*(Chicago: Moody Press, 1988), 14-16.
3. 같은 책, 17.
4. 같은 책, 85.

5. 같은 책, 46.
6. 같은 책, 110.
7. 같은 책.
8. Carl Lawrence and David Wang, *The Coming Influence of China*(Gresham, Ore.: Vision House, 1996), 3.
9. Fred Barlow, *Profiles in Evangelism: Biographical Sketches of World-Renowned Soul Winners*(Murphreesboro, Tenn.: Sword of the Lord, 1976), 2.
10. J. C. Pollock, *Hudson Taylor and Maria: Pioneers in China*(Grand Rapids: Zondervan, 1976), 45.
11. 같은 책, 49-50.
12. 마셜 브롬홀, 『순교한 선교사들의 마지막 편지』(로뎀북스, 2014).
13. 같은 책.
14. 같은 책.
15. Pollock, *Hudson Taylor and Maria*, 208.
16. Barlow, *Profiles in Evangelism*, 3.
17. Pollock, *Hudson Taylor and Maria*, 267.
18. 랄프 D. 윈터, 스티브 호돈, 한철호, 『미션 퍼스펙티브』(예수전도단, 2010).
19. John R. Mott, *Cooperation and the World Mission*(London: Student Christian Movement Press, 1935), 87.
20. 같은 책, 88.
21. 루스 터커, 『선교사열전』(복있는사람, 2014).
22. J. Edwin Orr, *The Eager Feet: Evangelical Awakenings, 1790–1830*(Chicago: Moody Press, 1975), 196.
23. *America's Great Revivals*, (Minneapolis: Bethany Fellowship, 1976), 78-82.
24. Ron Boehme, "Prayer Is the Gunpowder of Missions," YWAM Office of U.S. Renewal, http://usrenewal.squarespace.com/home/2010/1/29/prayer-is-the-gunpowder-of-global-missions.html. 이 기사는 본래 Dan R. Crawford의 저서 Giving Ourselves to Prayer(Terre Haute, Ind.: Prayer Shop Publishing, 2008)에 수록된 내용이다.
25. *America's Great Revivals*, 52-72.
26. 루스 터커, 『선교사열전』.
27. 케네스 스코트 라토렛, 『기독교의 역사』(대한기독교서회, 1986).

28. David M. Howard, *Jesus Christ: Lord of the Universe, Hope of the World*(Downers Grove, Ill.: InterVarsity Press, 1974), 127.
29. 케네스 스코트 라토렛, 『기독교의 역사』.
30. 같은 책, 4.
31. 루스 터커, 『선교사열전』.

7장

1. 루스 터커, 『선교사열전』(복있는사람, 2014).
2. 다음의 책에는 세계 기독교에 대한 통계 자료와 도표와 지도가 연대순으로 잘 정리되어 있다. David B. Barrett, ed., *World Christian Encyclopedia: A Comparative Study of Churches and Religions in the Modern World, AD 1900-2000*(New York: Oxford University Press, 1982), 3.
3. 패트릭 존스톤, 『교회는 당신의 생각보다 큽니다』(WEC, 1999).
4. Wheaton Archives, http://www.wheaton.edu/bgc/archives/guides/178.htm#301.
5. 랄프 D. 윈터, 스티브 호돈, 한철호, 『미션 퍼스펙티브』(예수전도단, 2010).
6. Claude Hickman, "William Cameron Townsend," The Traveling Team, http://www.thetravelingteam.org/node/125에서 확인 가능.
7. "The Greatest Missionary," *Houston Baptist University 3, no. 2*(January-March 2006): 3.
8. Wycliffe Bible Translators, http://www.wycliffe.org/About/Statistics.aspx.
9. Claude Hickman, "William Cameron Townsend," http://www.thetravelingteam.org/node/125.
10. "U.S. Center for World Mission Celebrating 25 Years of Service," U.S. Center for World Mission.
11. U.S. Center for World Mission, "Our Vision and Mission," http://www.uscwm.org/index.php/about/.
12. Ralph D. Winter, "What Is an Unreached People Group?" Mission Frontiers, May/June 1995, 1.
13. '10/40 창'(Window)이란 북위 10도-40도 사이에 있는 동반구 지역들을 의미한다. 10/40 창의 개념이 강조하는 바는 이 지역에 위치한 국가들이 (1) 대부분 가난하고 (2) 삶의 질이 낮고 (3) 기독교를 접할 기회가 매우 적다는 점이다. 10/40창에는 사하라와 북아프리카를 비롯해 아시아 전역(서아시아, 중앙아시아, 남아시아, 동아시아, 남동 아시아 대부분)이 들어간다. 세계인구의 대략 3분의 2가 이 지역에 거주하고 있다. 이들의 종교는 이

슬람, 힌두교, 불교, 정령숭배, 유대교, 무신론 등 다양하다. 10/40창에 속한 국가들 중에는 어떤 종류의 기독교 사역도 공식, 혹은 비공식적으로 허용하지 않는 국가가 많다.

14. Luis Bush, *Funding World Missions*(Wheaton, Ill.: World Evangelical Fellowship Missions Commission, 1990), 9.
15. 여의도순복음교회, http://english.fgtv.com/a1/a1_01.asp
16. Robert Moll, "Mission Incredible," Christianity Today, March 2006, 3.
17. 같은 책, 4.
18. Gospel for Asia, http://www.gfa.org/about/aboutkp/.
19. K. P. 요하난,『세계 선교의 혁명』(예영커뮤니케이션, 2006).
20. 윈 형제, 폴 해터웨이,『하늘에 속한 사람』(홍성사, 2004).
21. 같은 책.
22. 같은 책.
23. 같은 책.
24. The Embassy of the Blessed Kingdom of All Nations, http://www.familyaidinternational.com/embassy_of_god/who_is_sunday_adelaja.htm.
25. Philip Jenkins, The New Faces of Christianity: Believing the Bible in the Global South (New York: Oxford University Press, 2006), 47.
26. Todd Johnson and Kenneth R. Ross, eds., The Atlas of Global Christianity 1910-2010 (Edinburgh: Edinburgh University Press, 2009), 311.
27. 패트릭 존스톤, 교회는 당신의 생각보다 큽니다, (WEC, 1999).
28. Carl Lawrence and David Wang, The Coming Influence of China (Gresham, Ore.: Vision House, 1996), 85.
29. 데이비드 아이크만,『베이징에 오신 예수님』(좋은씨앗, 2005)
30. Bush, Funding World Missions, 480.
31. Grant Wacker, The Functions of Faith in Primitive Pentecostalism (New York: Cambridge University Press, 1984), 353.
32. Luis Lugo, "The Pentecostal Revival," Ministry Today, March 2, 2010, 22.
33. Scott Moreau, 다음의 기사에서 인용함. Rob Moll, "Missions Incredible," Christianity Today, March 2006, 36.
34. 패트릭 존스톤,『교회는 당신의 생각보다 큽니다』.

8장

1. Charles Clarke, Pioneers of Revival (Plainfield, N.J.: Logos International, 1971), 28.
2. 같은 책, 28.
3. 같은 책, 30.
4. J. Edwin Orr, The Re-Study of Revival and Revivalism (Oxford: Oxford Press, 1981), 43.
5. 빈슨 사이난, 『세계 오순절 성결 운동의 역사』(서울말씀사, 2000).
6. Clarke, Pioneers of Revival, 39-42.
7. 나는 콩고 부흥의 지도자중 한 명이었던 아이버 데이비스(Ivor Davies)라는 뉴질랜드인으로부터 1972년 집회들에서 일어난 놀라운 간증들을 직접 들은 바 있다.
8. Mathew Backholer, 150 Years of Revival, http://www.byfaith.co.uk/paulbyfaithtvmathewthoughts18.htm.
9. Andrew Woolsey, *Duncan Campbell: A Biography*(London: Hodder & Stoughton, 1974), 112-120.
10. 이 책의 저자는 예수 혁명과 은사주의 운동이 한창이던 1968년에 예수님을 영접했다.
11. 멜 태리, 『급하고 강한 바람처럼』(하늘기획, 2003).
12. "A. T. Pierson Quotes," http://christian-quotes.ochristian.com/A.T.-Pierson-Quotes/.
13. 나는 예전에 한국의 서울을 방문했다가 나를 안내해 준 장로교 목사로부터 자신의 교회가 40일 금식기도를 하고 있다는 이야기를 들었다. 내가 일 년에 한 번씩 그런 기도를 하느냐고 묻자 그는 "아니요, 일 년에 네 번씩 합니다"라고 대답했다. 한국인 성도들의 기도 열정은 참으로 놀랍고 감탄스럽다.
14. Peggy Noonan, "We Want God," http://usrenewal.squarespace.com/home/2009/2/13/we-want-god.html.
15. 24/7 Prayer, http://www.24-7prayer.com.
16. See You at the Pole, www.syatp.com.
17. International Renewal Ministries, http://www.prayersummits.net.
18. The Global Day of Prayer, http://www.globaldayofprayer.com.
19. George W. Peters, "Missionary Dynamic and Prayer," in *Giving Ourselves to Prayer*, ed. Dan R. Crawford(Terre Haute, Ind.: Prayer Shop Publishing, 2008), 541.
20. Cape Town 2010, http://www.lausanne.org/cape-town-2010.
21. AD2000 and Beyond, http://www.ad2000.org/.
22. Luis Bush, "The Unfinished Task," *Mission Frontiers* May/June 1998, 28.

23. Call2All, http://www.call2all.org/Groups/1000015933/Call2All/About_Us /Dr_Bill_Bright/Dr_Bill_Bright.aspx.
24. King's Kids International, http://www.kkint.net.
25. Rob Moll, "Missions Incredible," Christianity Today, March 2006, 36.
26. 윈 형제, 폴 해터웨이, 『하늘에 속한 사람』(홍성사, 2004).
27. Michael Pocock, Gail Van Rheenen, and Douglas McConnell, *The Changing Face of Missions: Engaging Contemporary Issues and Trends*(Grand Rapids: Baker Academic, 2005), 134.
28. Roger Peterson, "What's Happening in Short-Term Mission?" *Lausanne World Pulse*, March 2010, 2.
29. Warren Janzen, "The Springboard of Short-Term Missions," *Lausanne World Pulse*, March 2010, 2.
30. 루스 터커, 『선교사 열전』(복있는사람, 2014).
31. A. Hinman, "Eradication of Vaccine-Preventable Diseases," *Annual Review of Public Health 20*(May 1999), available at http://arjournals.annualreviews.org /doi/abs/10.1146%2Fannurev.publhealth.20.1.211.
32. 영화〈예수〉, 대학생 선교회(CCC), http://www.jesusfilm.org/.
33. 나는 1997년부터 몽골을 오고가며 여러 사역을 하고 있다. 이 통계 수치는 현지 목사들로부터 들은 것이다.
34. 존 도우슨, 『하나님을 위하여 도시를 점령하라』(예수전도단, 1992).

9장

1. 다음에서 인용함. Rick Wood, "Christianity: Waning or Growing?" *Mission Frontiers*, January/February 2003, 12.
2. William Carey, *An Enquiry in the Obligation of Christians to Use means for the Conversion of the Heathens*(Leicester, England: Ann Richards printer, 1792), 38-61.
3. Todd Johnson, "Status of Global Missions," Center for the Study of Global Christianity (www.globalchristianity.org).
4. "Unengaged Unreached People Groups (UUPGs)," http://www.call2all.org /Groups/1000014484/Call2All/About_Us/Themes/UUPGs/UUPGs.aspx.
5. Rick Warren, "The Future of Evangelicalism," *Pew Forum Newsletter*, November 20, 2009, 3.

6. Todd Johnson, "World Missions Statistics," Center for the Study of Global Christianity (www.globalchristianity.org).
7. "YWAM International Statistics," Youth With A Mission, http://old.ywam.org /notfound.asp?404;http%3A//old.ywam.org%3A80/contents/sta_res_stats.htm&bhcp=1.
8. David Taylor, "Envisioning a Global Network of Mission Structures," *Mission Frontiers*, March/April 2010, 16.

10장

1. Jim Stier, "The Fourth Wave," *The Flame Goes Forward*(National City, Calif.: YWAM San Diego/Baja), 160. 짐 스타이어(Jim Stier)는 제4의 물결이 갖고 있는 특징으로 모든 세대, 모든 국적, 세계화, 구어 전달, 모든 삶의 영역, 세계 중심, 능력과 연합, 하나님의 나라를 꼽았다.
2. King's Kids International, http://www.kkint.net/index.php?id=8.

11장

1. David Taylor, "Setting the Pace," *Mission Frontiers*, July/August 2010, 6.
2. 같은 책, 7.
3. 일례로, 시에라리온 출신의 올루 로빈-코커는 스코틀랜드에서 사역하고 있다. 그는 *Manifesto: Revolutionary Christianity for a Postmodern World*(선언문: 포스트모던 세상을 위한 혁신적 기독교)의 저자이기도 하다.
4. Handbook of Hispanic Protestant Denominations, http://www.hispanicchurchesusa.net/.
5. Peter Hammond, "Muslims Coming to Christ," Frontline Fellowship, http://www.frontline.org.za/articles/Muslims%20coming%20to%20Christ.htm.
6. 개리슨이 훌륭하게 꾸며놓은 사이트를 참고하라. http://www.churchplantingmovements.com.
7. David Garrison, *Church Planting Movements: How God Is Redeeming a Lost World*(Midlothian, Tex.: WIGTake Resources, 2004), 32-50.

12장

1. William Carey, *An Enquiry into the Obligations of Christians to Use Means for the Conversion of the Heathens*(Leicester, England: Ann Richards printer, 1792), 62.
2. *World Population to 2300*(New York: United Nations, 2004), 27.
3. 같은 책.
4. David Taylor, "Setting the Pace," *Mission Frontiers*, July/August 2010, 5.
5. Call2All, http://www.call2all.org/Groups/1000014360/Call2All.aspx.
6. http://www.4kworldmap.com/.

13장

1. http://www.febc.org/about/history.html.
2. Trans World Radio, "The Future is Here," http://www.twr.org/pdfs/FutureisHerebooklet09.pdf.
3. 같은 책.
4. "Media Statistics: Televisions (most recent) by country," http://www.nationmaster.com/graph/med_tel-media-televisions.
5. CBN: The Christian Broadcasting Network, http://www.cbn.com/.
6. TBN: Trinity Broadcasting Network, http://www.tbn.org/.
7. Shiryawati's story can be found at http://www.god.tv/node/118.
8. http://www.jesusfilm.org/.
9. Create International, http://www.createinternational.com/.
10. Joshua Newton, "Blockbuster Evangelism," Christianity Today, December 2003, http://www.christianitytoday.com/ct/2003/december/12.28.html.
11. 같은 책.
12. Paul Eshleman, "The State of the Unifinished Task," *Mission Frontiers*, July/August 2010, 1.
13. Orality Strategies, http://www.oralstrategies.com/index.cfm.
14. "Cattlemen Connect in Southern Sudan," Orality Strategies, http://www.oralstrategies.com/stories_detail.cfm?ResourceID=754.
15. "Mobile Phones and Other Devices: The Potential for Evangelism," Internet Evangelism Day, http://www.internetevangelismday.com/mobile-outreach.php.

16. http://tinyurl.com/pewinternet-mobiles.
17. Electa Draper, "Bible Translators Hope to Have Every Language Covered in Fifteen Years," *Denver Post*, June 22, 2010.
18. Global Media Outreach, http://www.globalmediaoutreach.com/about_us.html.
19. 같은 책.
20. "Tokyo 2010's New Technology Vision," *Mission Frontiers*, July/August 2010, 24.
21. "Tokyo 2010 Declaration," *Mission Frontiers*, July/August 2010, 14.

14장

1. http://www.web-evangelism.com/resources/webull06mar1.php#shy_girl_-_a_blogger_s_story
2. http://www.whybelieve.com/.
3. 나탈리의 이야기는 다음 기사에서 읽을 수 있다. http://knowinggod.jesus.net.
4. '생명윤리개혁센터(The Center for Bio-Ethical Reform)'는 Guttmacher Institute의 자료를 토대로 해마다 전 세계적으로 4,200만 건의 낙태가 이루어진다고 추정했다(1996-2008). http://www.abortionno.org/Resources/fastfacts.html.

15장

1. 베르나 홀(Verna Hall)과 로잘리 슬래터(Rosalie Slater)는 미국기독교교육재단(Foundation for American Christian Education)을 설립했다. 이 재단은 미국 기독교 역사의 '원론적인 접근'에 관한 조사와 훈련에 주력하고 있다.
2. 론 베이미, 『21세기 지도자』(예수전도단, 1993).
3. Rodney Stark, *For the Glory of God: How Monotheism Led to Reformations, Science, Witch-Hunts, and the End of Slaver* (Princeton, N.J.: Princeton University Press, 2003). 이 책에는 기독교 신앙이 문화와 사회를 혁신했던 사례들이 수록되어 있다.
4. John Micklethwait and Adrian Wooldridge, *God Is Back: How the Global Revival of Faith Is Changing the World*(New York: Penguin Press, 2009), 12.
5. Tom Bloomer, "Calvin and Geneva: Nation-Building Mission," in *His Kingdom Come: An Integrated Approach to Discipling the Nations and Fulfilling the Great Commission*, eds. Jim Stier, Richlyn Poor, and Lisa Orvis (Seattle: YWAM Publishing, 2008), 103-118.
6. 로렌 커닝햄, 『열방을 변화시키는 하나님의 책』(예수전도단, 2007).

7. Matthew Henry, "Commentary on Matthew 28[:19]," Blue Letter Bible, 1996, 2011, http://www.blueletterbible.org/commentaries/comm_view.cfm?Author ID=4&content ID=1623&commInfo=5&topic=Matthew.
8. 『생각은 결과를 낳는다』와 『라이프워크』는 모두 YWAM Publishing에서 출간했으며 한국에서는 예수전도단이 번역 출간하였다.
9. In *Truth and Transformation: A Manifesto for Ailing Nations*(Seattle: YWAM Publishing, 2009). 망갈와디는 이 책에서 예수님의 은혜로 변화 받았던 과정을 자세히 간증했다.
10. *His Kingdom Come*, eds. Jim Stier, Richlyn Poor, and Lisa Orvis (Seattle: YWAM Publishing, 2008). 이 책은 29명의 저자들이 공동집필했다.
11. 각각 다음에서 확인하자. http://www.dawnministries.org and http://call2all.org.
12. Micklethwait and Wooldridge, God Is Back, 355.
13. 론 베이미, 『21세기 지도』자(예수전도단, 1993)에서 인용했음.
14. 헤르만 도예베르트, 『서양문화의 뿌리』(크리스천다이제스트, 1994).
15. 아브라함 카이퍼, 『칼빈주의 강연』(크리스천다이제스트, 1996).
16. 같은 책.
17. 이 이야기는 *His Kingdom Come*, eds. Jim Stier, Richlyn Poor, and Lisa Orvis (Seattle: YWAM Publishing, 2008) 중에서 란다 콥(Landa Cope)이 쓴 "The Old Testament Template for Discipling Nations"에 나온다.
18. http://www.templateinstitute.com/.

16장

1. 여기에 소개된 내용들은 나와 친분이 있는 사람들의 실제 이야기다.

17장

1. Patricia Lloyd-Sidle and Bonnie Sue Lewis, Teaching Mission in a Global Context (Louisville, Ky.: Geneva Press, 2001), 52.
2. 같은 책, 125.
3. 패트릭 존스톤 & 제이슨 맨드릭, 『세계기도정보』(죠이선교회출판부, 2011). 이 책에 나오는 정보들 중 일부는 다음의 홈페이지에서도 찾아볼 수 있다. http://www.operationworld.org/.
4. Perspectives on the World Christian Movement, http://www.perspectives.org/. 미국

이외의 국가에서 진행되는 퍼스펙티브 과정을 알아보고 싶으면 "Around the World" 페이지를 참고하라.
5. John Micklethwait and Adrian Wooldridge, *God Is Back*(New York: Penguin Press, 2009), 355.
6. '백투예루살렘' 운동에 대해 자세히 알고 싶다면 다음의 책 278-292쪽에 나오는 24장 'Back to Jerusalem'을 참고하라. 이 책에는 중국 가정 교회의 부흥에 대해 상세히 기록되어 있다. 원 형제, 폴 해터웨이, 『하늘에 속한 사람』(홍성사, 2004).
7. Multi-media presentation, September 2010, by Bob Waymire, President, LIGHT International.

에필로그

1. 2세기 교부 터툴리안(Tertullian)의 『변증론』(Apologeticus) 50장에 등장하는 문구로 자주 인용되는 표현이다.
2. 원래 존 폭스(John Foxe)가 1573년에 발간한 책을 개정한 것이다. 존 폭스, 『폭스의 순교사』 (말씀보존학회, 2011).
3. 같은 책, 329.
4. Chuck Colson, "A New Century of Martyrs: Anti-Christian Intolerance," June 17, 2002, http://www.bereanpublishers.com/Persecution_of_Christians/a_new_century_of_martyrs.htm.
5. Kathy Gannon, "Six Americans on Medical Team Killed in Afghanistan," August 7, 2010, http://www.ksdk.com/news/local/story.aspx?storyid=210884.

참고 문헌

- Aikman, David. *Jesus in Beijing: How Christianity Is Transforming China and Changing the Global Balance of Power.* Washington, DC: Regnery Press, 2003.
- 코트니 앤더슨, 『아도니람 저드슨의 생애』(좋은씨앗, 2009).
- *America's Great Revivals.* Minneapolis: Bethany Fellowship, 1976.
- Barlow, Fred. *Profiles in Evangelism: Biographical Sketches of World-Renowned Soul Winners.* Murfreesboro, Tenn.: Sword of the Lord, 1976.
- Barrett, David B. *World Christian Encyclopedia: A Comparative Study of Churches and Religions in the Modern World, AD 1900–2000.* New York: Oxford University Press, 1982.
- 데니스 베넷 & 리타 베넷, 『성령님과 당신』(서로사랑, 2005)
- 론 베이미, 『21세기 지도자』(예수전도단, 1993).
- Bush, Luis. *Funding World Missions.* Wheaton, Ill.: World Evangelical Fellowship Missions Commission, 1990.
- Cahill, Thomas. *How the Irish Saved Civilization: The Untold Story of Ireland's Heroic Role from the Fall of Rome to the Rise of Medieval Europe.* New York: Doubleday, 1995.
- Carey, William. *An Enquiry in the Obligation of Christians to Use Means for the Conversion of the Heathens.* Leicester, England: Ann Richards printer, 1792.
- Cheever, George B. *The Journal of the Pilgrims at Plymouth.* New York: J. Wiley, 1848.
- Clarke, Charles. *Pioneers of Revival.* Plainfield, N.J.: Logos International, 1971.
- Cole, Edward B. *The Baptist Heritage.* Elgin, Ill.: David C. Cook, 1976.

- Cook, Harold R. *Highlights of Christian Missions: A History and Survey*. Chicago: Moody Press, 1967.
- Crawford, Dan R. *Giving Ourselves to Prayer*. Terre Haute, Ind.: Prayer Shop Publishing, 2008.
- 로렌 커닝햄 & 제니스 로저스, 『하나님 정말 당신이십니까?』(예수전도단, 2015).
- 로렌 커닝햄, 『열방을 변화시키는 하나님의 책』(예수전도단, 2007).
- 존 도우슨, 『하나님을 위하여 도시를 점령하라』(예수전도단, 1992).
- 헤르만 도예베르트, 『서양문화의 뿌리』(크리스천다이제스트, 1994).
- 진 에드워드, 『세 왕 이야기』(예수전도단, 2001).
- Finney, Charles. *Revival Lectures*. Grand Rapids: Fleming Revell, 1993.
- Garrison, David. *Church Planting Movements: How God Is Redeeming a Lost World*. Midlothian, Tex.: WIGTake Resources, 2004.
- Greenleaf, Robert K. *Servant Leadership: A Journey into the Nature of Legitimate Power and Greatness*. New York: Paulist Press, 1977.
- Guyot, Arnold. *Physical Geography*. Princeton, N.J.: Princeton Press, 1873.
- Hall, Verna M. *The Christian History of the Constitution of the United States of America*. San Francisco: Foundation for American Christian Education, 1966.
- Hinson, E. Glenn. *The Evangelization of the Roman Empire: Identity and Adaptability*. Macon, Ga.: Mercer University Press, 1981.
- Howard, David M., ed. *Jesus Christ: Lord of the Universe, Hope of the World*. Downers Grove, Ill.: InterVarsity Press, 1974.
- Jenkins, Philip. *The New Faces of Christianity: Believing the Bible in the Global South*. New York: Oxford University Press, 2006.
- Jenkinson, William, and Helene O. Sullivan, eds. *Trends in Mission: Toward the Third Millennium*. Maryknoll, N.Y.: Orbis Books, 1993.
- Johnson, Todd, and Kenneth R. Ross, eds. *The Atlas of Global Christianity 1910-2010*. Edinburgh: Edinburgh University Press, 2009.
- 패트릭 존스톤(Patrick Johnstone), 『교회는 당신의 생각보다 큽니다』(WEC 역간, 1999).
- 패트릭 존스톤 & 제이슨 맨드릭, 『세계기도정보』(죠이선교회출판부, 2011).
- J. 허버트 케인, 『선교 신학의 성서적 기초』(나단출판사, 1994).
- Kim, Djun Kil. *The History of Korea*. Westport, Conn.: Greenwood Press, 2005.
- 아브라함 카이퍼, 『칼빈주의 강연』(크리스천다이제스트, 1996).

- 케네스 스코트 라토렛, 『기독교의 역사』(대한기독교서회, 1986).
- ―――. *A History of Christianity*, Volume 2: A.D. 1500-A.D. 1975. New York: Harper & Row, 1975.
- Lawrence, Carl, and David Wang. *The Coming Influence of China*. Gresham, Ore.: Vision House, 1996.
- Lloyd-Sidle, Patricia, and Bonnie Sue Lewis, eds. *Teaching Mission in a Global Context*. Louisville, Ky.: Geneva Press, 2001.
- Lyall, Leslie T. *A World to Win*. London: InterVarsity Press, 1972.
- McGavran, Donald A. *The Bridges of God: A Study in the Strategy of Missions*. New York: Friendship Press, 1955.
- ―――. *How Churches Grow: The New Frontiers of Mission*. New York: Friendship Press, 1959.
- Mangalwadi, Vishal. *Truth and Transformation: A Manifesto for Ailing Nations*. Seattle: YWAM Publishing, 2009.
- Medlycott, A. E. *India and the Apostle Thomas*. London: Cambridge Publishers, 1905.
- Menzies, Gavin. *1421: The Year China Discovered America*. New York: Perennial, 2004.
- Micklethwait, John, and Adrian Wooldridge. *God Is Back: How the Global Revival of Faith Is Changing the World*. New York: Penguin Press, 2009.
- 대로우 밀러, 『생각은 결과를 낳는다: 열방을 제자 삼으라』(예수전도단, 1999).
- 대로우 밀러, 『라이프 워크: 직업과 신앙이 하나 되는 삶의 능력』(예수전도단, 2012).
- Mott, John R. *Cooperation and the World Mission*. London: Student Christian Movement Press, 1935.
- Neill, Stephen. *A History of Christianity in India: The Beginnings to AD 1707*. New York: Cambridge University Press, 1984.
- Orr, J. Edwin. *The Eager Feet: Evangelical Awakenings, 1790–1830*. Chicago: Moody Press, 1975.
- ―――. *Evangelical Awakenings* in Africa. Minneapolis: Bethany Fellowship, 1975.
- ―――. *Evangelical Awakenings* in Southern Asia. Minneapolis: Bethany Fellowship, 1975.
- ―――. *Evangelical Awakenings* in the South Seas. Minneapolis: Bethany Fellowship, 1976.
- ―――. *Evangelical Awakenings* in Latin America. Minneapolis: Bethany Fellowship, 1978.
- ―――. *The Re-Study of Revival and Revivalism*. Oxford: Oxford Press, 1981.
- Pocock, Michael, Gailyn Van Rheenen, and Douglas McConnell. *The Changing Face of*

- *Missions: Engaging Contemporary Issues and Trends*. Grand Rapids: Baker Academic, 2005.
- Pollock, J. C. *Hudson Taylor and Maria: Pioneers in China*. Grand Rapids: Zondervan, 1976.
- Robeck, Cecil M., Jr. *The Azusa Street Mission and Revival: The Birth of the Global Pentecostal Movement*. Nashville: Thomas Nelson, 2006.
- Schlafer, Dale. *An Urgent Appeal*. Westminster, Colo.: National Revival Network, 2001.
- Shelley, Bruce L. *Church History in Plain Language*. Waco, Tex.: Word, 1982.
- Sproul, R. C., and Archie Parrish. *The Spirit of Revival: Discovering the Wisdom of Jonathan Edwards*. Wheaton, Ill.: Crossway Books, 2000.
- Stark, Rodney. *Discovering God: The Origins of the Great Religions and the Evolution of Belief*. New York: HarperOne, 2007.
- ———. *For the Glory of God: How Monotheism Led to Reformations, Science, WitchHunts, and the End of Slavery*. Princeton, N.J.: Princeton University Press, 2003.
- Stier, Jim, Richlyn Poor, and Lisa Orvis, eds. *His Kingdom Come: An Integrated Approach to Discipling the Nations and Fulfilling the Great Commission*. Seattle: YWAM Publishing, 2008.
- 빈슨 사이난, 『세계 오순절 성결 운동의 역사』(서울말씀사, 2000).
- 멜 태리, 『급하고 강한 바람처럼』(하늘기획, 2000).
- 루스 터커, 『선교사 열전』(복있는사람, 2014).
- Tuttle, Robert G. *John Wesley: His Life and Theology*. Grand Rapids: Zondervan, 1978.
- Wacker, Grant. *The Functions of Faith in Primitive Pentecostalism*. New York: Cambridge University Press, 1984.
- 랄프 D. 윈터, 스티브 호돈, 한철호, 『미션 퍼스펙티브』(예수전도단, 2010).
- Wesley, John. *The Journal of John Wesley*. Chicago: Moody Press, 1972.
- Woolsey, Andrew. *Duncan Campbell: A Biography*. London: Hodder and Stoughton, 1974.
- Worcester, J. H., Jr. *David Livingstone: First to Cross Africa with the Gospel*. Chicago: Moody Press, 1988.
- K. P. 요한, 『세계 선교의 혁명』(예영커뮤니케이션, 2006).
- Yousef, Mosab Hassan. *Son of Hamas: A Gripping Account of Terror, Betrayal, Political Intrigue, and Unthinkable Choice*. Carol Stream, Ill.: SaltRiver, 2010.
- 윈 형제, 폴 해터웨이, 『하늘에 속한 사람』(홍성사, 2004).

제4의 선교 물결

2017년 9월 1일 1판 1쇄 펴냄
2022년 10월 12일 1판 3쇄 펴냄

지은이	론 베이미
옮긴이	안정임
펴낸곳	도서출판 예수전도단
편집장	이강임
디자인	박세미
출판 등록	1989년 2월 24일(제2-761호)
주소	서울특별시 강서구 양천로 424
	가양역 데시앙플렉스 지식산업센터 530호
전화	02-6933-9981 · **팩스** 02-6933-9989
전자우편	ywampubl@gracemedia.co.kr
홈페이지	www.ywampubl.com

ISBN 978-89-5536-544-3

책값은 뒤표지에 있습니다.
잘못된 책은 바꾸어 드립니다.